U0795914

世图心理

博客：http://blog.sina.com.cn/bjwpcpsy
微博：http://weibo.com/wpcpsy

# 心流

THE EVOLVING SELF

Mihaly
Csikszentmihalyi

[美]
米哈里·契克森米哈赖
——著

朱蓉蓉
——译

A
PSYCHOLOGY
for
THE THIRD MILLENNIUM

## 自我进化心理学

世界图书出版公司
北京·广州·上海·西安

**图书在版编目（CIP）数据**

心流：自我进化心理学 /（美）米哈里·契克森米哈赖著；朱蓉蓉译. — 北京：世界图书出版有限公司北京分公司，2022. 9（2025. 7 重印）
书名原文：The Evolving Self: A Psychology for the Third Millennium
ISBN 978-7-5192-9147-1

Ⅰ. ①心… Ⅱ. ①米… ②朱… Ⅲ. ①心理学—通俗读物 Ⅳ. ①B84-49

中国版本图书馆CIP数据核字（2021）第239897号



---

**书　　名**　心流：自我进化心理学
XINLIU

**著　　者**　[美] 米哈里·契克森米哈赖
**译　　者**　朱蓉蓉
**责任编辑**　李晓庆
**装帧设计**　人马艺术设计

**出版发行**　世界图书出版有限公司北京分公司
**地　　址**　北京市东城区朝内大街137号
**邮　　编**　100010
**电　　话**　010-64038355（发行）　64037380（客服）　64033507（总编室）
**网　　址**　http://www.wpcbj.com.cn
**邮　　箱**　wpcbjst@vip.163.com
**销　　售**　新华书店
**印　　刷**　北京中科印刷有限公司
**开　　本**　880mm × 1230mm　1/32
**印　　张**　12.125
**字　　数**　260千字
**版　　次**　2022年9月第1版
**印　　次**　2025年7月第3次印刷
**版权登记**　01-2018-7659
**国际书号**　ISBN 978-7-5192-9147-1
**定　　价**　69.80元

---

# 引言

这本书是我1991年前写的《心流》（*Flow*）的续集。《心流》是我半个世纪以来关于积极心理学的研究著作。它介绍了一些让生活更有意义的法则，并回答了以下几个问题：为什么有些人热爱他们的工作，享受与家人共处的时间，独处时能够静坐自省，而有些人憎恨他们的工作，在家无所事事、百无聊赖，惧怕孤独？我们应该怎样做才能改变他们的日常生活，让他们每天都像从坡上冲下去那样兴奋，像唱《哈利路亚》颂歌那样感到满足，像参加神圣的仪式那样感觉到有意义？我和其他人所做的这些研究证明了这些改变是可能的。

经过多年的系统研究，我认为是时候将我们所学到的拿出来展现给更多的观众看了。《心流》介绍了我们的研究，并且出乎意料地成功。然而，为了完善之前的论证，许多在那本书里没有回答好的问题在这本书中还在继续被研究，这也是这本书出版的目的。

我对于享受的研究兴趣产生于1963年，当时我正在芝加哥大学准备关于人类发展方面的博士论文。这篇论文主要就是围绕创造力而作的，试图回答人们是怎样开始思考新的问题的，以及怎样区分这些问题前人有没有做过。为了回答这些问题，我决定观察一些工作中的画家。在他们的作品产生过程中，我做了一些记录并拍了一些照片，之后再询问他们工作的时候脑子里是如何构思的。我盼望着在创造力产生的过程中，能够获取一些有益的视角。

虽然我关于创造力的研究经检验很成功，但在我对工作中的画家的一些观察中，一些更重要的东西开始浮现。最令我印象深刻的，就是画家本人与画布上所展现的内容是怎样相融的。当他们试图使脑子里的形象成形的时候，他们进入了一种近乎恍惚的状态。当他们的画作开始变得有趣的时候，他们已经与作品合二为一了。他们忘记了饥饿、社会责任感、时间和疲惫，所以他们才能一直保持前进。但是他们的这种忘我的着迷状态，仅仅保持在画作尚未完成的时候。一旦画作停止变化发展，画家通常会倚靠在墙壁上，将注意力转向另一块空白的画布。

看起来好像一幅画作最迷人的地方不在于画面的美丽，而在于画作本身的形成过程。刚开始你肯定会对此感觉很陌生，因为你之前所接触到的一些心理学理论通常的假设是，我们要么被消除饥饿、恐惧和困境这样的需要所驱动，要么被对于金钱、地位与名望的向往所驱动。对于一个从早到晚连轴转的人来说，他们已经习惯了这种无意识的工作状态。但是如果这种反应能力停止，这种潜意识的行为就不像开始那般正常了。对于这种费时费力的活动，除了成品本身再无其他过多的成果与奖赏。不仅画家如此，事实上，我们从每天花大把时间做的事情中看不出什么成效，除非我们自己乐在其中。小孩子们整天嬉戏打闹，成年人也会打扑克牌、下棋、运动、收拾花园、学弹吉他、看小说、参加聚会、林中散步等——我们做这些事情仅仅因为它们有趣。

当然，也有人通过这些事情变得有名或富有，这都是有可能的。画家也许会时来运转，将自己的画作卖给博物馆。吉他手也许会因为技艺超群，与他人签订唱片合约。我们会认为运动是为了保持健康，参加聚会是为了业务往来和获得新奇的体验。外在的目标通常会反映在我们生活的周遭，但它们却不是我们参加这些活动的主要目的。我们弹吉他最大的原因是我们享受其中，与他人在聚会上交谈同样也是如此。不是每个人都喜欢弹吉他和参加聚会，但是那些愿意花时间经常去做的人也是因为他们享受这种体验，他们的内心由此感到满足。总之，有些事情因为有趣我们才会去做。

当然，这个结论我们不难理解。问题在于，为什么这些事情有趣？更奇怪的是，当我们试图去回答这些问题的时候，我们发现这些让人们乐在其中的活动看似风马牛不相及，其实共同点却很多。如果你问一个网球运动员，当一场比赛进行得非常顺利的时候她作何感受，那么她给出的描述一定与在锦标赛中表现很好的棋手给出的描述非常相似。所以沉迷绘画和演奏一段很难曲目的人的感受应该也可以推断。同样地，看一场不错的比赛与阅读一本振奋人心的书籍，也会让人产生相似的感受。我把这种感受称为“心流”，这是一种隐喻。当一段经历令人无比享受时，人们就像被当下的一种感觉带领着缓慢移动，毫不费力。

与想象中不大相同，“心流”通常发生在我们积极地走出某种困境时，被一个任务牵引着我们的身体和心灵时，而不是发生在享受愉悦的放松时刻。许多活动都可以产生心流。从事具有挑战性的工作、处在风口浪尖，甚至教小孩认字母表，都是我们集中精力，被一种协调的能量所驱使的活动。正是这些反映我们日常生活的活动，把我们从焦虑和无聊中解放出来。

事实证明，当挑战非常大或者个人技能达到熟练操作顶峰的时候，我们的体验将会达到少有的意识层面。心流产生的第一个征兆就是个体将注意力缩小到一个明确的目标上。我们能感受到参与感、注意力和吸引力。只有我们知道了什么应该做，我们才能迅速地从我们所做的事情中得到反馈。网球手知道在自己的每一击之后，这个球是否能够朝着自己想要的方向运动；钢琴家也知道敲击琴键以后将要发出的声响。即使是一份超级无聊的工作，只要挑战与个人技能、明确的目标相平衡，也可以进行得如火如荼。

挑战和个人技能的良好平衡，排除了个体当下对于无关事物的过多担心。这也与注意力的集中有关。我们忘却了自我，在活动中无比沉醉。如果攀岩运动员在攀岩过程中开始担心自己的工作，质疑所爱的生活，他很快就会坠落。同样，在这种状态下，音乐家会弹错曲子，棋手会输掉比赛。

与任务相匹配的技能会给我们提供对行为的控制力。目前为止我们都忙到无暇顾及自身，所以我们受控与否、输赢与否都不重要。有时候我们会有一种超越感，就好像自我的边界得到了扩展。水手感受船、风、海，歌手感悟宇宙和谐的奥秘。在这些时刻，个体对于时间的感知已经消失，时间在不经意间流逝。

与我们的幸福感相似，心流的产生依赖于两方面的条件。首先是外部条件。某些活动比其他活动更易产生心流，因为：（1）它们有具体的目标和易管理的规则；（2）对于我们的自身能力，它们能很好地调节机遇和行为；（3）它们可以为我们的行为水平提供清晰的信息；（4）它们能够剔除干扰并使注意力集中。比赛、艺术表演、宗教仪式都是“心流活动”的良好范例。但是我们研究的一个重大发现就是，任一活动与以上因素相结合，都可以让人产生心流的体验。医师把外科手术描述成一种成瘾的“身体接触运动”，这与航海和滑雪类似，电脑程序设计员与键盘也是难舍难分。事实上，人们似乎能够从他们所做的工作中获取更多的心流，比闲暇时候要多得多。

第二个允许心流发生的条件是：洞悉内心的能力。有些人天生拥有与自己的能力和机遇相匹配的隐藏技能。即使在他们看似达不到的目标上，他们也会为自己建立易于管理的小目标。他们比其他人更善于解读被忽视的失败带来的回馈，他们也可以很容易地集中注意力。他们不惧失去自我，所以他们的自我可以轻易脱离意识。尝试用自己的方式控制意识的人都有一种“心流人格”。他们不需要刻意去表现，即使在流水线上工作或在禁闭室中受苦，他们依然开心。

在《心流》那本书中，我认为将自己的工作和人际关系处理得游刃有余的个体，其生活相对来说更快乐，也更有意义。当他人忍受致命的摧残，或失明或瘫痪时，这样的个体正在人间遨游。目前为止他们都能将看似无望的境地转化为平静祥和的经历。但我必须强调，仅仅基于一些简单条件的心流体验，想创造快乐生活还是很难。确切来说，整体大于各部分的总和。一个画家也许会绘画几十年，热爱每时每刻，但在中年却感觉失意落寞。一个网球手也许会十分享受自己的大部分职业生涯，因为他觉得以此可以结束幻想和痛苦。将一生转换成心流体验，使人们拥有信心，人生也有了目标。

在过去，信仰总是基于一种宗教解释。对于世界是怎样开始的、为什么我们要忍受、我们死后会发生什么等基本问题，人们都已编撰好一堆好故事来回答，试图使一切混乱井然有序起来。宗教中的许多神秘故事都与之相关，人们也通常会得出逻辑上的结论：上帝是存在的，众神之神对我们的命运负责。通过这些故事，每一个宗教都为生灵制定了规则，对处置方面也很睿智，指引着人们互相关切地生活。人们发明的宗教意义在进化史中扮演着不可替代的角色。如果我们的祖先在想象一个具有目的性、拟人的宇宙的过程中失败了，我们就会成为另一种不同的动物。

但是现在，我们很难信服古老的传统故事。其内容包括神圣的语言、古老的仪式、禁婚禁孕等原则，这些与我们在这个世界上所发现的格格不入。现在，很少人相信地球是平的，或位于太阳系的中心。即使很多人依然相信地球在公元前几千年才出现，而且认为人类是由泥土捏制而成，类似这样的看法似乎在每一代人看来仍具有时代性错误——至少从字面形式上看是这样。

传统信仰的消逝对任何一种文化来说都是危险的。在抛弃一种字面上的宗教解释时，也很容易把其中包含的难得的智慧抛弃。当年代纪元与圣经的因果关系遭到怀疑，其中关于贪婪、暴力、滥交和自私的禁令就被驳斥了，一时间那些曾拒绝接受整个传统世界观的人们感受到了自由，并且对于一个毫无束缚的新大陆充满着喜悦之情。然而，他们很快就会明白，生活在绝对自由中是不可能也是不可取的。没有基于过去经验的规则，很容易犯代价高昂的错误；没有专注于最终目的的意识，当不可避免的生命悲剧降临时，也很难持有勇气。但是在第三个千年，人们该从哪里找到信仰呢？

在《心流》中，我们得出的结论是：通过更好地理解我们的进化史，我们可能会产生一种可以给我们未来的生活带来秩序和目标的信念。了解自己是人类最大的成就。理解自己是什么样的人、是什么动机驱使着我们，以及我们所期望达到的目标，首先需要我们对进化足够理解。只有在这个基础上，我们才能建立一个稳定、有意义的未来。为了进一步发展这一论点，我写下了这本书。

本书的第一章介绍了进化论的观点，并提出要理解我们的思想是如何工作的，我们必须考虑到它在我们过去的物种缓慢发展中的深层根源。它反映了我们之间的关系网络——我们曾对彼此和自然环境视而不见。这一章还简要地描述了自我反思意识是如何产生的，如何使我们从某种程度上摆脱遗传和文化决定论的控制。

第二章主要处理自我进化的一些不良后果。摆脱了外部的控制，我们也常常被一种深深的不满情绪或一个我们无法达到的、令人难以捉摸的目标所控制。我们还没有学会让它做我们想做的事情，或者对我们有益的事情。就控制思想而言，我们就像坐在赛车后面的新手驾驶员。

三种错觉来源于我们对现实清晰的感知。这是我将在第三章中讨论的。它们包括基因指令的扭曲，虽然基因指令曾是我们生存的必要条件，但它常常与现实相冲突；我们所处的文化的扭曲和那些自我的出现，作为一个独立的实体成为在思想中对自身的一种要求。除非我们理解这些力量是如何影响我们思考和行动的，否则我们很难获得对意识的控制。

但我们的生活不仅是由基因、文化和自我的指令所引导的。进化是生物体之间争夺生存所需能量的结果。选择的力量仍然活跃在我们周围。压迫者从上面剥削我们，寄生虫从下面蚕食我们。现在，我们发明的生产技术、产品之间在相互竞争，除此之外，稀缺的物质资源与我们创造的稀缺的思想资源也在相互竞争。人类需要学习如何与这些外部的威胁相处是在第四章《捕食者和寄生者》和第五章《模因与基因》中讨论的。

第六章考察了进化原理如何应用于文化和意识的发展，并引入了这样一种观念：如果进化对过去有任何意义，那么它将随着时间的推移在物质结构和信息的复杂性的增加中被发现。这是进化过程的特征，可以为我们的努力提供一个有意义的方向，也是我们对未来的希望。

第七章解释了为什么心流体验导致意识的复杂性增加。我认为，为了有一个值得期待的未来，我们必须找到方法来享受使我们自己、社会和我们所处的更广泛的环境更和谐的行为。

第八章包括一些个案研究，一些与复杂性相关的个体生活。这些人喜欢他们所做的每一件事，他们不断地学习和提高自己的技能，对自己的目标如此坚定，以至于对死亡的恐惧几乎无法抑制他们的思想。他们的例子表明一种进化信念的存在意味着什么。

第九章认为心流不仅有助于个体自身的发展，而且为技术和文化的一些最重要的转变提供了能量和方向。汽车和计算机、科学知识和宗教系统，似乎更多地出于对寻找新挑战和创造意识秩序的欲望，而非出于必要性或利润计算。基于这些思考，我们描绘了一个“美好”的社会，使心流和复杂性的出现成为可能。

最后一章提供了一些实用的建议，这可能意味着将进化的信念应用到生活中。如果这是真的，在这一点上，历史的复杂性的出现可以告诉我们关于过去和未来的最好的“故事”；如果这是真的，没有它，我们半成型的自我就会冒破坏地球和我们的萌芽意识的风险。那么什么才能帮助我们了解宇宙的内在潜力呢？当自我自觉地接受其在进化过程中的作用时，生命就获得了超越自我的意义。无论个体内在有什么，我们都将成为一个拥有宇宙力量的人。

# 目录

**第一部分**

## 过去的诱惑

**第二部分**

**未来的力量**

# 第一部分

# 过去的诱惑

为了做出能够引领我们走向更好未来的选择，了解进化中的行为力量是有帮助的。如果我们能够更好地理解我们所面临的困难，那么我们将有更好的机会以负责任的方式生活，或许有助于未来向人类最积极的目标发展。

# 第一章　思维与历史

## 进化的视角

我们对这个奇妙而纷繁复杂的宇宙的认知，会随着年龄的增长和知识的增加而丰富。我们的思绪在无尽的星系中蹒跚探索。每一个缤纷的星系都由无数的星星编织而成，而星星们在各个方向上缓慢地旋转，达到难以想象的距离。超级对撞机显示，每一粒物质内部都显示出前所未有的奇异粒子流，它们沿着神秘的轨道快速移动。在这样一个拥有惊人力量的领域中，人类的生命在宇宙时间尺度上以极快的速度展开。然而，对我们而言应该是这样的：我们短暂的生命中有着为数不多的珍贵时刻，它们的价值甚至超过所有的星系、黑洞和恒星爆炸的总和。

我们这样说是有充足的理由的。正如帕斯卡[①]所言，人类可

---

① “人不过是一根芦苇，是自然界最脆弱的东西，但他是会思考的芦苇。”——《沉思录》

能脆弱如芦苇，但他们会思考生命，宇宙的浩瀚也能被他们的意识[①]所反映。在过去的几个世纪里，人类的存在在自然界中变得越来越重要。此外，我们现在意识到，反思意识这一独特的传统曾让我们相信，人类注定要戴上创新天地的皇冠——与之俱来的是一种令人敬畏的责任。

我们意识到，在这个星球上进化到最前沿，意味着我们可以指导我们的生命实现成长和达到和谐，或浪费我们继承的潜力，增加混乱和破坏。

为了做出能够引领我们走向更好未来的选择，了解进化中的行为力量是有帮助的。毕竟，进化决定了我们作为一个物种的成功或失败。我希望在这本书中我们可以反思我们对进化的了解，并且发现知识对日常行为的影响。如果我们能够更好地理解我们所面临的困难，那么我们将有更好的机会以负责任的方式生活，或许有助于未来向人类最积极的目标发展。

反思进化的一个结果是，人们能够学会认真对待过去。罗马人说“自然从不飞跃”，意即自然发展不会突飞猛进。今天的我们是几千年前我们祖先所做选择的结果，人类的未来将取决于我们现在的选择。但我们的选择受到许多制约因素的影响，这些制约因素是人类每次进化的组成部分。它们受制于调

---

① 基本上，我们在任何时候都能觉察到我们的注意力是有限的。注意力是我们需要的精神能量。我们需要注意力去行动，去记忆。我们运用注意力的时间的总和就是我们的生活。

节我们身体机能和本能的基因，例如，有时我们很难控制自己的愤怒或性冲动。同样，我们也受到文化传统的限制，如通过教导男子使之拥有男子气概，教导女性成为自爱的人，或一种宗教的成员不容忍另一种宗教的成员。

在努力改变历史的过程中，我们不能被过去束缚，这样做只会导致沮丧和幻灭。然而，了解决定意识和行动的这些力量，可以使我们从中解脱出来，自由地决定如何思考、感受，以及如何行动。在现在这个时期，个人有建立自我的可能，个体的形成不仅仅是生物驱动和文化习惯的结果，而且是一种自觉的、个人的创造。不要去畏惧自我意识到的自由，因为它将使我们享受各种形式的生活，并逐渐意识到个体生命作为一个整体与整个人类的联结、与整个生活的亲密关系，以及那些超越我们理解的力量使我们的世界充满了活力。当自我开始超越狭隘的兴趣时，会通过进化构建其内部结构，然后随时准备开始控制进化的方向。但是塑造未来的进化过程不是孤立的个体独自完成的。因此，有必要考虑哪些社会机构最有可能赞助积极的进化研究，以及我们如何能够发展更多的行动。

简单来说，下面就是这本书的目标。我们将探索塑造过去使我们成为自己的力量，叙述帮助我们摆脱过去的方式，提出改善生活质量和快乐参与生活的方式，思考如何把自我的成长和解放与整个社会相结合。显然，这本书的任务太过繁重，似乎无法在其涵盖范围内实现。每年我们的知识都在不断增加，经验也会随着时间的推移不断成熟。关于这些事情的写作本身就是一个进化过程——慢慢变化，永远不会结束。我希望自我的进化将成为这个过程的第一步。

在每一章之后，我列出了一些问题来促进读者进一步思考，也会留一些空白，让读者提出自己的想法。这是一种表明这本书的论证没有完成的谦虚的方式，欢迎每个读者根据自己的智慧和经验继续完善它。作者写书表达自己的思想，是每种文明中最古老的学术实践之一。读者们如果在书页的白页边加上批注，就像写在书上的文字一样，也是文化的一部分。因此，为读者提供一种可供选择的方式，使读者积极参与阅读，是有意义的。

## 全球网络

不久前，我和妻子有幸在落基山脉的一个小社区参加一个城镇会议。这个镇海拔近三百米，坐落在两座巨大山峰之间的一个芳香扑鼻的山谷中。空气像泉水一样清凉，散发着树脂的芬芳。成群的蜂鸟从屋檐下掠过，一只雄鹰盘旋在草地上空。会议在用圆木和玻璃建成的市政厅里举行，室内气氛很欢乐。在风景优美的花园里，教堂的屋顶高耸入云。停车场上挤满了新款的汽车。大约有六十人出席，他们似乎轻松自在，看起来都很活跃且有说服力。他们当中有农场主，有护士，也有教师。其他人要么是从遥远的城市来到这里的，要么是在附近的滑雪胜地工作。

起初，会议按常规会议议程推进，批准了会议记录，并就未决项目和条例发表了评论。但是没过一会儿，一个身材瘦高的牧场主站了起来，发出了第一声抱怨。他说，虽然他住在城镇北部二十四公里，但在冬日里，从社区的壁炉里冒出的烟雾在山谷里投下阴影，看起来就像驶入了战区。此次会议有限制木材燃烧的计划吗？接着，一个年长的男子站起身来描述蓝河的危险状况。正如大家所知，蓝河是整个州的最佳鳟鱼垂钓点之一。或者更确切地说，曾经是。不幸的是，冬季州际公路正常开放，联邦公路局为了保持州际公路的高通行率，每年都在结冰的道路上倾倒大量的沙子。这些沙冲到河里，最后填满了鳟鱼产卵的角落。几乎再也没有年幼的鳟鱼在蓝河里孵化。

提到州际公路，听众们提出了一个问题："目前当地的抢劫和入室盗窃率是多少？据说新的道路建成以来犯罪率上升4倍，这一说法是真的吗？"警长解释说："是的，这就是你们为进步付出的代价之一。没有州际公路的时候，城市里的流氓地痞不想开这么远的车，通过蜿蜒的道路去入室抢劫。但是，现在开车又快又舒适，更多的罪犯发现到此处行窃可行。"一位年老的牧场主插嘴说道："之前烟雾、鳟鱼和入室盗窃是我们最不担心的，真正的问题是水会有什么变化。没有一个人离开水可以生存下去。”我们土地的价值与我们拥有的水权紧密相连。但是现在东西部的城市正在建造巨大的地下隧道，从我们的土地上汲取水，把它们变得干涸。草变得枯黄且易碎，牛群变得稀疏。

随着镇上的会议继续进行，我越来越清楚地认识到这个地方不是我原来认为的那样。起初，我认为自己正在见证一群独立、自力更生、富有的美国人做出决策，他们手中掌握着未来。最后，我看到这个小小的社区，因与世界上的苦难隔绝而自豪。而事实上，它已经完全陷入远方的经济、政治所带来的困难，而市民们几乎无法控制。然后，我了解到：在地球上任何地方，一个人都无法做到不考虑在世界其他地方发生了什么就计划自己的命运。

另外两个轶事可能有助于说明这一点。几年前，一位朋友的朋友是加拿大教授，他正计划和妻子一起退休。作为敏感和理性的人，他们决定退休后去他们能找到的最安全的地方。他们花了数年时间钻研年鉴和百科全书，以查询凶杀率和卫生统计，以及盛行风的方向（这样就能够避开核污染的下风区），最终找到了一个完美的避风港。1982年初，他们在岛上买了一所房子。但是两个月后，他们的房子被摧毁——他们选择的是福克兰群岛。

另一个故事是关于一个朋友的亲戚，他是一个非常富有的企业家，他也想退休后远离欧洲的拥堵和犯罪。他在巴哈马买了一个小岛，建造了一片华丽的庄园，四周围满了武装警卫和攻击犬。起初，他感到安全舒适，但不久便开始感到忧虑。万一他的财富引诱罪犯来岛上抢劫，是否有足够的守卫来保护他？然而，如果他加强了警卫，他是否会变得越来越弱，更依赖于保护者？渐渐地，镀金笼子让他很快变得无聊，所以他又逃回到大城市里默默无闻地生活。

可能我们真的早已处于约翰·邓恩时代。“没有人是一座孤岛”，现在这句格言的真理性不言而喻。人类活动和利益相互联系的增长速度要比我们在业已到来的第三个千年中所习惯的更快。我们的行动将会影响地球上的其他人，反之亦然。我们要么获胜，要么消失。然而，经过几千年的发展，人类意识代表个人经验，提升个人利益。对一些人来说，最多只准备好去爱护至亲。但是一些人已经能够拓展他们的思维，以涵盖更广泛的利益。理解“我”和“他人”之间的划分在很大程度上是随意的。然而，大体上，我们的意识并没有为未来的问题做好准备，不管它们如何紧迫。

我们怎样才能最大限度地调整思维以适应未来的挑战？本书探讨的一种可能性在于回顾我们对进化过程的了解及其对我们思维的影响。通过了解人类心理学随着环境条件的不断变化而逐渐发展，我们会发现，它可以快速适应未来日益加速的变化。

## 在新千年的关键点

为什么有人想读关于进化论和心理学的书？它不会指导读者进行有利可图的投资，也无法帮助读者计划如何获得安全的退休收入。它对减肥、戒烟、事业晋升都没有帮助。它也不能给落基山区居民提供明确指导，以拯救他们的鳟鱼或水。

相反，《心流：自我进化心理学》这本书对地球上的生命方向进行了更深入的研究，从而让我们更清晰地理解自己生命的意义。对于那些已经知道自己想要从生活中得到什么的人而言，接下来发生的事可能是多余的。那些认为快乐和财富是生活的唯一理由的人也不需要继续阅读，因为他们会发现这本书对他们几乎没有用。宗教激进主义者和坚定的唯物主义者并不会寻求这本书中将要探索的知识，因为他们在自己的信仰中已经感到舒适。这本书的理想读者是对生命的意义感到好奇的人，他不认为任何现有的解释已经足够详尽，他关心世界的状况，他也愿意做些什么。对于这样的人，这本书可能提供思路，这一思路可以转化为一个明确的目标和对于他所面对的生活的强烈信念。

我们将研究影响这个星球现状的力量，以便探索未来可能会变成什么样。不是它会是什么样子，而是它可能是什么样子。意志和力量之间的区别取决于我们的行为。在很大程度上，我们的行为决定了将要实现的未来。虽然通过与积极的进化趋势相协调，我们可能不会变得更富有、更健康或更强大，但我们有可能得到幸福的或者至少是平静的生活，知道我们的行动能够帮助自己更好地走向未来。

一千年前，当第一个千禧年消失的时候，欧洲各地的人们开始为世界末日做准备。他们离开自己的家园，成群结队地在山坡上和避难所露宿，希望躲避火热的世界末日，他们确信世界末日一定会发生。他们相信，如果世界末日毁灭了山顶，他们死后就会更接近上帝，并且将首先到达永恒审判的位置。许多拥有土地和牲畜的人将他们的财富分给穷人，因为根据福音书，富人进入天堂比骆驼穿过针眼还难。后来，人们生活在一种焦虑的状态中，寻找基督第二次来临的迹象。

在第一个千年结束时，人们相信上帝已经答应在他儿子去世后的一千年内，结束他伟大的地球实验。虽然在二十世纪的前半个世纪里，我们也一直担心，一个爆炸性的大结局会吞噬地球上的所有生命，但担心的原因已经改变了。

现在我们生活在瓦解的恐惧之下，用我们自己发明的装置，极力使物质结合在一起，从而将在这个星球上生活的生物多样性和复杂性降低，直至它成为荒凉、枯燥的沙漠。

在过去的一千年里，我们已经学到了很多。我们已经意识到，地球不是宇宙的中心。大约在四百万年前，人类开始在非洲平原行走。大多数人已经接受了这一观点——在早期哺乳动物诞生之后，人类又回归为一群从2.5亿年前就一直在偷恐龙蛋的小动物。我们已经知道，我们自诩的推理能力建立在一个爬虫动物大脑上薄而坚实的组织覆盖物上。我们开始怀疑，我们盲目编程的基因的利益与我们的价值观、我们自身的利益产生冲突时，基因会胜出。

公元一千年，我们的祖先在物质上极其贫穷，但在精神上远比我们富有。他们当中大多数人生活在黑暗、寒冷的小屋里，没有任何家具，经常挨饿，几乎无法自给自足。如果他们有机会走进今天美国城市郊区任何一个普通家庭，他们会以为自己跌跌撞撞地走进了一座梦幻宫殿。我们认为自己是猿的后裔，紧紧抱住漂浮在机械宇宙中的一个摇摇欲坠的小星球。我们认为自己是全能上帝最爱的生物，上帝命令他的独生子赴死，这样我们就可以永远生活在永恒极乐中。

这种世界观给了我们祖先一种有所慰藉的宿命感和一种自信的感觉。甚至深陷大罪的很多无信仰者和无数的懦夫都能感觉到，他们的生活受到一个安全网的保护。不管生前做了什么，在临死前的最后一刻，信仰都能使他们恢复到一种优雅的状态，并确保永恒的幸福。我们的祖先把自己视为宇宙戏剧的主角。相反，用雅克·莫诺[①]的话来说，我们生活在一个“冻结的孤独宇宙”中。我们被现实剥夺了前辈们的幻想，也被剥夺了他们所拥有的信仰。这就是“难得糊涂”这句话的另一个例

① Jacques Monod，法国生物化学家，他的推测广泛地影响了人们目前对进化和自然选择方式的理解。

证吗？过去的时代是由于幻觉才让我们感到更快乐吗？

虽然对于这个问题我们不可能得到确凿的证据，但一千年前的普通人——或者一百年前、一万年前的普通人——似乎并不比现在更快乐。那些试图深入研究过去时代思想的历史学家提供了一个生活在古代罗马或英国维多利亚时代的相当可怕的人物形象。约翰·胡加亚对中世纪生活的描写是极为生动的，他将中世纪定性为一个近乎使人精神分裂的时期，身处其中的人都沉迷于贪婪和自我牺牲，他们的心情在极度恐惧和精神狂喜之间摇摆不定。

对于有信仰的人们而言，无论他们的优点是什么，一个时代的根本信仰都会影响他们的未来。也许中世纪的信仰提供了足够的自信去慢慢打破宗教教条的束缚，为下一代的发现和探索铺平了道路。无论我们目前是否拥有信仰，都将产生类似的影响。我们会有足够的勇气和热情去全心享受未来吗？我们的种族是否会因为我们不知道生命是什么而灭绝？要么伴着一场爆炸，要么是一声呜咽。

在第三个千年里发生的一切取决于人类意识中的内容，取决于你我信奉的观念、认同的价值观、采取的行动，取决于我们通过投入精神能量所创造的环境。在这一点上，读者可能会问，这跟我有什么关系？我连保持支票簿的收支平衡，维持工作和家庭都有困难，试图从生活中获得一些快乐都是奢望，我怎么会在乎第三个千禧年？人类的未来于我而言意味着什么？

这本书的主题是：成为进化过程中积极有意识的一部分，是当下时刻赋予我们的生命意义，而且这是我们享受生命历程沿途每一刻的最佳方式。了解进化过程以及我们在其中发挥的作用，为这个世俗、非神圣的文化提供方向和目的，并不意味着我们必须放弃个人目标，并让它们从属于一些长远的普遍利益。事实上，情况正好相反。充分发展自身的独特性，同时认同宇宙中正在运转的更大进程，这样的个体可以摆脱自身命运的孤独感。此外，正如我希望展示的那样，创造历史比被动接受更令人欣慰。

但是，为什么我们迫切需要在这个特定的时期内反思过去和未来呢？事实上，我们生活在一个独特的机会之窗里，这是这个星球历史的关键起点。如果现在一个平行空间监视器在阔别地球几千年后重返地球，它也不会相信自己的“眼睛”。为什么空气质量变得如此差？那些茂盛的雨林发生了什么？巨大的玉米地是如何遍布美国和西伯利亚平原的？新西兰的那些羊是从哪里来的？为什么狮子和鲸鱼这么少，渡渡鸟都灭绝了？毫无疑问，在这么短的时间内发生的物理变化会令人震惊：水泥覆盖着土地，大型建筑物指向天空，到处都有不停歇的施工者，将矿物、植物和化学能量转变成烟雾和废料。

如果我们的假想访客已经掌握了关于行星演化阶段的一些历史知识，那么它很快就会意识到自己正见证着地球演化的关键阶段：几千年的时间里，其中一种动物开始具有自我意识，并着手推进自身形象的转型工程，打造一个主宰一切的形象。太空监视器会了解到，从银河系其他地方的经验来看，对于受影响的星球上任何形式的生命而言，这个时代是多么危险。在宇宙飞船转向返回之前，它可能会说这句话：“觉醒的物种正在进行笨拙的探索，他们要么破坏文明，要么带来一个伟大文明的繁荣，祝他们好运。”

当然，现在是时候了。虽然某种形式的人类生活似乎已经存在了大约四百万年，但是直到大约一万年前，我们的祖先才知道播种会带来更大的收获，他们知道金属可以塑造的时间距今不到一万年，而他们意识到符号可以代表语言和思想的时间则更近。

这仅仅是一百年前的事，就我们的过去而言，不过是一眨眼的工夫——我们开始认识到，未来不是由天意所支配，而很大程度上，未来掌握在我们自己手中。在达尔文和他的追随者们让生物进化论如此令人信服之前，大多数人相信是一些全能的人物掌控着宇宙，尽管这个世界上充满了痛苦和不幸，但他们最终会在来世照顾我们。另一方面，进化论认为，包括人类在内的每一个物种都必须对自己的生存负责，没有超自然的保护神来拯救它们。虽然我们几乎没有时间去消化这种骇人听闻的信息，但我们已经被迫做出决定，这将影响地球上生命的生存。我们确实需要一切可能到来的运气，但更重要的是，我们需要认真对待我们的困境，并丰富可做出创造性回应的知识。

## 可能性、必然性及其他

但是，你，或者我，或者任何一个人，真的能改变未来吗？当前人们对因果关系的理解表明，事件是由随机概率和不可改变的自然法则相互作用决定的。一只蝴蝶在亚马孙河沿岸兰花上扇动翅膀，可以启动一连串微小的大气扰动，这可能会导致飓风在佛罗里达州摧毁数百栋公寓。飓风的形成可以用气压和温差来解释，但蝴蝶的飞行和其他几百只蝴蝶减弱或增强其翅膀的初始运动的原因可能永远存在于随机概率不可预知的领域中。

在不屈不挠的自然法则和无法预测的无常事件之间，我们能做些什么呢？听天由命的宿命论似乎是对生活最合理的反应。实际上，这意味着放弃责任、反思和选择。它意味着自动遵循基因在我们染色体上编码的任何需求和欲望，至少在我们所生活的社会允许的范围内是这样。根据这一情况，照顾第一要素——我们希望实现的舒适、快乐和野心——是我们想要实现的。

奇怪的悖论出现了。如果每个人都采取这种态度，都服从因果关系的决定性力量，人类就不可能幸存下来。那些能够获得资源的人将继续以更快的速度囤积资源，穷人会站起来争取他们的份额，所有人与人之间的战争都会产生。然而，如果有足够多的人相信未来至少有一部分掌握在他们手中，那么他们的生存前景将大大改善，因为这样他们将更有可能采取措施避免大灾难。但如果这是真的，那么可能性和必然性真的是我们命运的仅有的决定因素吗？或者除了这两种力量外，还有其他的力量在起作用，塑造着未来吗？

个人行动对历史没有显著影响的观点已经流行起来。如果苏格拉底或圣女贞德没有站出来支持自己的信念，如果拉乌尔·瓦伦贝格没有放弃自己的安逸生活去纳粹占领的匈牙利拯救成千上万的犹太人，可能也会有其他人去做这件事。在任何情况下，他们的戏剧性立场对事件的过程并没有产生真正的区别，这是由社会力量的载体决定的，而不是由个人选择决定的。

就科学技术的发现而言，这一论点有可取之处。如果莱特兄弟没有能够成功驾驶飞机，而是像奥托·利隆塔尔、塞缪尔·兰利及其他先前做过实验的人那样失败了，那么也会有其他人在一年或两年内完善飞行器。迄今为止，科学和技术一直遵循着自己的发展轨迹，而人类的思想却被动地同意并提供帮助。但并非所有的人类行动都是如此坚定。真正有创造力的人是那些成功者，他们反对一切本能和人情世故的压力，观察哪一种生活方式会让人更自由、更快乐。

要想突破对遗传或历史规划宿命一般的接受，至少要求个体有自由和自决的信念。一个人不太可能承担风险或者是为共同利益工作，除非他认为这样会有所作为。但如果一个人就是这样的人，那么他是在自欺欺人吗？毕竟，科学公理假设所有的事件都必须有原因。因此，如果圣·弗朗西斯决定把他的财富分给穷人，然后退休后和其他年轻人一起祈祷，那可能是因为他想激怒有钱的父亲，或是因为他是一个潜在的同性恋者，或是因为他激素失衡。

但是，人们可以在不成为简化论者的前提下接受因果公理。在造就圣·弗朗西斯行为的许多原因中，主要的原因是他坚信自己的行为很重要，他有责任改变周围的世界。他的信念本身就是一个“原因”，自由意志的概念是一种自我实现的预言。那些遵循自由意志的人们得以从外部力量的绝对决定论中解放出来。

对于无法思考的人而言，可能性和必然性是仅有的统治者。但是进化在决定性力量和人类行为之间引入了一种缓冲。意识就像发动机中的离合器，让那些使用它的人偶尔摆脱持续驱动的压力，从而做出自己的决定。在这个星球上，似乎只有人类具有自我反思意识，但这绝不是一件纯粹的幸事。它不仅解释了甘地和马丁·路德·金自我否定的勇气，也解释了萨德侯爵“不自然”的渴望或斯大林的野心。意识是我们行为的第三决定性因素，它带来的要么是平安，要么是毁灭。

我们坏得不可救药了吗？

就在一百年前，西方社会，尤其是工业化国家，普遍信奉人类是创造的顶峰，注定要继承地球。维多利亚和爱德华时代的人认为他们的社会已经达到了进步的顶点。然而，这种乐观情绪只是暂时的。在过去，人们往往以矛盾的，甚至悲剧性的观点看待人类命运，并以此来描绘自己所处的时代。柏拉图并不是唯一认为黄金时代已经结束的人。对许多像加尔文这样的基督徒而言，男女都堕落得不可救药，没有神的恩典，他们甚至无法得救。但是，在十九世纪，有一段时间，科学、民主和科技似乎要把世界变成一个新的伊甸园。在沾沾自喜的短暂插曲之后，我们现在又回到了一个几乎惊慌失措的状态，对人类的善良和自救能力丧失了信心。

具有讽刺意味但并不出人意料的是，对人类行为反常感到震惊的通常是那些抱有不切实际期望的人。一幅色彩鲜明的人性图画经不起长久的推敲。那些期望牧师总是圣洁、士兵总是勇敢、母亲总是牺牲自我的人，注定要失望。对他们而言，整个人类历史似乎就是一个巨大的错误，或者正如麦克白所说的那样，“痴人说梦，充满了喧哗与骚动，却毫无意义”。

然而，如果假设人类从根本上而言是软弱的生物，迷失方向，偶然被扔在行星舞台的中心，在没有剧本和没有彩排的情况下就成为主角，那么就我们已经取得的成就而言，画面并不是那么凄凉。就像教练会如何谈论他会说话的狗一样，关键不是说得好，而是说过。

自盘古开天辟地以来，人们一直在不断地互相残杀，那些成功掌握权力的人往往倾向于剥削弱者。贪婪通常凌驾于谨慎之上，它正驱使我们去破坏自己赖以生存的环境。但为什么会这样呢？指责人类犯下这种错误，就像让鲨鱼对它的血腥习性负责，或者让鹿对栖息地过度放牧负责。我们可能正在进化。我们仍有很长的路要走，以便克服我们行为中与生俱来的东西。

新时代的思想家对人类至善的浪漫幻想激励了许多人一厢情愿的想法，在这个过程中将人们置于不必要的幻灭之中。他们在描述大脑所能做的事情时，我们很难区分什么是隐喻，什么是事实。热情的神学家山姆·肯恩写道："大脑是一个全息图，记录着宇宙事件的整个交响曲……任何大脑都能概括所有宇宙事件……大脑没有障碍……"幸运的是，这一切都不是真的，因为如果头脑确实记录了"宇宙事件的整个交响曲"，那么无论这意味着什么，它都会驱使我们发疯。

新时代运动的许多承诺所带来的问题是，虽然它们反映了一些大脑运作的真相，但许多人却把它们同样地应用于外部物质世界。比如威廉·休默研讨会上引用的这个信条："我们所有思想家都是宇宙的创造者……在我们思想的范围内，我们肯定是上帝，因为我们可以控制我们的思想，我们所设想的是真实的，它就变成了真理。"在严格条件下，就"对我们的思想的统治权"而言，这一说法可能被接受。但许多真正的信徒会接受最后一句话——"我们所认为的真理即成为真理"，这指的是具体事件，而不仅仅是思想状态。正是这种错位的具体化，导致许多人在“只有”精神上的意图时，期待物质结果。祈祷、冥想和礼拜都有助于给我们的内心生活带来和谐。但和谐并不是大多数人所追求的。他们祈祷的目的并非恢复健康，而是赢得彩票，或找个情人。耶稣基督曾说他的王国不属于这世界，这一声明却往往被当代许多狂热的基督徒忽视了。

与其宣扬神圣的品质，不如反其道而行之。我们有94%的遗传物质与黑猩猩重叠①，尽管我们中有些人曾经建造过大教堂、计算机或宇宙飞船。有一些人甚至试图帮助别人，这是一个惊喜。如果你想要一满杯，半杯水看起来就有点空了。但如果你根本不期待得到水，那么同样的杯子看起来就是半满的。

你我都是进化过程的一部分。我们是一束束为了追求自私目的而聚集的能量，我们并非为了自己，而是为了保存和复制我们基因中编码的信息。阿提拉可能认为他是“上帝之鞭”，因为他烧杀了整个欧洲。对于拯救被自己灭绝的印第安人的灵魂这件事，西班牙人半信半疑。现在回想起来，我们对我们祖先所取得的成就感到震惊，我们得出结论，人类天生就是邪恶的。但我们一直没有比现在更好，可能也不会更差。

然而，纯真时代已经过去。人类不可能再犯自我放纵的错误了。我们的物种已经变得太强大了，不能单单靠本能来引导。鸟和旅鼠不会对地球造成多大伤害，而我们可以毁灭地球

① 人类和黑猩猩的染色体的遗传指令之间的实际重叠率低至94%，高达99%。最新的研究表明，黑猩猩与大猩猩相比，在基因上更接近人类。

上整个生命环境。我们拥有巨大的权利，我们需要相应的责任感。随着我们意识逐渐到我们行为的种种动机，随着我们在进化链中的位置变得更加清晰，我们必须找到一个有意义且有约束力的计划，保护我们和其他生物免受我们所造成的后果的影响。

## 好的和坏的

六百多年前，在锡耶纳市政厅的两面墙上，画家洛伦采蒂画了两幅巨大的壁画：一个代表“好政府”，另一个代表“坏政府”。“好政府”里的场景与理查德·斯卡里的儿童读物《忙碌的世界》里的图片相似。它展示了一个城市，城市里每个房子都很整洁，每个花园都长满了水果和鲜花，每个人都在做一些有益的事情。到处都是有序和繁荣的迹象。相反，在“坏政府”中所展现的是，人们争吵厮打，房子被掠夺，庄稼在与杂草作斗争。这是一个很好的视觉说明，就像世界上任何人所说的好与坏一样：坏是熵[①]——混乱、困惑、浪费精力、无

---

① 在个人层面上，心理负熵表现为最佳体验或心流。虽然我经常被警告说，从物理和信息处理等领域中借用这些有着明确含义的术语是不可取的，但在人类经验的背景下，我仍然以准隐喻型意义使用它们。因为在我看来，它们的启发式价值超过了它们可能造成的任何混淆。

法完成工作和达成目标；好就是无序状态负值化——和谐、可预测性、满足自身欲望的有目的的活动。

不幸的是，“好”与“坏”的概念经常用于自私的目的，并且被赋予了促进狭隘利益的定义。锡耶纳希望自己是个好政府，但却与邻国进行了几个世纪的残酷斗争。在美国，早期的欧洲殖民者——即使是最虔诚的移民——将诸如残忍、野蛮这样的邪恶特质归结于当地人，这样他们就可以安心夺走当地人的土地和生命。1677年，威廉·哈伯德写下了第一篇描写新英格兰当地人的文章，称他们为“背信弃义的恶棍”和“魔鬼的孩子”。对伊朗人来说，我们只是普通的魔鬼，而我们反过来认为阿亚图拉和萨达姆·侯赛因是撒旦的化身。“好”与“坏”是相对的，只要一个人完全认同他或她自己的身体、家庭、宗教或种族群体，他们就会继续如此。彼之砒霜，吾之蜜糖，反之亦然。冷战期间，美国人将俄罗斯农作物歉收看作自己成功的标志，而俄罗斯人将美国的毒品问题视为他们自身优越性的标志。当支持性的价值观变得狭隘，就好与坏的问题达成一致是不可能的。

所有人类能轻易分享的唯一价值就是地球上生命的延续。在这一目标中，所有个人利益都是统一的。除非这种物种认同优先于信仰、国家、家庭或个人这些更为具体的身份，否则在必须采取行动保证我们的未来进程这一点上，就很难达成一致。此时，我们的大脑由基因编程来“为自己打算”，由社会来支持其制定。然而，我们需要做的是改变方案，以支持整个地球的需要为首要任务。但这有可能吗？男人和女人如何才能克服几百万年前造物主在他们基因密码上所设定的驱动力呢？我们怎么才能忘掉生命的最初时刻带给我们的动机呢？

我们现在所拥有的目标和价值观适合于在生命之流中盲目挣扎的物种。它们适合乘客，不适合航海者。但是不管我们喜欢与否，我们现在都是地球这架宇宙飞船的飞行员。对于这个角色，我们需要一套新的指导方针、新的价值观和目标，以便引导我们在许多前所未有的危险中走出一条道路。在这场大脑的冒险中，第一阶段需要我们去反思自己是什么或是谁。

## 自我的出现

我们称之为进化的过程是存在的，因为没有什么东西是不变的。对于生物和非生物而言只有两种选择：要么让无序状态占上风，要么尝试击败系统。进化是这两种选择中的第二个。随着时间的推移，每一种形式、每一种结构都趋于衰退，因为其成分回归随机性。身体细胞分裂，器官退化，器具磨损生锈，高耸的山脉变成沙子，伟大的文明崩溃并被人遗忘。在能量耗尽时，甚至恒星也会死亡。一辆汽车可以工作几年，但在那之后，继续运行会耗费太多的精力。在你第一次买房子时，你认为你拥有了一个永久的住所，但是如果你不修理屋顶，只是粉刷木器，房子就会开始分崩离析。瓦解的原因就是无序状态——宇宙的最高定律。

但无序并不是世界上唯一的法则。也有相反方向的过程：创造和成长，与衰变和死亡一样，是故事的一部分。例如，精美的有序晶体的形成，新生命形态的形成，越来越不可能的能源开发方式的出现。每当在一个系统中有序逐渐增加而不是趋于崩溃时，我们就可以说负值化无序正在起作用。

每一个系统，不管是岩石还是动物，都倾向于使自己处于有序的状态。就生物而言，我们称为“生命”的大部分内容，都是为了确保自我保存和自我复制所作的努力。鲸鱼会尽可能长时间保持自己作为鲸鱼的生存，而且它会尽可能多地复制自己的忠实副本，这一点永远不会晚。为了达到目的，鲸鱼将不得不从空气中提取氧气并从浮游生物中摄取热量，保护幼崽免受伤害并远离天敌，从而在令人沮丧的无序状态下继续生存。

对于负值化无序的运行而言，一个有机体——个体、家庭或社会系统——必须始终在工作中修复和保护自己，将为自身目的转换能量变得更有效。人类历史的最高点是那些使我们更容易保护自己免受无序状态冲击的发现。火的发现是众所周知的。我们一个遥远的祖先有一个绝妙的主意，就是利用燃烧来扭转——即使是暂时和局部地扭转——寒冷的麻木效应。麻木是无序最喜欢的表现方式之一。更有效、更不可能的系统发展就是我们所说的进化。除非它们变得更有效率，否则系统会随着时间的推移而分崩离析。进化是这一事实强加给我们的。我们不能止步不前。即使保持静止，我们也必须前进。

竞争是贯穿进化的主线。生命形式在历史舞台上互相取代，这取决于它们是否成功地从环境中获取能量，并出于自己的目的而将其转化。但是通常物种生存是因为它们通过合作找到了提高生存机率的方法。自相矛盾的是，合作可以是一个非常有效的竞争工具。然而，在很久以前，竞争与合作完全是盲目和无意义的。

另一种看待进化的方法是，不要把它看作选择生存的生命形式，如恐龙或大象。从这个角度来看，重要的不是生物体的外在物质形态，而是它所承载的指令。生物有机体基因中携带极其详细的化学编码，而这些指令的生存就是进化的真正意义所在。大象只是大象染色体遗传信息的副产品。从理论上说，只要有基因的蓝图，我们就可以建造大象。但没有它们的遗传指令，大象就会从地球表面的一个世代中消失。

大多数人已经接受了生物进化的概念。但是信息的遗传并不是争取生存的唯一方式。还有其他的信息模式相互竞争，以维持它们的形状并通过时间传输自己。例如，竞争包括语言，就像宗教、科学理论、生活方式、技术，甚至意识领域的元素，我们已经开始把它视为“自我”。

每个人内心深处都有一种奇妙的能力去思考各种感官的信

息，并指导和控制这些体验。我们认为这一能力是理所当然的，我们很少想知道这是为什么。然而，据我们所知，这是一个只有人脑才能实现的最新进化成就。如果我们考虑过，我们会给它起诸如意识、自我或灵魂之类的名字。没有它，我们只能听从我们的基因在神经系统中编程的指令。但是，有了自我反省的意识，我们就可以编写自己的行动计划，做出没有遗传指示的决定。

我们通常拥有的关于自我的画面都是一个小矮人坐在大脑内部，通过眼睛、耳朵和其他的感官监视外部情况，评估这些信息，然后推动一些杠杆，促使我们以特定的方式行动。我们认为这个微型人非常敏感和聪明，是身体机器的主人。那些将它设想为“灵魂”的人们，认为是上帝为了神圣的火花而给我们普通人加上了普通的外壳。

当代神经科学对自我本身及其进化过程有着一种更为平淡无奇的看法。大脑似乎并没有单独的物质结构或神经功能来解释“自我”或“意识”的现象。反思能力反映在大脑数以百万计的神经元束上，每一个神经元束进化到执行有限的任务，例如观察颜色、保持身体平衡或检测某些声音。由于这些神经元束所提供的专门且不连贯的信息在大脑内部反弹，最终达到了复杂的程度，因此必须有一个内部交通指挥系统来指导和优先处理感知和感觉的流动。在遥远过去的某个时刻，人类成功地以意识的形式形成了这种机制。但交通警察的形象也具有误导性，因为它再次表明，大脑内部由一个完美的小矮人掌控。相反，意识更像是一个磁场、一种气场，或者是由大脑收集到的无数不同的感觉产生的和弦音。

然而，一旦自我反思意识发展起来，大脑运作的方式似乎已经取得了一个令人难以置信的量子跳跃。它不再只有单独的需求、驱动、感觉和想法，竞争“广播时间”，在意识上严格按照继承的化学指令确定优先顺序。相反，它经历了所有这些冲动，形成一个独特的自我，能够掌管意识领域，并决定哪种情绪或思想应该优先于其他。当我们体验到内在意识的时候，我们给它命名为自我，并将它的现实视为理所当然。自我成为人类越来越重要的一部分。

随着时间的推移，这个内在创造的自我对我们来说似乎是真实的，因为我们可以通过感官瞥见外面的世界。就像空气一样，它总是在那里。就像身体一样，它有自己的极限。它会受伤，但它也可以飞翔。它生长，它的力量慢慢扩展。虽然每个人的大脑都能产生自我反省意识，但并不是每个人都能同样地利用。有些人几乎完全按照他们的基因蓝图或社会指令行事，很少或根本没有意识的输入。另一个极端是个人的自我发展，其目标是超越外部指令，几乎完全按照自己制定的规则生活。我们中的大多数人处于这两个极端之间的某处。

但是一旦个体有一个自我，即使很少使用，它也会像其他有机体一样提出要求。它想保持自己的形状，甚至在携带它的躯体死去之后，能以某种方式复制自己。像其他的生物一样，自我将利用从环境中得到的能量来阻止无序状态对它的破坏。没有自我意识的动物只需要在基因中复制信息。但是一个有自我的人会想保持和传播自己意识中的信息。拥有物质财富的自我将驱使其所有者积累更多的财产，而不顾带给任何人的后果如何。斯大林的自我是围绕着权力需要建立的，直到所有可能挑战他的统治的人都死了才会罢休。如果自我从信仰中得到自己的形式，这种信仰的生存意味着超越身体的生存——对于基督教的殉道者们而言，损害信仰带来的威胁远比狮子带来的威胁大。

正是由于这个原因，人类在下一个千年的命运取决于我们如何成功地创造出这样一种自我。进化绝不是有保证的。只要我们了解我们在那个我们称为自然的巨大领域中的位置，我们便有机会成为其中的一分子。无论是过度的谦逊，还是蛮横地夸下海口，都对我们的未来无益。对于我们的孩子和孩子的孩子而言，如果他们的自我变得过于胆怯、过于保守、不爱与人交往，并且试图退回到安全的茧中来阻止变化，最终他们将被更为重要的生命形式征服。另一方面，如果我们只是盲目前进，从彼此和周围的世界中获得我们能得到的东西，那么在这个星球上就没有什么可以享受的了。

生命能否在这个世界上延续取决于我们的行为。我们能否生存下来，是否能维持有价值的生活，取决于我们能创造什么样的自我，取决于我们成功建立的社会形态。当然，在这些危险的时刻，有许多重大的任务要摆在面前：从保护雨林到保护臭氧层，从减少出生人数到防止那些已经出生的人被彼此撕成碎片。但是，从长远来看，没有什么比找到支持进化的自我发展方式更为重要的了。这取决于所有其他积极的后果。如果这会成为一段历史，我们必须做好。

## 关于"思维与历史"的进一步思考

作为深入探讨本章内容的一种方式，你可能想回答以下问题。每个问题后都留出了空白，以便记录下你的想法。每章都遵循这个程序。如果您用一个单独的笔记本写下更详细的答案，或者将它们输入到个人电脑中，那么你可以开始创建你对这本书的扩展版本。这只是一个开始，需要您的想法才能完成。

### 相互关联性

假设你经济宽裕，退休后会选择一个远离尘世纷扰的地方吗？你会选择一个全副武装的生存营地，一个像巴厘岛那样有隐秘的文化的地方，还是加勒比海上的一个孤岛？你认为你在那里会有多幸福？为什么？

你生活的哪一方面是完全自给自足的？假设你不能指望其他人的合作，你能为自己提供食物和水吗？你能继续开车吗？你究竟需要多少信息才能生存？

**进化**

如今，几乎一半的美国人仍然相信宇宙是在大约六千年前创造出来的。假设你并不这样认为，你有没有像大多数科学家现在所设想的那样，或者与地球历史一样，试图把美国历史的长度与人类生活史进行比较，或者与地球历史相比较？

与现在相比，人类历史上还有其他是你更愿意生活在其中的时代吗？如果有，为什么？

**可能性和必然性**

考虑到你直到现在的生活，其中有多少选择元素？你独自决定上哪所学校吗？你能去上你选择的大学吗？你选择你的朋友或你的搭档了吗？你现在所做的工作是你选择的职业，还是或多或少出于意外呢？事实上，你生活中有没有哪个方面是深思熟虑后选择的结果？

你知道如何区分它们吗？谁包含谁有什么不同吗？

哪一个更多地决定了你生命的进程，可能性还是必然性？你知道如何区分它们吗？谁包含谁有什么不同吗？

## 自由

在你生活的哪个方面你觉得更自由：独自一人，还是和别人在一起？工作时，还是空闲时？自由的感觉是源于你知道你可以做任何你想做的事吗？或者相反地，源于你知道自己在做必须做的事情吗？

你觉得有必要扩大你生活的自由度吗？工作中有没有感觉一成不变的时候？有没有经历过情绪完全不受控制的时候？你的家庭生活怎么样？在你感到缺乏控制的一个生活领域中，你会采取什么措施来加强控制呢？阻碍你前进的步伐的是什么呢？

## 好与坏

你生活中的无序状态的主要来源是什么？让你最伤心、生气、沮丧的是什么？是谁的错？

在什么情况下你感到最大的宁静和幸福？为什么这些情形不能更频繁？

## 自我

你的自我的中心组织原则是什么？是名利还是欲望，是被爱还是被敬畏，被嫉妒还是被感谢？

什么是在你拥有自我意识的情况下不能失去的？

鉴于你对自己有了了解，知道什么让你快乐，了解你生活的自由和限制，你认为你能为历史的发展做出什么贡献？如果你什么都没做会有什么后果吗？

# 第二章　谁控制思想?

在过去的几十年中，人类生存的最大威胁不是自然的威胁，而是源于我们自己的威胁。很久以前，一个人只能伤害自己和身边的人。甚至在一个世纪以前，恶作剧的范围也远不比步枪射击的距离大多少。如果一个人是恶魔，或者如果他失去了理智，他的恶行范围会受到严重限制。但是在过去的五十年里，一个人遭受严重的、大面积伤害的机会迅速增加。一个疯狂的将领可以发动一场终结这个世界的战争，一个孤独的狂热恐怖分子可能会比成吉思汗造成的破坏更大。即使像你我这样守法的公民，通过无私、善意的选择，也可能会毒害大气或以某种方式使地球不适合生存。对我们的祖先来说，更好地了解自己是一种奢侈。但现在，相比寻求任何自然科学可能带来的进步，学习控制思维可能会成为人类生存的一个更高的优先事项。

通过发展自我来应对不断进化的压力，我们进入了第三个千年。深入了解大脑的功能运作是很必要的。你可以在不知道引擎如何运作的情况下开车，因为你开车的目标只是从一个地方到另一个地方，不用去管汽车是怎么做到的。但是，这一生中，如果我们没有理解我们如何思考，为什么会有这般感觉，什么主导了我们的行为，那么我们将丧失生活中最重要的东西，即体验本身的质量。对个体而言，归根结底最为重要的事情是在意识中发生了什么：快乐的时光或是因数年来考虑生活将是什么样子而增加的绝望次数。如果我们不能控制意识的内容，我们将无法过充实的生活，更无法创造有积极成就的历史。

毫无疑问，心智机制是人类进化最为辉煌的成就之一。它有很多令人称奇的特征，也有一些不那么令人满意的部分。每一个绝妙的进化意味着其他可能性的关闭：蝙蝠有敏感的声呐系统，但是视力很差；鲨鱼视力不好，但是嗅觉极佳。我们的大脑是一台大型计算机，但是在理解现实的过程中也存在很多障碍。首要的障碍便是神经系统本身。我们越知道大脑如何工作，就越了解到我们体验世界的过滤器存在很多特别的内在偏见。如果不了解这些偏见如何工作，我们的想法和行为就不会真正处于意识控制之下。

## 永恒的不满

时代象征性的词汇表明，在不同的历史时期以不同的方式表现出来的人类思维有可能是错的。举个例子来说，公元前三世纪儒家的荀子提出的“人性本恶”思想在中国的思想史上留下了深刻的影响。只有通过艰苦的自律，通过礼制、教育，以及向有价值的榜样学习，一个人才能够得到提高。同样，基督教神学的核心原则之一是原罪论。根据这个观点，我们生而堕落。根据圣经，这是因为亚当和夏娃没有遵守上帝的指令，偷食了分别善恶树的果实。换句话说，人类罪恶的来源是想要了解更多。如果我们像其他动物一样只接受命运，而不去追求反思和自由意志的话，那我们的生活将会一直和伊甸园创造的一样保持不变。

在歌德的著作《浮士德》中，人们对人类状况的看法有点相似。随着时间的推移，学者浮士德对他一生中所取得的成就大失所望。他厌倦了哲学，他厌恶身体虚弱，他向追求名利、金钱、性、美酒和歌曲的人咆哮——他甚至鄙视希望和信仰。但他承认，他感到“生命的痛苦，地球的狭隘”。他太老了，玩耍不能满足他，但同时他又太年轻了，无法做到无欲无求。然后，魔鬼以摩菲斯特的形式出现了，并为浮士德提供服务。魔鬼答应实现他模糊的愿望，以此在他死后换取他的灵魂。浮士德接受了这一交易，因为他确信魔鬼也不能让他对生活的馈赠心存感激。这是他与魔鬼签订的协议：

如果你的诺言欺骗了我，让我心满意足，

如果我能享受它，就让我的生命结束。
如果我告诉你，
“停下，这正是我想要的。”
你可以把铁链拿出来，把我永远带走。

很长一段时间，浮士德似乎捡了个大便宜，因为无论魔鬼提供多少财富、荣誉或权利，浮士德总是觉得无聊，毫无意义。从来没有一个时刻，他会忍不住说：“停下来，这正是我想要的！”（最终，可怜的浮士德确实遇到了他的厄运，这部分的故事与我们无关。）

歌德作品中的英雄通常被解释为现代心理学的代表或浮士德式的人物。人们不断寻求新的体验和财富却毫无满足感，驱使人们这样做的冲动可能存在得比我们所意识到的更长久、更普遍。事实上，它可能是人类神经系统的一个固定功能，不仅对于人类，而且对于低等动物都是如此。神经病学家和人类学家梅尔文·康纳是这样表达的：

大脑中的动机部分，特别是下丘脑的功能特性，与人类不满的明显长期化相关。下丘脑外侧区的动物实验表明，机体的慢性内部状态将是焦虑和渴望的模糊混合体——最好的描述或许是短语“我想要”，无论动词后有没有宾语。

如果这是真的，那么这种机制对于物种生存将是非常有用的。因为它确保我们始终保持警觉，寻找新的机会，试图获得更多的东西，控制更多的能量，所有这些都会使我们和我们的后代更易生存。但很显然，我们要为这种机制付出代价，像浮士德一样，我们永远不会满足于我们已经取得的成就——至少在我们认识到进化已经下定决心将意识投入无尽的枯燥工作之前，我们不会满足。

在日常生活中，这种浮士德式的不满很容易被记录在案。欲望没有限度。一个失业的人可能会认为，如果他年收入三万，他会很高兴。但是挣到这笔钱的人认为，如果他能赚六万，他会很高兴，而挣六万的人认为十万才会满足他心中的欲望……就这样没完没了。同样的道理也适用于物质财富：一个人正在住的房子从来就不够令人印象深刻，正在开的车永远不够新鲜。许多研究表明，不断提高的期望是每个社会的个体有可能改善自己命运的规则。

大脑似乎在基本指令下运作，时刻保持警觉，以增加自己的机会，因为如果不是这样，别人肯定会占优势。这个工作原理是，人们必须始终努力争取更多公正。这种心态反映了弱肉强食的丛林法则。一定量的内在偏执对于生存而言显然是有益的，也许是必不可少的。在许多方面，文明的进步就是创造一个小的、受保护的生存区域，在那里竞争和危险被最小化，在那里我们可以暂时感到安全、放松警惕。部落舞蹈、宗教仪式、艺术表演、游戏、运动和休闲也提供了一些和平的绿洲。但有些人甚至打高尔夫球时也在计划收购，或者担心竞争。如果一个人能在需要的时候成为一个雄心勃勃的完美主义者，然后可以在享受满足中放松下来，那岂不是很理想？如果我们开始了解我们内在的程序已经编写完成，那么当遗传指令的要求变得难以忍受时，我们至少有机会控制遗传指令，并在这古老的进化力量上施加一定的控制。

## 混沌与意识

人们普遍认为，尽管我们可能控制不了别的东西，但至少我们可以指导自己的想法。尽管大多数人已经同意弗洛伊德的论证，但我们的理智常常被压抑的欲望所支配。尽管我们现在知道神经系统容易受到药物和生理过程的影响，但我们仍然倾向相信，只要我们愿意，我们就可以随时随地思考任何我们想做的事情。然而，有证据表明，思想过程的有序程度比人们想象的要低。事实上，可以说思维的自然状态不是有序的，而是混乱的。如果没有外界的刺激——比如谈话、必须完成的任务、要阅读的报纸，或者电视上的节目——引起注意，思维就会开始随意漂移。这种漂移与其说是一种愉快的、合乎逻辑的精神体验，倒不如说是不连贯的想法从不知何处冒出来。即使我们付出努力，也不可能在几分钟内回到连贯的思路上。这句话的证据来自学者对感觉剥夺的研究。单独监禁的人——无论是在监狱集中营，还是在实验性的剥夺仪器中——被切断了感官刺激来源，感受不到任何有意义的声音、景象或活动，于是他们很快就开始失去想法，并描述自己有古怪、不受控制的幻想和幻觉。这一研究说明头脑需要有序的信息来保持秩序。只要目标明确，接受反馈，意识就会持续发展。这就是为什么游戏、体育和礼仪是一些特别令人满意的活动——它们在有限的边界和清晰的规则中保持着秩序。即使是在工作中[①]，人们经常声称让自己讨厌的工作也具有有序性和连续性的特点。如果这些消失了，混乱就会回归。

另一项相关研究发现，在日常生活中，当人们独自一人无事可做时，他们会感到无精打采且不满足于现状。矛盾的是，正是在我们表面上最自由，可以做任何我们想做的事情时，我们最不可能采取行动。在这种情况下，思想倾向于随波逐流，迟早会触及一些痛苦的想法或未实现的愿望。在这种情况下，我们大多数人都无法振作起来，思考一些有用或愉快的事情。对于西方社会的许多人来说，一周中最糟糕的时间是星期日上

① 我们的研究表明，当人们在工作时，他们的内在体验大多比在家里的人更积极、更有创意、更满意，但他们通常说他们宁愿少工作，多花点时间在家。

午[1]十点到中午之间。对于那些不经常去教堂的人来说，这是一周中最没有条理的部分，没有外在的要求要满足，没有习惯把注意力引向某个目标。一个人吃早餐，读星期日的报纸，然后呢？到了中午，大多数人都会做出决定：他们会在电视上看比赛，开车出去，粉刷后廊。这个决定给了思维一个新的方向，而那些令人不快的念头再次下降到低于意识的水平。

具有讽刺意味的是，大多数上班族的工作体验比在家里更愉快。在工作中，个体通常都清楚自己需要做什么，并且有清楚的信息表明你做得怎样。几乎没有人愿意多一些工作时间，少一些闲暇时间。那些这么做的人被他人同情地称为“工作狂”。人们通常不注意的事实是，我们想要避免的工作时间实际上比我们争取的更多空闲时间更令人满意。这种情况也有合理的进化解释。如果我们满足于一个人坐着，想着美好的想法，谁会选择去追逐剑齿虎或者选择在拥挤的高速公路上开两个小时车去上班呢？可能更好的做法是我们需要有序的外部输入来保持思维的秩序。这样我们就可以保证客观和主观现实之间的一致性。如果不管外面发生了什么，我们都能编造出令人满意的幻想，我们将会遇到麻烦。如果想象做爱和真实的感觉

---

① 20世纪初，精神分析学家已经发现了周日对个体心理健康的威胁，他们提出了“星期日神经官能症”（Ferenczi，1950）。从那时起，人们发现各种节假日都存在同样的问题。出于同样的原因，没有日常工作的人往往会变得焦虑（Boyer，1955；Cattell，1955；Grinstein，1955）。

一样好，我们很快就会停止生孩子。因此，不从事目标导向的行动时，大脑会经历不愉快的紊乱，这是一个重要的安全特征。

然而，认识到这种不断发展的智慧对物种的持续福祉是一回事，接受其对个人的影响是另一回事。毕竟，如果我们的目标是控制意识，我们至少应该能独立于外部刺激发挥作用。有没有办法让我们摆脱这种进化安全机制的干扰呢?

有两种方法可以避免意识上的随意漂移（这种感觉通常是一种痛苦的焦虑或枯燥感）。一种方法是从外界强加秩序于思维。通过参与一项任务，或者与另一个人交谈，甚至收看一个电视节目，我们构造自己的注意力，并且可以遵循或多或少的线性线索。实现秩序的另一种方法是制定一种内部纪律，使人们有可能集中精力。这更困难，需要冥想，需要瑜伽修行者、艺术家多年学习操作。在这两种情况下，除非你花费精力来塑造意识，否则思维不会进入有序和愉快的经验模式之中。有无数种方法可以实现这个目标，但所有这些都涉及培养个人选择的习惯。这些可能包括：通过慢跑、瑜伽或武术训练身体；培养如木工工艺、绘画或演奏乐器等兴趣爱好；或从事集中精神的活动，如读圣经、做数学题或写诗。任何需要技能的目的性活动，都可以防止混乱控制思维，并阻止思维陷入疯狂的逃跑。

## 为何幸福如此难以捉摸？

在思维的运作方式上还有另外一种偏见，使人难以找到满足感。我们以前看到，当注意力没有被特定的任务（比如工作或谈话）占据时，思想开始在随机圈子里游荡。但在这种情况下，“随机”并不意味着有平等的机会去产生快乐和悲伤的想法。取而代之的是，当我们不集中注意力的时候，脑海中出现的大多数想法很可能令人沮丧。造成这种情况的原因是双重的。

首先，考虑到所有可能的事情，产生消极想法的可能性总是大于产生积极想法的可能性。在我们的生活中，“坏”的东西比“好”的东西多，仅仅是因为我们定义为“好”的结果通常是罕见的、不太可能的。例如，如果我考虑到自己的健康，那么我会想到一个积极的情况——健康良好，和数以百计的负面情况——具体表现为各种不同的疾病。如果我的思绪飘荡，很有可能它会照亮众多负面结果当中的一个。这就像是如果我搬进一所新房子，有可能把里面的一切都整理有序，但有数以百计的事情可能会出错：屋顶可能漏水、管道可能无法正常工作、线路可能出现故障等。

同样重要的是，要注意在其他情况相同的情况下，目标越高，失望的可能性就越大。人们提高自身期望值时，成功的概率就会自动变小。对于一般超重的人来说，体重达到80公斤还是90公斤哪个更容易呢？如果我的目标是达到80公斤，那么当我想到自己的体重时，相比90公斤的目标，我更容易感到沮丧。如果我的目标是每年赚25万美元，那么相对于挣12.5万美元的目标，我对自身收入不满的可能性更大。因此，减少负面思维频率的最简单的方法之一就是选择性地调节期望值。这并不是说怀有远大抱负必然产生不快。但是在生活的许多领域，我们经常带着这么多高期望以至于失望是一种必然的结果。

自由漫游的头脑通常会消极思考的第二个原因是，这样一种悲观的偏见可能是自适应的。如果通过“适应”，我们指的是增加生存的可能性。当指南针转动磁极时，思维就会变成消极的可能性，因为一般说来这是预测危险情况的最好方法。积极的结果令人满意，但它们会照顾自己，所以我们不需要为它们的沉思分配稀缺的精神能量。但是，通过研究不愉快的可能性，我们将会更好地为意外做准备。

任何一种灾难对大多数人来说都具有吸引力，这一点很好地解释了对消极结果的偏见。一场交通事故、一场火灾、一场巷战将立刻引来一大群狂热观众。注意力被暴力和危险所吸引，而忽视了正常的、平静的、让人满足的事物。媒体非常了解这种倾向，所以报纸上充斥着暴力，电视节目中充满了血腥。据估计，一般的孩子在成年前就在电视上目击了七万起谋杀案。这种视觉饮食暴力的长期后果还有待观察。

思维专注于负面事物时，它就会在意识中产生冲突。这种冲突或精神无序状态被认为是负面影响。我觉得头上有个秃斑让我想到了衰老的所有不愉快后果，这让我感到沮丧。或者我的思维可能会转移到办公室政治，以及某些同事试图以牺牲我为代价推进事业的方式，这使我感到愤怒和忧虑。或者我可能会想到不知道为什么我的妻子还没有回家，这让我感到嫉妒和担心。抑郁、愤怒、恐惧、嫉妒是心灵无序状态的不同表现。在这些所有情况下，发生的是注意力转向与目标冲突的信息。我的欲望和实际发生的事情之间的差异造成了内心的紧张。

消极情绪不一定是坏的。许多伟大的作品被创造出来，许多伟大的著作被写下来，是创作者为了摆脱抑郁所做的事。愤怒促使革命者建立了更公正的社会制度。对闪电的恐惧致使人们发明了避雷针。但负面情绪长期持续时，它们会接管意识，使思想和行动难以控制。此外，恐惧、愤怒等主观体验都是不愉快的。因此，我们越是经常有这些体验，生活就会越悲惨。

物种思维是浮士德式的，这一点不仅体现在其不满中，而且也体现为几乎所有维多利亚时代的人对生活中的困顿津津乐道。正因为如此，如果我们让遗传指令引导我们的意识，在过去这是有利的，但是当下，我们的生活质量很可能会受到影响。那些总是担心会出错的人可能已经做好了抵御危险的准备，但他们永远也不会知道生活是多么令人愉快。最好的策略是在对我们总体有好处的东西和对我们作为活在当下独一无二的个体有好处的东西之间找到平衡点。我们不能拒绝偏执狂似的基因指令；同时，我们不能盲目地追随它，否则我们将错过让我们的生命变得有意义的东西。

## 理性的限制

就我们所知而言，人们试图弄清他们内心生活的意义。思想和感情是神秘的东西。它们来自哪里？它们是真的吗？它们去往哪里？希腊人认为，情感和思想起源于胸部，印度教徒认为它们沿着脊髓放在不同中心，而中国人则认为我们用心脏思考。为了解释意识存在的原因，一些文化认为是死去祖先的灵魂在生活中说话，其他文化认为它是神或魔鬼的声音。

人们花了很长时间才把思维想象成与身体分离的东西，并意识到心理过程是可以控制的。一般的态度似乎是，思考是自然发生的，就像呼吸或出汗一样；精神生活被认为是身体整体机能的一部分，而不是像消化那样在我们的控制之下。有一句罗马谚语是，健全的心灵寓于健全的身体，或者说有健康的身体才有健康的精神，反映了思维与身体功能密不可分。东方文化尤为强调精神和体力活动之间的和谐。在东方，身心的分裂从未像欧美地区那样大。举个例子来说，东方的瑜伽强调正确的饮食、正确的身体姿势、正确的呼吸，人们认为所有这些都可影响思想内容、情绪和专注力。

但是当希腊哲学家开始对存在的本质进行系统性的调查时，已经清楚的是思想过程遵循了它们自己的规则，并且可以被塑造并被引导。通过正确的心理训练，盲人诗人就能写出最美的诗句，跛足的哲学家也能有最光辉的思想。紧随这些哲学家之后，人们很快就意识到思维远比它的物质载体重要。十三世纪，圣·弗朗西斯传播教义时，称身体为“混蛋兄弟”，血肉与骨头在旅程中吃力地背负着思维（当然，灵魂也是这样，只不过情况稍微不同）。

十七世纪，笛卡尔在对心理过程进行不懈的分析之后，二元论达到了最高点。笛卡尔认为理性思维可以独立于其他任何事物——独立于身体以及身体的需要，独立于以前的学习、文化价值观，甚至利己主义。在荷兰，他花了几年时间在阴郁海滩上的一间通风农舍里证明自己的主张的可行性。在此期间，他提出了数量惊人的理论，包括从光学、微积分到认识论的第一次系统性尝试。一段时间以来，笛卡尔制定的规则是思想上的巨大解放，因为他认为如果我们坐下来思考问题，每个人都能得出同样的真理。不幸的是，很明显大脑并没有与身体其他部分绝缘，而且它也不仅仅作为一个逻辑几何机器来进行演绎运算。得出这一结论的一个原因是在毫无意义的战争形成过程中不断出现的关于不合理固执的证据——令人焦虑的独裁、毫无意义的革命以及大量看似非理性行为的其他形式。西格蒙德·弗洛伊德给出了概念性的形式。他认为，所谓严肃和理智的人，他们的思想和行为受到关于压抑的童年事件记忆的支配。例如，当我不同意老板提出的一个关于促销活动的建议时，我可能会用非常合乎逻辑的方式进行市场预测来反对他，但我反对的真正原因是老板唤起了我对父亲的敌意，这对理性过程的自主性有很大的作用。

对纯粹独立思想的另一个攻击来自马克思主义。这一学说强调个人物质利益在我们所谓的理性论证塑造过程中的作用。它宣称中世纪的哲学家无法把他们的想法与支持自己的教会的利益分开。启蒙运动的科学家和哲学家提出了符合资产阶级的思想，认为十九世纪的思想家们不仅遵循理性的声音，而且受到资本主义统治阶级需求的影响。而且，据推测，马克思主义学者会按照共产主义的要求塑造自己的思想。从这个角度来看，看似理性的观点通常是一种变相的意识形态——试图将自私的需要转化为普遍有效的真理。

在西方世界，马克思主义刚刚失去了以前广泛的吸引力，对理性新的攻击就从欧洲的沃土探出身来。在过去的几十年里，解构主义和后现代主义承担了一项任务，其内容是揭露弗洛伊德和马克思中断研究的原因。解构主义是历史上定期出现的观点的一个最新形式。根据这种形式，我们无法了解任何超越直接经验本身的东西。如果我尝试告诉你我童年的苦难，我所用的话语会扭曲故事，而你对我话语的理解会使故事更加扭曲。无论逻辑的话语还是科学的话语都无法在尝试沟通中规避困惑。我们无法通过语言来了解现实，所有的归纳都是不可信的，而思维之间的意义交流是一种幻觉。

当然，理性主义者没有屈服。对于那些否认任何客观认识相关论点有效性的人，理性主义者没有被他们幼稚的传奇性夸张所吓倒。他们乐于走自己的路，假设宇宙中存在秩序，并且思维已经武装好去识别出这些秩序。对于将意识简化为讽刺画的这一趋势，在明确真理的努力中，理性主义者有时也会屈服于这一趋势。目前，笛卡尔方法的追随者是认知科学家，他们认为通过研究计算机的工作方式可以发现我们的思维方式。这些相似之处通常是有启发性的，但认为计算机就像镜子，我们可以通过它看到大脑的工作原理，按照这个思路，许多认知科学家已经将这种反映误认为是现实。

如果考虑到十九世纪我们所学到的一切，我们似乎可以说笛卡尔是正确的，他认为头脑可以遵循普遍的理性原则，但是只可以遵循普遍的理性原则。如果这听起来是重复的，那绝不是偶然。在像计算机一样思考时，我们就形同计算机。但是，这个特殊的功能肯定只代表了我们思考方式的一个小方面。每一个正常人都可以学习国际象棋的规则——只要他想下棋——并且在下棋时表现得像机器人一样理性。然而，逻辑仅仅发生在人类棋手意识中的一小部分。在处理那些巧妙布局的棋子时，也会有感官上的愉悦；摆脱现实世界的负担，使之成为可管理的自足活动，是一种解脱；击败对手会带来兴奋；能够面对困难的挑战是一种乐趣。下棋时，所有这些情绪都存在于头脑中。如果没有它们，谁还会费事去遵循逻辑规则呢？相反，计算机对于玩不玩没有选择。

这是最后一个逻辑谬论，正如希尔伯特·西蒙和新认知科学的其他先辈所做的，如果他们给一台计算机编程，让它得出诸如牛顿运动定律这样的科学发现，这意味着计算机必须像牛顿的大脑一样运行，必须有他想出这些定律的时刻。我们可以肯定的是，牛顿在写下定律时，他的意识至少包含和棋手同样多的非理性元素，而且在他的发现起源过程中，这些感觉和直觉远比逻辑重要。计算机将在几秒钟内得出牛顿的结果（只要它被输入预选信息和正确规则，所有这些都呈现先验知识，所以与原来的情况完全无法比较），这一点并没有比任何人都可以在几秒钟之内拍照复制米开朗琪罗花了十几年画出的西斯廷壁画这一事实更令人惊讶。然而，我们很难论证通过了解照相机的工作方式，就可以了解米开朗琪罗的思维方式。

理性思维在国际象棋、几何学或微积分等理性“博弈”中发挥着很好的作用，所有这些都有着明确的规则和有限的假设。军事演习可以在战略会议室里合理地进行，更不用说在战场上了。经济学家非常善于根据各种假设来模拟经济行为，但是，这些假设在现实中无效，期望发现那些行为如预测的那样在现实中发挥作用是愚蠢的。牧师们很容易在有序的教会仪式中遵循宗教规则，但面对私生活的纷繁复杂，他们很难做到这一点。棒球运动员在比赛中表现得可预测且有条不紊，但是如果撤掉裁判，他们的行为会很快退化。

有合理的逻辑结构大有裨益，我们可以通过它安排思想和行为。我们所谓文明的大部分都是试图使生活合理化，从而使行为合理且可预测。但是文明是一个脆弱的结构，需要得到不断的保护和照顾。没有保护和照顾，大脑就不按逻辑行事，而且不能保证自己的进化压力会产生越来越理性的行为。例如，可以说，过去的战争更为合理，当时军队主要是为了镇压而不是互相歼灭。将领会为庄稼收割暂时停止战役。战斗在日落时结束，人们认为平民伤亡有失体统。同样，经济行为在过去似乎更为理性，因为当时获得财产并不是促使人们行动的唯一目标。如果我们想要更多理性行为，我们不能指望它自动出现，我们必须在创造和保存有序的规则系统上投入精神能量。

假设我们可以把所有的选择都减少到计算机的二进制逻辑上，并设法找到一种方法来遵守一个完全理性的行动方案，这一方案对社会每个成员都有约束力，这能保证一个美好未来吗？也不太可能。理性在有公认规则的封闭系统里运行最佳，并且可以提前预知结果。依照规格造一个发动机或建一座桥梁、下棋、打棒球，或解决有标准解决方案的问题，这些都是让自己进入大脑分析步骤的活动。

但是，未来并不为规则和可预测的结果所约束。如果我们想在其中茁壮成长，除了逻辑，我们需要培养更多能力。我们必须培养直觉，在变化发生之前预见变化；必须培养同理心，去理解不能明确表达的东西；必须培养智慧，能够看到看似无关的事件之间的联系；必须培养创造力，发现定义问题的新方法，发现能够适应未知的新规则。

逻辑可以被编程到计算机中去，因为它的规则不轻易随时间变化而变化。但人类进化不能与严格的规则相联系。它必须保持灵活，以便抓住在进化环境千变万化的景观中展现出的任何机会。直觉、同理心、智慧和创造力本身就是人类进化过程的一部分，它们随着时间的推移而发生变化，我们对它们的理解也随之改变。如果我们把这些特质编程到计算机中，它们几乎马上就会过时，因为对每一代人而言，影响人类意识的条件都会以微妙但重要的方式发生变化。例如，对于女性的态度，几十年前完全被接受的规则现在可能是公然的性别歧视。这种变化没有在逻辑上预先设定，而是许多分散的人类经验的结果。计算机不知道如何重写自己的程序，因为这需要一个依赖于身体的头脑，因为计算机生活在一个独特的历史和文化环境中，它的使命是去弄清楚如何计算尚未合理化的东西。

## 沉溺于快乐[①]

如果过度理性很危险，那么对身体智慧的过度自信也同样危险。我们的祖先已经一次又一次地从相信自己的大脑转向相信自己的感官，先是拥抱阿波罗，然后是狄俄尼索斯。社会学家皮特林·索罗金在他的文化史研究中描述了世界观的这些变化，他认为这是在概念、价值阶段、感官或愉悦统治阶段交替进行的。从在世纪之交的第一次世界大战开始，我们目睹了一个转变，这个转变在第二次世界大战开始加速，最终在二十世纪六十年代后期达到了顶峰。目前感官阶段的特点是日益合法化的唯物主义（在这之前人们可能都同样是物质取向，但很少有人愿意公开承认），逐渐排斥被视为虚伪和愚昧的行为约束和道德准则，丧失对永恒价值的信仰，疯狂地自我迷恋，不加

① 这个关于上瘾的快乐的部分在很大程度上是基于莱昂内尔·泰格（Lionel Tiger，1922）的书，又可参见卡巴耐克（Cabanac，1971）和伯霍（Burhoe，1982）的同一主题的书。快乐和享受或心流之间的区别是，快乐包含了满足基因里的需要（如吃、喝、休息、性、社交，等等），而享受通常是利用自己的技能来匹配没有基因编程的行动机会的结果。快乐很容易满足，也容易补充，每天多次吃同样的食物也可以获得乐趣。享受则可以持续更长的时间，但是人们很容易感到厌烦，除非挑战变得越来越难或变得不同。正是由于这个原因，享乐导致了进化的变化，而快乐却没有。一句古老的谚语很好地概括了这些关系：“如果你想快乐几个小时，就喝醉；如果你想快乐几年，就结婚；如果你想永远快乐，就要有一个花园。”当然，这句老话忽略了一点，如果人们像照顾一个花园一样培养关系，婚姻也可以令人愉快。

掩饰地寻求感官满足。

这种世界观的一个流行说法是"花花公子"哲学，这是由休·海夫纳提出的。他是新感官时代第一种广为流传的杂志在美国中西部的出版商。二十世纪中期，这一观点在西海岸萌生的许多流派、疗法和生活方式中找到了共鸣，歌颂人类潜能的无限延伸。这一运动的基本信息是，我们应该做感觉不错的事情，因为身体最了解状况。任何干涉享乐的企图都很可疑，这是某个让我们生活更加悲惨的阴谋的一部分。

只要它是一个"哲学"，除非正好符合某个历史时期，在此期间它的许多原则实际上得以实现，否则这个观点不会产生太大的影响。富裕的物质生活不断蹒跚前行。汽车、避孕用具、热水浴缸，以及各种各样的便利设施，让许多人感觉到，他们确实能够满足自己的每一个念头，而不必担心后果。

然而，有充分的证据表明，我们的身体不知道什么对它有好处。越来越多的吸毒者、酗酒者、性疾病受害者、意外怀孕者和暴食者表明，做感觉很好的事很容易导致很糟糕的结果。可以在进食和刺激大脑的愉悦中枢之间选择的老鼠通常会选择刺激和饿死。对海洛因上瘾的猴子会一直工作，直到它们累死，从而获得另一种解脱。在城市的街道上，类似的行为表明大脑是多么容易向享乐低头。

根据目前对进化论的理解，快乐是一种体验。在过去人们在做了一些有益于生存的事情时可以感受到快乐。快乐是对适当的神经受体进行化学刺激的结果，而这一刺激通常由生物体为产生最佳功能所需的物质发出。例如，当我们遥远的祖先住在海里时，他们的身体就适应了一个咸的环境。虽然人类在地球上已经有几百万年的时间了，但是还需要持续供应的盐来维持身体的生理平衡，维持体内的水分代谢，保持跨越细胞膜所需的电位，这对心脏泵血必不可少。随着时间的推移，盐的味道变得令人愉快，成为一种幸运的适应，确保我们能寻求到并消耗必要的量。

这在过去的环境中无可厚非，那时盐很稀少。商人从很远的地方取一大块盐，换取象牙和贵重金属。为了获取更多的盐，人们发动战争。盐矿是早期帝国最珍贵的财产之一。因为盐太昂贵，很难过量食用。咸味带来的快乐与其稀缺性平衡。但是，随着我们的祖先学会更有效地提取和浓缩盐，盐变得更容易获得，因此更便宜。现在，一袋薯片里的盐比过去几天饭菜里的盐还多。盐仍然很好吃，但是现在我们消耗了太多的盐，并且在这个过程中危及我们的健康。

同样的模式也适用于脂肪、糖、酒精和其他容易上瘾的物质。因为这些东西一度对我们有益，于是我们学会了享受它们。但是在文化出现之后，情况开始变化得越来越快，大脑的愉悦中枢没有时间去适应。在1860年后的短短40年中，世界食糖总产量增加了500%。到1990年，约有1770万美国人酗酒，有9500万人长期服用违禁药物。我们的基因没有时间去了解过多的盐、糖、可卡因或酒精是不健康的。因为它们之前从来不用担心这些物质过多，因此没有建立防过剩机制。结果，快乐成为一种误导性行为指南。

对化学物质来说是正确的模式同样适用于行为，这些行为有助于生存，但一旦过度沉溺就会变得很危险。人类学家莱昂内尔·泰格认为，性、支配权和权利的行使以及社会交往都是令人愉快的，因为在过去它们是有益于生存的。例如，在石器时代，一个孤立的人会很难找到一起生育的伴侣，并且会很快被在稀树草原游荡的大型猫科动物吃掉。只有那些在群体中感到快乐而且从不远离他人的人才能幸存下来。因此，我们都是外向的祖先的后代——幸存者——并且我们的大脑在与他人相处时会体验到快乐。但是，像其他有用的适应性行为一样，社交能力在我们自己这个时代很容易过头，然后变得不健康。

进化显然为我们提供了一个有效的机制，让我们做有益于自身的事情，即快乐的体验。但是为了节省精力（进化总是为了省力，因为无序状态如此强大，能量难以获得），它没有提供一种互补机制，以感知中庸之道和避免过剩。大脑不会告诉我们什么时候足够了。

避免危险地依赖于快乐的唯一方式就是使用思维。只有通过有意识的思考，我们才能确定哪些看似好的东西实际上对我们没有好处，然后采取一种准则，使它们能够在临界点停下来。这正是宗教试图做的：为保持中庸之道提供文化指导。例如，基督教、伊斯兰教和佛教，这三种古老的、分布广泛的宗教都极力主张节制食欲。基督教的七宗罪告诫人们不要沉溺于过度骄傲、过多的物质财富、无节制的性行为、过多的食物和饮料、愤怒和懒惰。同样，佛教的四圣谛指出：（1）苦难是存在的重要组成部分；（2）渴望感官愉悦是痛苦的根源；（3）想要从痛苦中获得解脱必须消除欲望；（4）通过八圣道可以消除欲望。这又是一个自律的系统，借此使人学会控制身体的无限欲望。然而，在宗教再也无法施加必要的限制时，在发现可靠的新文化指引之前，我们每个人都要找到阻止快乐占据我们生活的中庸之道。

## 压力、应变和激素

由于身体对快乐敏感，所以自远古以来，大多数宗教和哲学都对身体持怀疑态度。与身体的盲目欲望相反，在理性的思维过程中，人们常常寻求拯救。但使身体听从理性从来不是件容易的事。关于身心或心脑关系形成了两种极端的观点。一种是目前正统的观点：思想和情感直接由大脑中的电化学或激素事件引起。因此，现象学是神经生理学的附带现象。换句话说，严格说来，我们的感觉和想法是生理过程的结果，我们几乎无法控制这一过程。然后有一个180度大转变的观点是由坚定的科学会教徒提出的，主张认为思维完全独立于其生物硬件。不仅如此，它甚至可以直接影响身体以外的物理现象，它可以使美元出现在银行账户中，可以消除癌症，可以将建筑物举到空中，等等。真相，永远是更复杂一点，并且位于这些极端位置之间的某处。

显然，思维经历的任何事都必须基于大脑的神经生理过程。问题是，对于这些意识经历的解释是否会反过来影响底层的化学网络，一些科学家认为事实是如此。例如，由于在分裂脑研究方面的重大发现，罗杰·斯佩里在1981年获得了诺贝尔奖。他率先开始了脑功能单侧化研究，认为虽然意识是由大脑的电化学特性产生的，但在某些重要方面，意识独立于其起源，并且反过来可能影响到进一步的思想和行动。因此，思维中的事件可以单独成为原因。

这种相互作用已被大量研究，其中一种形式就是压力。压力可以根据各种生理变化来衡量，这些生理变化包括肾上腺素释放、手掌出汗、瞳孔扩张、心跳加速、血压升高等。这些变化具有积极的适应值，因为它们使身体准备战斗或逃离外部威胁。但过度或长期的压力可能有害，因为这会摧毁身体内部的平衡。当我们遇到外部压力比如黑暗小巷里的陌生人、工作的最后期限或者腋窝的肿块时，压力就会增加。连接这些事实的标准论据是这样的：外部压力源引起生理应激反应，反过来，这一反应过度会引起身体损伤。一些人从这一结论中得到的实际经验是，为了保持健康，他们必须消除外在压力源，不管这些压力源是工作、妻子还是没法开的汽车。

然而，一个人所经历的压力并不仅仅取决于压力源。有许多控制意识的方法可以减轻外部因素的影响。例如，众所周知，在危险过后，压力反应通常不会出现。越南的直升机炮手在执行任务时没有出现生理压力，因为他们的生命一直处于危险之中。然而，直升机降落在基地后，他们的激素开始流动。这是因为在危险出现时士兵们能够暂时屏蔽激素，一旦他们回到基地，他们可能已经被扼制的认知就被允许回到意识中，并以复仇的方式袭击他们。对于持剑和矛作战的古代战士来说，即时的应激反应可能有用，而对于坐在高科技驾驶舱里的现代战士来说，抑制肾上腺素的分泌可能会更安全，因为这种不受控制的激素反应很容易导致撞击。

我们如何解释威胁也决定了应激反应的严重程度。高度神经质的人或者容易抑郁的人通常更消极地看待事情，对压力源的反应更为激烈，而这种压力对别人而言远没有构成这么大困扰。的确，一个人可能会因为遗传倾向性而更容易消沉，但他也可以学会调整自己对事件的解释。从这一结论中得出的教训是，如果要保持健康，我们不需要改变外部的压力源，只要改变自己的思维即可。

如果肾上腺素是在应对压力时发挥主要作用的激素之一，那么睾酮就会主导在传统上与男性气质相关的行为——夸耀、吹嘘、大摇大摆、变得激进并开始战斗。这种化学物质似乎是通过进化来发展的，以确保那些比女性拥有更大剂量睾酮的男性能保护他们的后代和领地。据报道，在灵长类动物群体中最具统治力的雄性往往有最高的睾酮水平，并且最温和的个体睾酮水平最低。人们可以从这一观察推断出，睾酮与社会等级制度的建立和分层有关。

我们也很容易得出结论：睾酮会导致统治和其他与男性气质相关的行为。虽然这在某种程度上可能是正确的，但反过来也似乎是正确的。换句话说，行为和经历改变了生理机能。如果把一只温顺的猴子从它所在群体的雄性啄食顺序中移除，并把它和一群雌性猴子放在一起，它就会变得更加自信，体内睾酮的含量也会随之增加。相反，如果从众多同伴中带走一个有着高浓度睾酮且处于主导地位的雄性猴子，并将其放置在一个已经建立的有着稳固阶级结构的不同团体中，迁入的雄性猴子必须处于该等级中较低的位置，那么它的睾酮浓度会下降。显然，统治地位不仅仅是激素水平的反映，复杂的循环因果关系也牵涉到环境的影响和个体对等级地位的看法。

应该补充的是，灵长类动物的优势等级不是由最有雄性气概的雄性打到每一个体屈服而形成的。通常情况恰恰相反：正是通过退出对抗，温顺的动物才让更加自信的动物去实现它们的统治地位。这种趋势对人类进化的影响是什么？基因和激素影响气质，气质是决定个体社会地位的一个重要因素。在一些像海军陆战队、铁路公司、美国劳工联合会，或通用汽车之类的组织中，高度自信可能有利于进步，但主要是因为不太爱出风头的人通常对外向、自信的人言听计从。一旦确立了权力差异，行为、思想的过程以及可能的激素水平通常会以不同方式加强统治者的支配权和下属的服从。

然而，这种模式并非不可避免。通过改变一个组织的价值观和规则，不同的人也可以得到尊重和权利，这反过来又可能产生生理上的后果。在一定程度上，这一切已经发生，因为平权行动法案使越来越多的妇女担任领导职务。甚至通用汽车和联合铁路公司都意识到，这种适合狒狒族群的组织原则可能不是管理一个复杂公司的最有效的方法。

如果睾酮和其他化学物质为雄性的外向和自信行为做好准备，这些是由进化适应一半物种的选择，那么雌性就可以调节另一半的行为。在大多数进化史中，性别专门化很简单：男性必须生产，女性生育。生产主要涉及狩猎和防御，雄性则通过获取激素来促进完成这些任务。生育过程包括生出强壮、健康的婴儿，这些婴儿会发育成熟，雌性则为此准备激素。当外部的威胁或对抗需要快速有力的反应时，男性激素就会被触发，而女性则遵循一个与生殖周期有关的内在节奏。雄激素和雌激素的释放有助于女性接受男性，也使她们具有选择性，以确保其自身基因的最佳匹配。受孕之后（我们在这里谈论的是成年女性几乎总是怀孕的数百万年间），激素帮助准母亲倾向于做出保护性的养育行为。

正如雄性激素的作用并不总是适应当代社会环境一样，雌性激素的影响有时也有问题。女性的生殖周期仍然有效，但在现代科技社会中，大多数女性一辈子只怀孕一次或两次，她们失去了大部分功能。直到近代之前，女性不得不生尽可能多的婴儿，原因是只有一两个能存活下来。二百五十年前，路易十五的母亲在她婚姻生活的十四年中有十一次流产和八个安全出生的婴儿，她的五个儿子中只有一个幸存了下来。这在人类进化的数百万年里是寻常的情况。如今，婴儿死亡率的降低使得每月的怀孕准备工作没有什么作用。正如男性睾酮诱发的畏惧在会议室或实验室中可能会令人尴尬，女性月经周期引起的行为改变似乎是任性和武断的。

我们再次认识到进化的一个主要矛盾：首先，过去的适应能力使我们存在，但它不一定会让现在的生活变得更简单或更幸福。在现代经济中，有男子气概的猎人类型越来越少，其中许多人可能成为系统中的痛苦弃儿。今天，过多睾酮更可能导致犯罪行为而不是领导力。同样，地球母亲将在人口过剩的世界遭受折磨，繁殖力下降。在我们所有人都被设定为猎人或母亲的情况下，我们都必须以某种方式来处理这种尴尬的遗传。

如今，否定我们的进化遗传是一种潮流。现在男人不需要比女人更自信的理由是每天早上不再需要出去打猎了。或者，既然我们已经确定所有人生而平等，那么我们就不再需要统治者了。一方面，女权主义者试图消除过去的进化遗传，坚持女性可以——而且应该——和男性一样具有侵略性和支配权。另一方面，一些男性则试图培养养育行为，接近传统的女性理想。

但是，认为通过自然选择保存我们的基因中代代相传的指令，仅仅几代之间就可改变，这是一厢情愿的想法。许多父母一定有与我的一位同事类似的经历。她是芝加哥大学研究神经的科学家。她在二十世纪六十年代后期有了两个孩子，一个男孩和一个女孩。她确信性别行为是文化上千篇一律的育儿方式的结果，所以尽力以同样的方式养育两个婴儿。作为一个成功的职业女性，母亲希望她会是孩子的好榜样。她同样对待两个婴儿，用同样的口吻对两个婴儿说话，让他们穿相似的衣服。在适当的时间，她给孩子们卡车和洋娃娃玩。然而，不管她如何努力灌输非性别的行为，男孩总是推开玩偶，女孩则巧妙地忽视了卡车。她沮丧地承认，儿子已经变成了一个性格开朗、积极进取的年轻人，女儿则成为一个迷人且善解人意的人。

试图否认人与人之间根深蒂固的差异是我们这个时代最愚蠢的想法之一。假装我们可以做任何我们想做的事情，而没有考虑到生理如何控制思维，这不仅无用而且危险，因为这只会滋生幻灭、虚伪，最后是愤世嫉俗。例如，在过去的几年里，有人提出了一个“男性运动”，辩证地反对二十世纪六十年代试图无视男性生物学的事实及其心理后果，这并不奇怪。尽管这个运动的一些表现同样愚蠢——在森林里裸奔、跟着鼓点跳舞，并不是一个非常原始的解决雅痞异化的方法——但他们指出的并非微不足道。某些基本的动力是无法根除的。如果他们不满足于有意义的、创造性的方式，他们就会大声要求满足。

另一方面，我们必须认识到，“人性”是偶然适应环境条件的结果，早已一去不复返。既然外部条件已经改变，我们的遗传规划必然会给我们带来扭曲的现实观。只有超越生理的局限，不让睾酮或雌激素完全决定我们的行为和思维方式，我们才能摆脱过去的暴政。但要做到这一点，我们就需要有耐心、善意，尤其要更透彻地理解思维的工作方式。

## 关于“谁控制思想”的进一步思考

### 永恒的不满

在生活的哪些方面你觉得最不满足？相貌，金钱，还是人际关系？让我们假设你已经达到你所希望的那样，如果你想发财，想象你现在是一个百万富翁。你认为你会快乐吗？还有什么是你想要的？你认识或听说过的许多富人看起来都很快乐、很满足吗？

为了快乐，你必须继续努力去取得更多的成就吗？还是野心妨碍了你现在感受快乐的机会？

## 混乱与意识

意识紊乱是否困扰你？你是否花时间去反思问题，为自己感到难过？如果发生这种情况，你通常会做什么？你会转向娱乐、化学方法改善情绪，还是参与一些活动，比如工作或打高尔夫球？什么对你有用？

你能控制好你的注意力吗？你需要药片帮助入睡和保持清醒吗？在背景中有电视或收音机的声音能让你的头脑保持正常吗？当需要思考时，你是否有一个集中注意力的方法——比如写日记、做清单或者冥想？

## 难以捉摸的幸福

你有时毫无理由地觉得快乐，还是只有当一切都按照你的方式进行时才会快乐？看到宏伟的景色，听到优美的曲调，了解别人的好运能让你快乐吗？还是幸福只限于满足你的个人目标？

当你希望的事情没有发生时，你通常会做什么？你会因为失望而感到苦涩和痛苦，还是这刺激你去做一些事情？

**理性的限制**

当你试图在逻辑上支持一个论点时，你认为你的推理在多大程度上受自身利益的影响？回想一下你和你的搭档或同事的最后一次讨论。你的个人安慰，或进步的希望，或者只要是正确的事，与你提出的论点有何相关？是否在任何情况下你的逻辑都是完全客观的？

以下四个标题下的事情——你从直接经验得到的东西，那些逻辑上遵循的真理，那些别人告诉你而且你相信的事情，那些你因为直接的本能式反应而知道的事情，哪一个标题会让你列出最长的清单呢？

**沉溺于享乐**

你对哪个上瘾：糖、酒精、可卡因、工作时产生的脑啡肽，还是看电视？这种成瘾的后果是什么，正反面结果都有吗？需要什么才能摆脱它？你能选择什么来取代之前的成瘾行为吗？

### 压力、应变和激素

当你的身体在控制意识时，你能意识到吗？例如，如果饥饿让你变得紧张又烦躁，你有恢复控制的方法吗？

你觉得如果你的身体告诉你什么是好的或坏的，那么事实一定如此吗？例如，如果你对一个队列里排在你前面的人感到愤怒，你觉得你应该发泄一下愤怒吗？或者，如果你对某人有性吸引力，你应该试着做爱，而不管先前的情感是什么吗？

# 第三章　玛雅的面纱

大脑具有奇妙的机制，但它也会骗人。为了保证我们不过于放松，它迫使我们追求永远不断增加的目标。为了让我们不去做白日梦，当我们停止做一些有目的的事情时，它就开始让我们潜意识地觉得不愉快。当我们冒险做一些过去已经有人成功完成的事情时，它让我们感觉良好。但它并不能告诉我们这种危险什么时候能变成愉悦。不管我们喜欢与否，大脑都促使我们做出一些行为。人们还住在洞穴里的时候，这些行为是说得通的，但现在已经有些不合适了。这些都是大脑中的一些偏见。为了获得对意识的控制，我们必须学会如何减轻它们的影响。但它们并不是阻碍自我解放的唯一障碍。我们通常允许一系列的幻觉存在于自己和现实之间。这些幻觉是由于基因指令、文化规则和自我放纵的欲望产生的，它们具有安慰性，我们需要看穿它们，才能真正解放自我。

## 幻觉和现实

许多文化中一个反复出现的主题是“现实”，但这在我们看来，是一种欺骗性的幻觉。我们所看到、思考和相信的不是世界的真实轮廓。现实通过一系列的面纱来展现自己，这面纱扭曲了真相。大多数人看到虚幻的面纱，并相信他们看到的是真相。只有耐心地揭开印度教所谓的“玛雅人的面纱”——幻觉，我们才能更清楚地看到生活的真谛。然而，这个想法并不为印度独有。世界上许多宗教和哲学都认为常识性的表象具有欺骗性，必须透过它们去理解现实的本质。生活在二十四个世纪前的德谟克利特说过：“没有什么是真实的，或者就算有，我们也不知道。我们没有办法知道真相。真理存在于深渊的底部。”基督教并没有否认物质世界的现实性，只是否认它的重要性，认为所有真正重要的行动都发生在物质世界之外，那些把发生在物质世界中的事件看得太重的人冒着被琐事和暂时的关注所迷惑的风险，以致失去了精神的永恒境界。

但是，在第三个千年来临之际，我们为什么要关注古代宗教和哲学对现实的描述？它们了解多少真理？在讨论进化论和未来的时候，人们关注印度教的神话或基督教的世界观，这似乎不合时宜。然而，如果认真地对待进化论，你就会意识到过去在塑造现在和未来方面的重要性。正如几百万年前，人类染色体的化学结构决定了我们注定要经历的真理和幻象，过去的思想家所创造的象征性的表示也会帮助揭示或隐藏现实。我们今天的任务是将宗教和哲学的真正远见与它们的解释中不可避免的错误分开。如果我们认为现在的知识在每一个方面优于过去，且古人所学的都是落后的迷信，这的确是一种罪恶的骄傲感。

“进化认识论”是一个学术分支，它将进化论的观点用于理解知识如何发展。知识总是涉及获取信息。获得它的最原始的方式是通过触觉：爬虫和其他简单的有机体通过它们的“皮肤”来感知在它们周围发生的事情。这种生物体所能拥有的知识，严格地说受限于其附近的事物。大规模进化之后，有机体学会了解远处发生了什么，而不必去真正感受环境。这种进化让感官能够处理更远处的信息。很长一段时间以来，鼻子、眼睛和耳朵是最重要的知识来源。生物体开始拥有记忆时，又发生了一次大进化。此时，不再需要信息，动物们就可以回忆过去发生的事情及其结果了。知识进化过程中的每一个步骤都给有认知能力的物种带来了重要的生存优势。

然后，随着人类的进化，一种全新的获取信息的方式被开发出来。在这一点上，信息处理是完全内化的，即信息处理过程发生在生物体体内。但是，当演讲出现时（在写作出现时，演讲变得更有力量），信息处理成为外在的。从那以后知识没有必要被存放在基因或者记忆里，它可以通过文字传递给另一个人，或者人们可以把它写下来并且储存在一个永久性的物质里，如石头、纸张或硅片，无论如何要储存在脆弱且无常的神经系统之外。

随着信息外存储的实现，我们对地球的控制力大幅增长，这是我们在进化的历史进程的最后几秒内获得的一种技能。最初的信息存储在歌曲、神话和故事中，由我们的祖先在篝火周围互相讲述。在几段押韵的台词、谚语或警示故事的传说中包含的是几个世纪以来有用的经验。在自己的生存环境中，什么是危险的，什么是宝贵的，这些对于部落的年轻成员而言，不再必须要从他们自己的经验中学习。相反，他们可以依赖过去世代人的集体记忆，并尽可能地避免重复他们的错误。这些知识帮助他们在一定程度上控制环境，并腾出时间学习各种技术，例如制造武器、生起篝火和冶炼金属——这些信息也是以内在的方式传递的。

当然，神话和传说不只是传达有用的信息，它们也传递了大量现在被称为“噪声”的东西 ，即不相干的细节、只有在某些特定的历史情况下才有意义的细节。这是不可避免的，因为任何一个想要传递自己亲身经历过的真理的人通常无法从它的偶然特征中辨别出这个真理的基本要素。例如，假设在我们的国家，有一位父亲想向他的儿子解释他与妻子结婚时所感受到的爱。因为讨论男性的情绪是尴尬的，外在的事件更“真实”而且更容易描述，所以父亲可能在回忆婚礼时主要是回忆教堂里演奏的音乐、接待处的客人人数、酒水的消费，等等。关于他对新娘的感情这一主要内容几乎只字未提。因此，儿子可能从父亲的故事中学到的是，婚礼的意义取决于音乐、来宾和饮料，而忽略了信息中最重要的部分。

当一种文化的经验和思想开始凝聚成系统的世界观和人生观时，宗教就开始出现了。毫不夸张地说，宗教是人类迄今为止所创造的最重要的外部“知识感官”，它客观地检查你获得的信息，因此允许你系统地拒绝错误的结论。虽然宗教缺乏自我更正这一特征，通常无法适应新的知识并随着时间的推移而成长，但它在科学上确实具有其他优势，这些不应该被忽视。也许最重要的是，宗教已经存在了几个世纪，并且有可能比科学更长久地保留对人类生存非常重要的信息。单凭这个原因，无视宗教深刻见解的行为是愚蠢的。“玛雅人的面纱”掩盖事实，宗教的深刻见解在不同的文化背景下反复出现，这种情况下再无视宗教的深刻见解就尤为愚蠢。

认为现实隐藏在视野之外这一观点并不是只有古代思想家才有。目前的科学思想正开始用自己的术语来解释早期思想家所说的玛雅比喻的含义。例如，社会科学提供了充分的证据来展示不同的真相是如何出现的。这与一个人是在哪里出生的、他早期获得了什么样的经验或者他最终会追求哪种职业有关。

例如，人类学家在大大小小的研究中都证明了文化如何成功地向人类灌输其价值观和世界观。大多数人类团体的成员都认为自己是特选的子民，位于宇宙中心，有着优于任何人的生活方式。阿米什人生活在阿米什世界里，祖鲁族生活在祖鲁族的世界里。两者都理所当然地认为，他们对世界的理解是唯一有道理的。这种态度造成的一个不幸后果是，我们过于相信自己的文化世界里的现实而遗漏了它背后更多的现实。许多人不反对倾倒有毒废料，只要废料不倾倒在自己周围。物质只有在威胁自己的世界时才会变得有毒。如果我的世界仅限于芝加哥，那么这个城市以外的所有毒素都不是有毒的——就我而言，它们并不存在。你所在的团体越大，你离最终的现实越近。只有把整个星球看成自己世界的人，才能意识到不管扔在哪里，毒药都是有毒的。

同样，社会学家指出了现实在社会上的建构方式。当人们与父母、朋友和同事互动时，他们学会从这些特殊互动的优点出发去看世界。从工会大厅、军营或者修道院出发去看社会，与从商人俱乐部出发去看是很不一样的。参谋长们生活在一个以五角大楼为中心的世界，核战争、死亡人数统计和与国防工业签订的有利合同是五角大楼的主要特征。他们的世界与汽车推销员、足球运动员或教授的世界不同。但是，造成利益冲突的不仅仅是社会地位或谋生方式的差异，马克思主义者称这种差异为阶级斗争。处在社会不同的位置的人处在不一样的地位，生活在不一样的世界，最终过着不一样的生活。文化和社会在塑造我们所看、所感和所信这些方面有很大的力量。考虑到这一点，印度教徒认为我们都生活在恶魔巫师的法术下就不奇怪了。

心理学家在个人层面也发现了类似的偏见。每个人都有或多或少独特的基因和经历，他关于自己世界的认知地图[①]能使他更容易通行。在同一个家庭中，一个孩子可能学会通过玫瑰色的眼镜看世界，而另一个孩子会觉得世界是暗淡和危险的。有些孩子天生就对声音很敏感，长大后会注意周遭的声音，却看不到很多颜色、灯光和物体，而这些都是视觉敏感的孩子会注意到的。一个人对数量更感兴趣，另一个人则是对感情更感兴趣；一个性格外向且愿意信任他人，另一个则不善交际，容易生疑。这些个体差异[②]随着时间的推移而发展成习惯，然后变成思考和诠释经验的方式。这样的“认知地图”是有用的，因为它们为使用它们的人提供了一致的方向。但在呈现客观的、普遍有效的现实的意义上，它们是不准确的。事实上，在同样的情境下，使用不同认知地图的人会看到和体验到完全不同的现实。

知识的相对性是一个不只有“软”社会科学在探索的概念。甚至物理学——曾经作为机械和绝对科学的典范——在

① 这个词是由心理学家爱德华·托尔曼在50年前提出的。同一时期的想法可以在奈瑟（Neisser，1976）的文章中找到，他使用术语“图式”来描述同样的想法。

② 心理学家霍华德·加德纳提出了“多元智力”的概念，来解释天赋就像肌肉运动知觉或人际交往能力，不同的孩子拥有的天赋是不同的。

二十世纪就已经放弃了对实际存在的东西给出明确描述这一愿景，因为事实证明，即使是最基本的、最具体的数据也会提供不可靠的信息。山、树和房屋不是由固体物质构成的，而是由数十亿个不可预知的运动着的粒子组成。如几个世纪前，德谟克利特就已经怀疑，我们可以看到的世界只是感官能感受到的部分世界。有各种各样的事情发生在我们身边，而我们不知道，因为它们超出了我们所能感知的范围。眼睛、耳朵和其他感官只提供了在一般环境中生存所需的最低限度的信息，但它们遗漏了太多信息。看到一只小狗像疯了一样兴奋地探索草地上的气味，这足以让我们意识到我们平常遗漏了多少信息。

为什么我们就不能制造出更大、更敏感的工具，以便发现那些在我们视野之外难以捉摸的事件呢？正如物理学家们已经认识到的，每一种工具、每一个衡量标准都只给出一个有偏颇的观点，这取决于工具和标准本身。当一个人试图去领会现实时，现实才存在。海森堡著名的不确定原理（描述了同时确定给定原子粒子的位置和速度的逻辑上的不可能性）第一次撼动了以前绝对坚定的物理科学。诺贝尔化学奖得主伊利亚·普里高津表示，准确地了解绝对真实的情况是很难的：“无论我们把什么称为现实，它都是通过我们参与的积极建设而展示在我们面前的。”物理学家约翰·惠勒说：“超越了粒子，超越了力量的领域，超越了几何学，超越了空间和时间的自我，是最终的组成部分，仍然是更缥缈的观察者的参与行为。”换言之，无论理论多么复杂，测量的精确程度如何，事实是我们发明了理论和测量仪器，因此无论我们学到什么，都是基于作为观察者的我们的观点之上的。人的神经系统的局限性、文化的特殊历史性都决定了我们看到的现实。计算机程序员所使用的不雅的缩写——G1GO（垃圾，垃圾），适用于一般的认识论，输出始终是输入的函数。

当澳大利亚原住民试图解释为什么每年都有从海上来的伴随着雷声和闪电的季风时，他们想象的是两条大蛇在云中交配，然后孕育了雨。考虑到他们知识有限，这是他们能给出的最有意义的叙述。而现代的解释是季风是基于温度差、大气环流、风速等原因。对我们而言，这听起来比大蛇的解释更合理。但几百年以后，人们会不会发现这种说法也同样原始呢？

那么，这是否意味着关心什么是事实毫无意义？因为无论一个人怎么尝试，答案总会是扭曲的。许多人最终同意这个观点。从相对主义变得愤世嫉俗很容易，但这不是最好的方向。如果因为现实不是绝对的真理，我们就拒绝认真对待现实，那么我们在短期内肯定会后悔做出这个决定。现实只能通过扭曲的眼镜来看待，但最好是用一个人能接受的方式去做，而不是因为它不完美而轻视它。

但是，无论我们多么努力地去理解，终极的现实永远都是隐藏的，除非当寻找真理的动机是渴望得到一个绝对的、明确的答案。这难道不令人沮丧吗？寻找确定性的人一定会失望。

他会像浮士德一样在一生中学习神学、哲学和科学，却绝望地发现，他没有学到一个他可以满怀信心去坚持的真理。另一方面，我们认识到，我们发现的部分真理是不可知的宇宙所有合理的方面。然后我们可以学会享受，就像从其他任何创造性的行为中获得乐趣一样——无论是画画还是烹调美食。然而，在这种安逸的情况下，它不仅是一幅画或一顿饭的问题，而且是观察方式、创造整个世界的问题。塑造自己的现实，生活在自己创造的世界里，可以像写一首交响乐一样令人愉悦。

任何一个人都不能把现实理解为一个整体，也不能想象有人会这样做。就像进化本身，对真理的追求永远不会结束。确定性总是被修正。在我们最意想不到的时候，全新的前景就会敞开。试想一下，当第一批农民发现一粒种子会产生数百种新的种子，或者当哥白尼的行星系统观点取代托勒密的观点时，人们的认知是不是被颠覆了。

但创造一个新的现实，一个对个人而言合理的世界，是不容易的。接受由基因和文化所提供的虚幻的确定性，或者拒绝所有的努力，通过否认任何理解的努力的价值在一种彻底的愤世嫉俗中寻求避难，这是很容易的。虽然我们必须寻求的现实不会包含真理，但它本身必须是事实。创意产品绝不是随机的或任意的，它必须是符合人们深刻感受到或感觉到的东西。为了掌握内在确定性的核心，你必须学会剥去各种“玛雅人的面纱”。

有一个古老的印度寓言，我想把它再讲给那些试图找到他们博士论文主题的研究生听。这个寓言讲的是一位年轻的弟子带着请求去接近一位技术精湛的老雕塑家的故事。

他说："师父，我想成为一个著名的雕塑家，我该怎么办？"

"好吧。"大师回答，"告诉我，你想做什么样的雕像？"

年轻人想了一会儿，总结道："我最想雕刻一头美丽的大象。"

在大师所在的地方，在年轻人前面有几块石头和一些工具。"那好，这里有一些大理石、一把锤子和一把凿子。你现在要做的就是把所有看起来不像一只美丽大象的东西都切掉。"

故事就这样结束了。太简单了是吗？在某种程度上是的，但某种程度上也是令人发指地困难。我们怎么知道什么不是大象？我们如何知道什么是面纱，什么是它隐藏的现实？我们事先并不知道。只有在他开始雕刻后，雕塑家才开始感觉到什么是必须丢弃的东西，以及什么是必须保存的东西。知道他是否得到了大象或只是一块不像样的石头，需要更长的时间。只有经过许多试验，人们才能意识到简单的任务实际上是多么困难。为了开始将真理与幻觉区分开，你必须艰辛地将自己的成见与实际的、持续的经验相结合。

本章将讨论会干扰我们对世界上所发生事情的真实理解的幻觉的三个主要来源。它们包括基因设置、文化遗产和自我需求。这些幻觉是“内在的”，我们每一个人都不能不受它们产生的假象的影响。下一章将回顾阻挡我们真正理解现实的三个障碍。把这六个“面纱”考虑进去之后，我们会发现透过表象看现实并创造出一个对于我们个人而言有意义的世界变得更容易了。

## 基因的世界

在上一章中，我们已经看到，大脑的建立是为了容易感受各种愉悦的感觉，当然这种愉悦一旦过量也是有害的。更普遍地说，毫无疑问我们体验世界的方式受到限制和指引，但不是由编码在基因里的化学指令决定的。从曾祖先到祖先，再到我们的父母，这些指令被传递了几百万年，或多或少发生了一些改变。他们告诉我们要做的是遵循我们祖先发现的最佳生存策略。他们告诉我们饿的时候要寻找食物，在受到攻击时要保护自己，对异性建立兴趣，等等。

基因的指示相当普通——它们适用于一般情况，并促使我们以通常在过去有用的方式行事。婴儿在出生时具有识别人脸的能力，因为这是婴儿早期最重要的特征。同样，婴儿也会模仿成人，因为这是使他们变得独立、让他们活下去最可靠的方式。这些指示被牢牢地嵌入大脑，它们的作用是自发的。然而，当一个人面对新的情况时，基因的智慧就不再可靠了。婴儿会模仿恶毒残暴的人，也会模仿善良的人。进化没能够建立一个准确的探测器，让我们知道哪些行为值得模仿，哪些不值得。哺乳动物可能天生就知道要避开蛇，但不知道要避开不道德的债券推销员。

随着人类越来越多地依赖于文化而不是基因指示来生存，我们不得不抛弃很多过去有用的东西。人为设定的新规则必须被采纳，例如学会控制愤怒、克制性冲动、忍受长时间坐在书桌前思考——通常是克服"本能"的驱使作用。然而，尽管有这些教化，基因的作用仍然强大，我们体验世界的方式在很大程度上取决于它们。即使一个人已经学会了不把攻击的冲动或性冲动表现出来，但他的大部分内心生活、精神能量，都被束缚在本能所驱使的情感和思想之下。本能是第一层玛雅的面纱，除非你学会看穿它，否则现实总是会被基因的需求和欲望所遮蔽。

一般来说，我们认为本能、动力和内心的需要构成了最真实的人格核心，它们是我们的本质。但最近进化生物学家开始争辩说，就基因而言，个人只是一个实现它们自己的复制和进一步传播的工具。这些基因并不真正关心我们。如果它们能自己帮助自己繁衍后代，那它们就会很快让我们生活在无知和痛苦之中。基因不是我们的小帮手[1]，我们才是它们的仆人。

使未婚少女怀孕的化学指示不是为了使她在现在生活的复杂社会中获得快乐或成功。它们只是一个机制，以确保她的染色体信息将被复制和传递到下一代。在过去寿命短、婴儿死亡率高的时候，一个女孩能够生育时就能够促使她怀孕的基因比促使更加高尚行为的基因更有可能进行自身的传递。至于这对女孩个人而言是好是坏就不是我们要讨论的话题了。当然，青少年很幸福地不知道这一切，并听从自然的召唤，错误地相信此刻感觉良好的东西将来同样会感觉良好。

只要我们孕育出能存活的后代，基因就注定会保护我们。后来我们也注定要面对死亡。诚然，我们作为个人的利益和作为基因载体的利益往往会重叠，但情况并非总是如此。例如，基因不感兴趣的是，在孩子能够自己生活后，他们的父母还能活多久。事实上，如果父母在他们的孩子大学毕业后尽快死去，那也算是有好处的，因为他们不会再占用后代的空间和资源，它们还可能被另一代人利用。基因并不是很友好的，但我们一直把它们的利益误以为是我们的。只要我们不能分清这些利益之间的区别，我们的头脑就不会自由地追求自己的目标，而必须服从过去的混乱的命令。

每个人都通过在某些事情上投入注意力来创造他或她所生

① 生物学家理查德·道金斯使这个概念流行起来。谚语“一只鸡只是一个鸡蛋生产另一个鸡蛋的一种方式而已”很好地表达了这个想法。

活的世界，当然这也是按照特定的模式去做的。在基于基因提供的蓝图而构建的世界里，一个人的全部注意力都集中在促进“生殖健康”上。这是一个简单的目标：我如何能从自己生活的环境中得到足够的东西以确保我的繁殖，以及我的孩子也有后代？像许多种类的昆虫一样，在较不复杂的生物体中，几乎它们整个生命周期都是专门用于产卵。紧接着，父母尽过了职责，它们可以退休了。和其他有机体一样，蝴蝶由于进化，只能看到那些可以帮助或阻碍其后代生存的东西。它的世界里只有花样形状、能给它提供花蜜的东西，和类似天敌的形状、最好避开的东西。诗人称赞雄伟的雄鹰在白雪皑皑的山峰间自由翱翔，但鹰的眼睛一般集中在地面上，寻找潜伏在阴影中的啮齿动物。大多数人类的生命可以用类似的术语来概括。

让我们以一个虚构的年轻律师杰瑞为例。他是怎么度过一生的？大部分是由他基因的要求决定的。当他早上醒来的时候，他会花近一个小时的时间来洗衣服、穿衣、打扮，试图使他的外表有吸引力。然后他花几分钟的时间吃早餐，因为这一天当中的第一顿饭将通过补充他血液中的糖分来提高他的精神和能量。他开去上班的车和他开车的方式也间接受他基因的影响。他可能会开一辆沃尔沃，因为它安全；可能会开福特，因为它实用；可能会选择一辆充满力量感的汽车或一辆彰显成功的车。为什么杰瑞每天花八小时或者十小时甚至十二小时工作？因为这样他就可以满足他的“筑巢本能”，买一所舒适的房子，吸引一个中意的伴侣，养育孩子，积累一些财产传给后代并购买一些保险以保护他的后代。

杰瑞多半不会说他消耗自己精神能量的方式是因为他试图迎合他的基因。他会说他选择带红领带是因为相比其他领带他更喜欢红领带，他开沃尔沃是因为他感觉它开着很舒服。也许他可以用个人经历或客观证据来支持自己的选择，在那种情况下他的权利比较大。但人们往往不考虑可选项，他们不会停下来思考其他方案。他们仅仅只是接受基因提供的剧本，并根据他们当时的文化所赋予的特定方向来演出剧本。

十几岁的时候，我在意大利南部城市一座工厂附近的一所高中待了一年左右。我的班级同学们来自二战时期背井离乡的家庭。他们从传统的农耕社区迁来，在工厂区周围的城市新贫民窟里碰运气。在我和他们一起度过的那段时间里，我感觉自己就像一个人类学家去拜访一个陌生的部落。他们的价值观和他们看世界的方式也和我过去习惯的方式截然不同。虽然有相当一部分男孩（男孩、女孩不在同一个班级）成了我的朋友，但他们脑子里想的事十有八九是关于性的，我一直对这个事实感到非常好奇。如果一个不知名的老师或学生第一次走进教室，男孩们会大声地、详细地评论他或她的第一和第二性特征，并推测他或她在床上的表现。对这些十四岁的人而言，一周最精彩的日子是星期三，因为那时附近的妓院在日间给学生折扣。虽然不是每个人都能接触到异性，但他们的大多数谈话都是围绕着真实或虚构的恋情。也有几对稳定的同性恋伴侣，他们对这段关系非常认真，并具有一定的浪漫天赋。

我所描述的学校并非特例，世界各地的青少年必须学会与他们身体中涌动的激素进行斗争，与大脑中发出的关于性行为和生殖的紧急指令作斗争。据估计，美国青少年平均每二十六秒就会想到性——不是因为他们想这样做，而是因为他们的肉体的感觉让他们无法做其他的事情，不管与性有关的想法的实际出现频率如何，关键是精神能量不能自由地去任何我们希望它去的地方。对它本身而言，它去了基因指令指向的地方。

食物对大脑也有类似的控制。我们每过几个小时就开始考虑吃了。我对日常生活心理学的研究表明，一般人在他们醒着的时候，会把10% 到15% 的时间花在吃上，或花在考虑吃什么上。对于饮食失调的人来说，一天中有几乎60%的时间是在关注食物的。在极端情况下，不能控制自己的饥饿可以导致死亡。在集中营待过的人都说那里先死去的囚犯是因为他们不能摆脱对食物的渴望，并愿意做任何事情得到它。一位多年在苏联古拉格的朋友告诉我们，在其中的一个营地里，厨房的工作人员通过把土豆皮倾倒在厕所旁边来娱乐自己。这些土豆皮甚至算是稍微能入口的垃圾，被倒在厕所旁边将立即被粪便污染。即便是对猫来说，吃这些生土豆皮都相当于自杀，但总有几个犯人无法克制自己，不顾警告，狼吞虎咽地吃了它们，然后通常会很快死于肠道感染。

现在我们没有这么严重的问题。然而在阅读通俗杂志的时候，人们会发现，即使在我们现在的社会中，大多数人仍在与对食物的痴迷作持续的斗争。似乎每星期都有一种新的饮食方式出现，给超重的群众很大希望。名人严肃地讨论他们的节食减重策略，就像拯救灵魂一样肃穆。在美国，久坐的雇员一天会摄入三倍多身体实际需要的卡路里，这不可避免地导致体重增加，危害健康。显然，我们还远远没有做到控制我们的食欲。

这是否意味着，我们最好质疑自己所做的每一步，并试图压抑性欲，或尝试停止进食，或避免生孩子，因为这些都不是我们的目标，而是那些被自私的基因灌输在我们脑海中的东西？这样的行动当然会弄巧成拙。生物存在的真实性是没有办法逃脱的。即使有可能，尝试去批评人类在几百万年的进化中得来的智慧也是很鲁莽的。同时，想要在第三个千年生存下来将要求我们更好地了解人体内的化学物质是如何操纵我们的。

首先，当我们经历日常琐事时，停下来反思我们做事情的原因是一种解脱。如果我在吃早餐时拿起了第三片培根，我不只是在行使自由选择的权利或放纵一时的心血来潮，更可能是被体内一个存在了300万年的饥饿基因操控着。不管我吃还是不吃这第三片培根，都不重要。重要的是，即使思考只是几秒钟，我就已经中断了基因的自动决定论——那一刻，我已经揭开了玛雅的第一层“面纱”。

思考冲动和习惯的缘由，是控制自己精神能量的第一步。了解动机的起源，了解我们的偏见，才能获得自由。但是，只知道基因指示如何让我们做它们希望我们做的事情是不够的，第二层“面纱”是文化和社会用来遮盖现实的，它们遮盖了其他可选项从而利用我们的精神能量达到它们的目的。

## 文化世界

生活在匈牙利平原的小村落里的农民[①]告诉游客：“你知道我们的村子是世界的中心吗？不知道吗？你可以很容易地核实出来。你要做的就是去村子中间的广场。广场中央是教堂。如果你爬上它的塔，你可以看到田野和森林遍布在一个圆圈周围，而我们的教堂在中心位置。”事实上，邻近的村庄也认为他们生活在世界的枢纽。没有关系，毕竟生活在他们周围的人什么也不知道，他们的错觉是不会被认真对待的。这些传统的农民把他们的观点建立在零碎的信息上面：当他们从教堂塔尖往下看的时候，村子实际上看起来就像坐落在世界的中心。他

① 费尔和哈弗（Fel & Hoffer，1969）描述了有种族优越感的村民。在意大利，种族中心主义被称为“乡土观念”，字面上的意思是“教堂的尖顶”（他们倾向于相信自己的教堂的尖顶是世界的枢纽）。例如，在匈牙利酒吧的入口你可能会发现以下韵文：“这里是世界的中心，如果你不相信的话，请进。”

们从长辈那里学到的传统比他们后来学到的任何东西都更有真理价值。单从他们的视角出发，他们所知道的现实是完全合理的。

不幸的是，每一个孤立的文化都必定达成一个在当地看似正确但最终是错误的结论。当我生活在意大利南部的卡拉布里亚时，我花了许多时间与其他声称比住在那不勒斯或罗马的北方人更文明的青少年辩论。他们说："毕竟每个人都知道，你往南走得越远，文明水平越高。"在这种情况下指出赤道上非洲部落的人比卡拉布里亚人文明得多也没有多大意义。这只会让他们混乱，让他们变得乖戾。每一个人类群体不仅相信自己是宇宙的中心，而且相信他们有独特的美德，使他们优于任何其他群体。

每种文化都在向其成员灌输类似的偏见。希腊人把不说他们的语言的人称为"野蛮人"，因为在他们听来那声音就是胡话。我们当然也会有这种短见，其中有些只是逗人发笑的。当我乘坐旧的芝加哥电车经过第22街道去学校，途中我路过了三个不同的小饭店，它们的广告标语都是"世界上最好的炸鸡"。其他种族中心主义的例子就没那么有趣了。在海湾战争期间，美国媒体得意扬扬地声称在冲突中只有少数人员伤亡，却未曾计算出伊拉克巨大的损失。美国的每一个民族都拥有自己的优越感。一些非裔美国人声称埃及文明是他们的，并宣扬黑人比白人更具优越性。即使是最近成立的联邦州，也来发展这种偏执：科罗拉多州嘲笑得州的体育牌照，怀俄明州的人看不起科罗拉多人，蒙大拿州的人不那么相信来自怀俄明州的人。

一个人因为文化的影响觉得自己非常重要且无懈可击，这虽然虚幻但却令人信服。觉得自己是宇宙中心的感觉是好的。第一次来到美国的人发现要相信他们命运独特、相信这个国家的大多数公民是那么自信，是一件困难的事。他甚至嫉妒那些能安然接受这些的美国人，因为他们受宪法保护，他们不必担心任何过激事件的发生。在第二次世界大战之前，德国人对自己的命运非常自信，因为过去德国已经产生了那么多伟大的科学家、作曲家和诗人。俄罗斯人能够原谅自己的许多错误，因为他们来自灵魂的深刻敏感性如此明显，比其他文化培养的世俗美德更有价值。虽然意大利人往往会痛苦地自我批评，但他们深知，没有人像他们一样了解生活。法国人瞧不起世界上其他地方人鼻子的长度。英国人因为他们所处的地理位置觉得自己和其他人隔离了。如果你认为这种偏见是西方帝国主义所特有的，那么你所要做的就是和一个中国人、日本人、印度人或埃塞俄比亚人交谈，然后你就会迅速摒弃这种观点。当然，这些关于美国人、俄罗斯人等的说法都是关于刻板印象的概括，但很多的社会行为都是由刻板印象导致的。

如果种族中心主义是一种文化的必然结果，那么它可能就没有其他的存在方式了。生存和自尊取决于我们的同类。现在，要成为人类，我们需要通过文化传播的指令，这几乎就像我们需要基因指令一样。不然我们会怎么说、读、数、想？基因不能传授这些技能，我们必须从讲我们语言的女人和男人那里学习，从书本和其他符号系统中学习其中储存的知识。但在教导我们如何为人的过程中，文化开始提出自己的主张。正如基因使用人类身体作为自己的繁殖工具一样，文化也倾向于利用个人作为自身生存和成长的工具。为了确保这一目的，它必须使我们相信它的优越性。

一个受过良好教化的人愿意为国家、党派或宗教牺牲自己的生命。他凭直觉认为家乡的山更美，家乡的食物更可口，家乡的歌声更悠扬，家乡的老人比世界上任何地方的都要聪明。他觉得陌生的语言是野蛮的，外乡人的习惯是荒谬的或令人厌恶的。那些受过良好教育的人将传统传递下来，如果没有他们，文化将会一直处在变动的状态并且很快就会失去它们的特色。

对文化的忠诚常常促使人们对自身的最大利益视而不见，在这一点上它比基因的指示作用更加明显。很难看出在爱尔兰亚美尼亚人和阿塞拜疆人、柬埔寨人和越南教徒之间，以及在南非的各交战部落之间，塞族和克族人之间，天主教徒和新教徒之间持续发生的相互谋杀的事件会对双方都有好处。一个凯普莱特人从祖先对蒙太古家族的仇恨中得到了对自己身份的认知，所以当他遇到一个在广场上行走的敌人时，他会忍不住嘲笑他一番，哪怕结果是他会被刺死。更糟糕的是，每年都有数以百计的黑帮成员由于同样的原因在芝加哥西区死去。有时，仅仅因为他们佩戴的某样东西，如耷拉在头部左侧的帽子或右手腕上的手镯让别人误以为他们不是和自己一伙的。

过度的文化适应导致人们只能通过“文明的面纱”来看待现实。如果一个人把精神能量全部放在完全由社会规定的目标上，那么他就会丧失选择的可能性。这种危险在简单的社会中显而易见，例如非洲西部的古西伊人。按罗伯特·莱文（一位研究了古西伊人生命历程的人类学家）所说，古西伊人最看重三个目标，并投入几乎所有的精力来达到这些目标。一个是拥有尽可能多的牛，因为一个人的牧群大小表征了财富的多少。二是有尽可能多的子孙，因为关系网的大小决定了一个人的社会地位。第三个目标是获得精神力量，精神力量在一定程度上源自财富和社会地位，但也需要个人的一些行为来获得同龄人的敬畏和尊重。财富带来的尊敬、让别人敬畏的能力，都是一种力量，这种力量使人更有可能积累孕育后代的必要资源。

除了这些目标之外，留给诗歌、浪漫或想象力的空间非常小。剥去裸露在外的轮廓，古西伊人的世界看起来与由基因构成的世界没有太大不同。虽然古西伊人有他们自己丰富和独特的文化传统，但他们按照生存、再生产和统治这几个主要目标来组织自己的生活。这些目标显然只不过是灵长目动物和稍低级物种共同目标的一个外延而已。

我们自身文化的要求更复杂，与祖先的联系较不明显，但它们同样具有限制性。如果我们到了这样一种地步，即大多数人无法想象除了赚钱还有什么是值得追求的目标，如果尊重和自尊完全是依靠社会物质成就的比较，那么即使是拥有最先进文化的世界也将和古西伊人的世界一样具有约束性。

的确，乍一看，在我们社会中引导不同生活方式的机会似乎很多且呈多样化发展。如果你想像一个宗教激进主义者、一个阿米什人或一个克利须那派教徒那样生活，你可以做到这一点。如果你想在城市中成为一个时髦活跃的单身者，或者在河岸上与嬉皮士们露营，那么你也有很多机会。学者、潜水员、素食者、太阳崇拜者都有自己的社团，每个社团都有自己的价值观和生活方式。但这种多样性是否意味着复杂的文化融合？通常不是的。许多不同的亚文化导致了它们的平等共存，每种文化都能很好地隔绝其他文化的影响。

而且，几乎所有人所共有的文化的这些方面，都比古西伊人的更加复杂。我们社会中的大部分人都喜欢唐纳德·特朗普、伊万·波斯基和迈克尔·米尔肯，因为他们富有；崇拜诺曼·施瓦茨科普夫将军，因为他轰炸敌人使他们投降；付给一个篮球运动员几百万，因为他跳得比别人高；为演艺人员神魂颠倒，因为他们是青春、美貌和幸福生活的象征，尽管带着微笑面具的人往往不过是个受挫的、不幸的可怜虫。每天晚上有数以百万计的人在电视上看到这个世界的风景。这是一个由几个简单想法以尽可能多的不同方式不断重复的世界。

把世界看成是由某种文化绘制出的图像，这是很危险的。第一，这样做会限制一个人的潜能。例如，一个住在阿拉伯国家的受过教育的妇女觉得她必须牺牲对她而言很重要的东西，以维护她所处文化的完整性。第二，过度认同某一特定的世界观必然导致对其他文化的盲目，并最终导致对其他文化的敌意。对民族主义、宗教偏见和意识形态的不包容是过去几个世纪以来所有重大战争的理由。现在地球变得越来越拥挤，这些导致分裂的力量变得越来越具有毁灭性。第三，接受文化世界观无疑是危险的，因为它阻碍我们看到更多的现实。那些自动丢弃一切自己文化认为是偏见的事物，注定要永远活在一个微不足道的世界里。

但是，反对个人文化的局限与抨击基因指示缺乏远见一样无用。尽管人们可能不同意自己所处文化之下的许多价值观和实践，但生活在一个理性文明的社会制度中的好处是如此之多，以至于断然拒绝它们是毫不理性的。然而，对创造一个人类的文化心存感激并不意味着接受它的表面价值。历史上一些伟大的人物是那些对人类潜能的发展足够了解的人，他们与他们所居住的社会发生冲突，甚至是在那个社会处于其成功的巅峰时：苏格拉底质疑公民忠诚的基础；卡托和西塞罗批评了罗马精英的风俗；而圣女贞德、马丁·路德和圣雄甘地对自己时代的地位现状发出了挑战。

具有创造性的天才往往是边缘人[①]，他们的视野被大大扩展，因为他们被迫从一个文化世界转移到另一个文化世界，从而能够看到两者的相关性。在霍华德·加德纳对七位“现今时代的创造者”的生活描述中，只有一个舞蹈家兼编舞者玛莎·葛兰姆最终生活在她出生的国家，但她到处旅行导致人们可能会说她实际上是多元文化的。弗洛伊德在巴黎学习，然后不得不离开维也纳去伦敦；爱因斯坦从德国移居到意大利、瑞士，回到德国，然后又到美国；甘地在英国和南非度过了许多年，然后再转向印度；毕加索离开西班牙去法国；柴可夫斯基不得不离开俄罗斯生活在包括好莱坞在内的不同流亡地；艾略特从密西西比逃到了伦敦。这种关于游历的共同点可能不是巧合，它指出了这样一个事实，即当一个人离开自己本土文化的藩篱时，更容易以一种新的方式面对现实。

更保守地说，每个人都应认识到我们所继承的价值观、规则、习惯和态度不是绝对的，虽然它们是有用且必要的。这一点很重要。仅让少数专家去批判性地评价文化是危险的。相反，大众应该参与到其中。如果绝大多数人被动地接受任何公众意见和传统法令，那么少数不择手段的利益集团就容易操纵那些对他们有利的规则。

要揭开幻觉的第二层“面纱”，就要认识到即使是最复杂

---

① 这是心理学家霍华德·加德纳对二十世纪的七位创意天才的生活和思想的分析。

的文化，它对现实的看法也是片面的，而且也没必要涉及更多。是否拒绝熟悉的价值观和做法不是最重要的。通常，那些反主流文化的人最终会被他们叛逆的价值观所控制，就像他们当初控制那些遭到唾弃的主流文化一样。像加尔文这样的宗教改革者，像丹东、马拉、列宁、斯大林这样的革命领袖，或者现在的解构主义和后现代主义的先驱，这些人的狂热和他们试图推翻的正统思想一样让他们受到限制。

然而，质疑一种文化对事实的描述，特别是对媒体提出的事实的描述，大有裨益。当一个人在早上打开报纸的时候，我们应该记住，他所读的东西代表了一个必然失之偏颇的观点。说到这一点，《芝加哥论坛报》的传奇出版商麦考密上校经常被提到，他说芝加哥环线的混战比外国的一场大战更有新闻价值。只要我们意识到媒体只是片面地呈现了世界，我们就不太可能被欺骗。

在接下来的时间里，偶尔撇掉自己的观点并尝试从不同的角度去看正在发生的事情是有益处的。我是谁？我可以成为什么样的人？在和我持有不同文化的人的价值观里我是多么无知？在多大程度上我接受了其他人关于这些问题的定义？或更简单地说，广告里极度标榜的汽车的价值，我是否真的喜欢？我工作的公司值得我忠诚吗？每周工作七十小时真的是对我生命能量的最佳投资吗？苗条的身影、青春的容颜是人类成就的最高峰吗？就是因为问类似的问题，苏格拉底不得不喝下毒药，萨沃纳罗拉遭受极刑。但苏格拉底和萨沃纳罗拉在公共广场上发表言论，以说服同胞自己那另类的愿景是正确的。然而，想更清楚地看到现实的本质并不意味着一定要成为热心的活动家，在自己的头脑中提出这些问题就足够了。这样人们就会开始从幻觉中解脱出来，因为它是文化的一种副作用，然后就有可能识破第二层“面纱”。

## 自我的世界

可以说本能的欲望和文化的价值用它们的方式影响着我们的潜意识。表现的形式有以下几种：第一是我们可以理解为真正需要的化学冲动；第二是我们内化的不可避免的社会习俗；第三种存在于头脑里并且具化成了行为，即有意识的“副作用”——自我的幻觉。

正如我们之前已经知道的，反思意识是人类进化史上较新的一个发展，但是有多新，并没有人知道。当然，基因的指示更古老，也许文化的指示比自我反省更早。甚至有人提出，在大约三千年前，人们才开始意识到他们在思考。在这之前，思想和情感自动地从内心闪过，并没有经过任何有意识的控制。希腊武士或苏美尔神父遵循本能和习俗：当他们有了一个新的想法时，他们认为那是上帝或神灵传递给他们的。

我们不可能用任何精确的方法来判断何时人们开始意识到他们可以控制自己的心理过程。与箭头和壶这样的实物不同，反思的痕迹不能从早期沉降的遗迹中挖出。它是如此不明显，以至于没有留下任何证据：没有一声巨响，只是一声耳语就意味着“意识的纪元”开始了。不论在何时能力得到发展，那都是我们星球上发生的重大的事件之一。甚至连6500万年前结束恐龙时代的小行星，也没有给世界带来如此巨大的变化。

为什么自我的发展如此重要？当然，部分原因是有意识地操控精神使得新发明和新技术更容易想象，并且一被创造出来就被采纳。但更重要的是，一旦头脑实现了自己的自主权，个人就能够把自己想象成具有自身利益的独立主体。第一次，人们可以从基因和文化的统治中解放出来。一个人现在可以有独特的梦想，并在个人目标的基础上拥有个人的立场。

当自我带来了个人自由时，它也使我们放下了像前两层“面纱”一样厚重的另一层“面纱”——自我的幻觉。自私是生活中永恒的一部分。无情的欺凌者经过很长的时间才开始通过反思来控制自己的思想。但是一旦自我发展了，就导致了自我的扭曲。让我们想一想卓格这个假想的领导人。他领导着一群生活在很久很久以前的原始人，那时候人们还没有反思意识。卓格知道他是领导，因为如果他决定去往一个特定的方向，部落就会跟随他。同样，如果他咆哮，其他人就会畏缩。当受到饥饿或欲望的驱使时，卓格会利用他占主导地位的优势来获取比其他人更多的东西。偶尔，他可能会发脾气伤害他的同伴。他显然是自私的，但他的自私缺乏一个重要的组成部分——当然，这个部分只有一个具有反思性自我的人才会有。卓格并没有雄心壮志，抽象地说他并没有试图积累权利。他的统治地位是基因指示的结果，也源于他从其他人那里得到的反馈——它们是暂时的、环境驱使下的尝试行为。他甚至渴求积累比他同龄人更多的财富。毕竟，这些聚集在一起靠打猎为生的人自己没有不动产，而随身携带可以移动的物体又是一种负担。

可以说，卓格的观点受到生物学和文化体验的严格限制。但他仍然摆脱了所有这些偏见，这是意识本身的副产品。法老，美索不达米亚、印度河谷的领导者，他们与卓格的不同之处，不仅在于他们有极多的资源可利用，而且在于每个人都有自己独特的个性。一旦自我是存在的，它的首要目标就是不惜一切代价保护自己。因此，数以万计的埃及奴隶不得不放弃自己的生命来建造金字塔，这样法老的自我就能继续生存下去。中国皇帝陵墓里耗费大量人力、财力建造的雕像也是出于同样的目的而存在的。

在更小的范围内，贪得无厌的自我吞噬着我们所知的几乎每一个远古人类群体中的人们的精神能量。游牧军队从中亚大草原上不断俯冲下来，去蹂躏欧洲和亚洲等安定地区。这支军队的头目去世之后，他的马、武器和珠宝会和他埋葬在一起——甚至还有他的女人和仆人，以便他们在来世还可以为他服务。

《伊利亚特》是欧洲历史上最受尊崇的史诗，它极好地描述了一个希腊武士的自我是如何运作的。这首诗开头讲的是希腊军队的领导人举行会议，准备围攻敌人的城市特洛伊。围攻已经持续了许多年，到当时为止已经历过惨败。希腊人累了，想家了，同时还被疾病折磨着。地方议会正试图解决两位大酋长之间的争执，这些首领威胁要扰乱希腊联盟，想要在可耻的撤退中结束战争。阿伽门农是拥有最大军队的派系的领导人，他声称，截至那时为止希腊赢得的微薄的战利品被不公平地分配：阿喀琉斯得到的比他应得的要多。阿喀琉斯，这位年轻的王子，他的英勇使他成为希腊人中最受敬仰的人，他激动地辩驳说他有资格获得他赢得的一切。阿伽门农坚持，除非将原本许配给阿喀琉斯的特洛伊公主布里塞伊斯许配给他，否则他将带领他的部队一同退出。其他领导人担心，阿伽门农和他的士兵一起离开，会导致战争失败，所以他们不得不迫使阿喀琉斯放弃特洛伊公主。《伊利亚特》的其余部分讲述了这一行动的后果：愠怒的阿喀琉斯拒绝再打下去，没有了他，对希腊人而言战争变得更糟。众神从奥林匹斯山下来，站在各派系之间互相对抗，直到特洛伊的高塔终于被火焰吞没。

问题是，《伊利亚特》中的冲突是两个人之间的较量，他们需要满足各自的自我。阿喀琉斯和阿伽门农都没有特别看重这个可怜的特洛伊公主：她只是碰巧成为一个象征、一个战利品。她毁掉了他们俩，他们的家人和朋友，让在他们头脑中孕育的自我得以被维护。当一个英雄变得自知时，他就觉得只要人在，名誉就得在。一旦他有了这个想法，为了继续生存，他必须不惜任何代价去维护他的声誉。

《伊利亚特》中的例子也说明，随着反思意识的出现，自我开始使用财产来象征自己。正如威廉·詹姆斯清楚地看到：一个人的自我是他一切所有物的总和，不仅包括他的身体，还包括他的精神力量、他的衣服、他的房子、他的妻子和孩子、他的祖先和朋友、他的名声和作品、他的土地和马匹、游艇和存款。

问题是：当自我变得能被越来越多的自我之外的符号表征的时候，自我本身就变得更加脆弱。詹姆斯继续写道，一个人的财产的突然丧失导致其人格的萎缩，他的一部分转化为虚无。为了防止它的毁灭，自我迫使我们不断地监视任何可能威胁到它所依赖的能象征它的东西。我们对世界的看法变得两极化："好"和"坏"。支持自我形象的东西就是好的，那些威胁自我形象的东西就是坏的。这就是玛雅的第三层"面纱"工作的原理：它扭曲了现实，使它与自我的需要相一致。

代表自我的想法是那些人们投入最多精神能量的想法。对希腊战士而言它是荣誉，对早期的基督徒而言它是宗教信念。有些时候，基督徒被迫在死亡和违背他们的信仰之间选择死亡，因为于宗教而言放弃自己的信仰更糟糕。在十三世纪，法国南部数以千计的卡特里人选择被杀害，而不是放弃他们的世界观，这在其他基督徒看来简直就是不能理解的。今天，在很多宗教中，只有伊斯兰教似乎要求个体完全效忠。至少在科技社会，人们很少把自我建立在宗教信仰上。

目前，自我的符号往往更多的是物质性的。把某人的新车刮花，他有可能会杀了你。如果将精神能量投资于家庭、家具、退休计划或股票，那么这些将是你为了确保自我安全必须保护的对象。发现自己拥有财产的好处显而易见。驾驶劳斯莱斯的人立即被大家认出是成功和重要的人。具体的实物为它们的主人提供了象征权利的具体证据，自我可以通过拥有更多的物质财富几乎无限地增加它的边界。但是，自我越多地被外部物体表征，它就变得越脆弱。毕竟，如果不是像亚历山大大帝那样的绝对统治者，也不是像罗伯特·麦克斯韦那样的亿万富翁，没有人能真正控制名声和财富。对于那些过于依赖他人来定义自己的人，任何对他拥有物的威胁都将威胁到他们的核心自我。正是出于这个原因，宗教和哲学体系总是对为物质奋斗持矛盾的态度，并规定了自我的发展独立于外在成就的价值。

物质不是自我代表自己的唯一外在符号。亲属关系和其他人际关系也很重要。我们在那些与我们关系密切的人身上投入了大量的注意力。因此，他们对于我们形成对自我的认知至关重要。特别是在拥有较少物质财富的社会中，与他人的联系是自我核心的、决定性的组成部分。甚至《伊利亚特》中描述的战争也是因为帕里斯（特洛伊国王的儿子之一）与阿伽门农的弟媳私奔而起。涉及其中的人的自尊心接受不了这个事实——妻子的离开。

似乎人际关系——而不是物质财富——才是建立自我形象的基础。不幸的是，利用别人来夸大自己这种想法如此强烈，让很多人觉得难以抗拒。对自己的孩子过分保护的父母、极度嫉妒的恋人、家长式的雇主、准备为人类的利益牺牲生命的革命者，他们往往并不关心与他们交往的人的福祉。努力去“帮助”或“保护”，通常是展示他们的控制能力的一种方式，因此属于自我的力量。

因为自我是这样一个麻烦的根源，人们做了许多努力来废除它。一些东方宗教已经提出了最激进的方法来实现这一效果。他们的论据很合乎逻辑：如果一个人拒绝在目标上投入精神能量，放弃欲望，并且不认同任何想法、信念、客体或人际关系，那么在某种意义上，他或她就会变得无懈可击。根据我们的本性，我们希望某些事情发生，当我们的欲望受挫时，我们会感到痛苦。放弃期望和欲望——实际上就是放弃自我，一个人就再也不会受挫。无论发生什么，他都是可以接受的。这一解决方案的通俗版本似乎已经在过去的几十年里被灌输进了许多年轻人的心中。“这都不是问题”和“你没事我就没事”这样的表述都表达了相似的立场。

摆脱自我的激进计划能成功吗？如果一个社会的大部分人

变得完全无私，那么它就不可能存在下去。即使一个人成功地放弃了欲望，他也必须同时放弃希望，放弃雄心壮志，不再努力争取一个更好的未来——哪怕仅仅是不同的未来。没有自我的人——如果这样的人真的存在——非常稀有，但他也是非常有用的模型。它向我们表明，这也是一种可能性，但这不太可能出现在第三个千禧年。

如果有几千年的时间，我们将会慢慢进化。然而，我们有必要找到更好的方法来建立自我。可能会帮我们渡过难关的是那种在满足必要需求的基础上放弃过多欲望的自我。它不依赖稀缺的财产，不像阿喀琉斯和阿伽门农一样争夺同样的象征资源，它将满足于自己独特的东西及经验。尽管这些更个人化，然而这些资源还是那些个人认同的最好的共同利益，这不仅是在亲人和国家之间，甚至是把人类作为一个整体，或者是超越人类，根据进化的概念把生命作为一个个体来看待。在这一点上很难看到人类如何才能生存。

建立自我的第一阶段包括清除耗尽精神能量的心灵幻觉，这种心灵幻觉让我们不能再控制自己的生活。这些幻觉是由肉体诞生的必然结果。在人类的文化中，大脑的复杂性足以使他们意识到幻觉的运作。幻觉是不可避免的，但不是不可逃避的。为了摆脱存在的真实性，我们只需要退后一步，反思一下是什么使我们发挥作用。当我们开始看到我们行为背后基因、文化和自我所施加的控制，当我们意识到我们在多大程度上遵循它们的指示时，我们可能会变得气馁和无望，但这严酷的现实依然存在。认识到我们的许多行动不是我们所选择的，而是朝发展更真实的自我迈出的第一步。

那些过着令人满意的生活，那些与过去、与未来都协调一致的人——简言之，那些我们认为“快乐”的人，通常是那些生活在他们自己创造的规则中的人。他们根据自己的时间表行动：困意来袭就去睡觉、工作时享受工作、朋友择善而交。他们了解自己的动机和局限性。他们已经做出了一个小小的自由选择，通常他们不是那种自我欲望特别多的人。他们可能是雄心勃勃的梦想家、伟大的建设者和实干家，但他们的目标不是因为受基因、文化或者自我控制而要去满足自己的感官。他们做的事情是因为他们喜欢迎接生活的挑战，因为他们享受生活本身。他们认为，他们是宇宙秩序的一部分，他们要和谐地成长。正是这种自我，才能使人类在第三个千年继续存在成为可能。

但是在思考如何创造一个不断发展的自我之前，有必要花更多的时间去了解那些阻碍我们发展的障碍。除了由基因和文化所形成的障碍之外，我们解读现实的自由受限于其他人的竞争以及我们自己思想的产物。在下一章中，我们将回顾进化压力是如何在个体之间产生力量的差异，这些差异很容易变成压迫和剥削。第五章将更深入地讨论科技成果和人类想象力如何耗尽稀缺的物质和精神资源。这些存在于头脑之外的因素能阻碍我们自由地控制自己的生活。因此，更好地熟悉它们是有益的。

## 关于“玛雅的面纱”的进一步思考

### 幻觉和现实

你最信任什么样的信息？想一些你绝对肯定的事情。你怎么知道这是真的？例如，你对以下事实有什么直接的证据：（1）地球绕着太阳转；（2）你经历过爱情；（3）毕加索是一位伟大的画家；（4）死后有（或没有）来世。

这是一个很好的练习，偶尔看看一个进入你视野的物体，就像你不知道它是什么，就像你甚至不知道它的名字一样。你能不带偏见地在房间里看一把椅子或一盏灯，就好像你第一次看到这样的东西一样，并且拒绝把它当作“椅子”或“灯”吗？

### 基因的世界

异性对你有什么吸引力？同性呢？为什么？

饮食和性是我们最基本的两种需求。这两种需求要消耗多少精神能量？保持饮食和压抑欲望需要多少能量？你如何释放一些这些需求控制下的能量？

## 文化世界

你认为你的家庭、你的城市、你的国家比其他家庭、城市或国家都好吗？它们在哪些方面更糟？

你是否曾经试过去了解孟加拉国或埃塞俄比亚的小孩子或母亲的生活是什么样的？

## 自我的世界

当一个人在队列中排在你面前时，你会感到非常不安吗？你容易嫉妒别人的好运吗？你觉得在争论中你应该总是赢的那一方吗？你会把怨恨放在心里很长一段时间吗？如果你能克服这些，你会节省下多少的精神能量呢？

如果你通过绘制一系列的五个（或十个）同心圆来代表自己，就像一个靶心，其中中心的那个代表最基本的“你”，你会如何标记这些圆圈？你会在中间写什么呢？价值观？品质？所有物？一段感情？

# 第四章　捕食者和寄生者

前一章回顾了能干扰我们清楚地看事情和自由行动的幻觉的三种来源。如果我们能更好地理解我们内在的动机偏见是什么，我们就可能不再处于基因、文化或自我的完全控制之下。但这还不够，还有其他我们首先需要面对的障碍。与内在的“玛雅人的面纱”形成对比的是，这些障碍产生于与他人的互动之中。它们是由进化固有的竞争压力产生的结果。我们所有人生来就有利用其他人来获取自身利益的动机。我们都努力从外部环境中获得尽可能多的能量，使我们的生活更加安全和舒适。因此，压迫和剥削是进化的永恒特征。但是，压迫和剥削也扭曲了个体对现实的感知，无论是对于那些获胜者还是那些在过程中失败的人。

## 选择的力量

进化是由自然选择指引的。没有人能预测或先验地描述

“自然选择”是如何工作的。只有在某种动物灭绝之后，我们才会说：“哦，它被自然选择所淘汰。”进化使一种生物体存活但使另一种生物体灭绝的条件过于复杂多变，使得我们无法预测它们。不久前，人类似乎注定要有一个辉煌的未来。我们普遍认为如果有生物能幸存下来，那肯定是我们人类。但现在有可能一个醉酒的军官在导弹发射井按下了错误的按钮，然后自然选择可能会把这个荣誉奖项颁给蟑螂。

我们的存在是因为在过去携带我们基因的生物体能够将基因从他们那一代传到现在。但不仅基因在进化，模因①（即行为模式、价值观、语言和科技）也在进化。模因中所包含的知识通过模仿和学习进行传递，而不是通过染色体的化学指示。当你学会了《绿袖子》的曲调，或者学会了《独立宣言》里面的话语时，你就成为选择过程的一部分了，这种选择让模因随着时间的流逝而传递。

① 术语“模因”由理查德·道金斯普及。这个词的词根来源于希腊语的“模仿”。它是指影响表型人类行为的文化指示单位。例如，我小时候学过怎么做填馅洋蓟，后来又教给我的孩子们，这就是一个模因的例子。十诫的禁令、乘除法的规则，或者一首最喜欢的歌的小节，这些都是模因。模因从一代传给下一代，它们使我们以特定的方式做事情，但与基因指令不同的是，它们不是在我们的染色体上进行化学编码的。然而，模因在功能上等同于一个基因，因为它包含了一个人类有机体所实施的指令。模因与基因的一个主要区别是，模因所包含信息的编码和解码是在大脑中进行的，因此必须要通过意识而产生作用，而不是像基因指令那样，或多或少是自动实施的。“模因”必须通过学习才有效果，因此它们遵循拉马克而不是达尔文进化论的模式。

选择总是涉及两个或多个可选项。在自然选择中，产生较多可存活后代的有机体比那些产生较少后代的有机体，有更多的机会在人类体内传递指令。因此，前者将能够更多地繁殖然后占领地球。目前，德国的土耳其外籍工人的新生儿出生率比当地德国人高得多，如果这一趋势继续下去，自然选择将会让土耳其人的基因慢慢取代德国人的基因。美国也存在同样的趋势，拉美裔的新生儿出生率高于盎格鲁人的。

几年前，在芬兰乡村之旅中，我和妻子在一个小村庄旁边的一个农场里住了下来，这个小农场藏在云雾缭绕的湖泊和无边无际的冷杉林之间，这是北欧神话里的一个完美场景。我们设想一位金发的维京人从布满苔藓的岩石后面大步向前走来，吟唱着卡莱瓦拉的诗句。相反，我们注意到有着明显亚洲特征的约克郡人，他们在家安静地待着。我们的芬兰东道主悲伤地解开了我们的困惑：多年以来，该地区的农场产品未能成功地与从温暖气候地带进口的农产品竞争。和西方世界的许多农民一样，政府不再让他们耕种土地，当地居民也因此得到补偿．但与赫尔辛基人相比，他们的生活既贫穷又无聊。该地区的男子仍然坚守着这片土地，因为农场是一个男人地位的象征，但越来越多的年轻妇女离开那里去城市里的电子生产工厂工作。

当然，如果没有了女人，芬兰村民古老、传统的生活就一定会结束。这该怎么办？聪明的中间商很快解决了这个问题。他们向菲律宾人宣传一种需要花费一万美元的旅游项目，这次旅游包括“新娘秀”：芬兰男人可以选择一个愿意跟随他去世界各地的女人一起旅游，只要他额外支付点钱给她的家人。这些贫穷的移民对贫瘠的土地、陌生的生活方式、无法理解的语言适应得怎么样？不是很好。但现在正是他们的孩子们在寒冷的森林中奔跑，把新的基因带到这个几个世纪以来都没有发生过生物变化的地方。这对芬兰基因的传承或没落会产生什么样的作用呢？

问题是，据我们所知，没有什么特别的“芬兰”或“菲律宾”基因。人类属于同一个物种，我们携带的化学指令很好地混合在一起，以至于很少有特定的文化或族群的遗传特征。事实上，遗传学家现在认为黑猩猩和人类共同拥有超过94%的基因。然而，这是巨大的差异啊！出于对我们物种未来的相关考虑，与其说是芬兰人的基因库会被菲律宾的基因稀释，不如说是美国将被拉美裔的（或斯拉夫人、亚洲人的）基因慢慢侵略。更有可能的是，外来的模因将取代原来的模因库。西班牙裔父母教他们的孩子拉丁语和他们当地的风俗和价值观，就这一点来说，英语和伴随的文化习性可能会丢失（当然，在美国，英语模因并不是最原始的模因，因为在过去的几百年中它取代了许多美洲原住民文化，才得以存在）。

在决定我们的未来时，模因的进化现在可能比基因进化更重要。因此，我们必须更好地理解我们是如何选择包含在模因中的信息的。我们每一个人都参与了这一过程，而且只要我们知道自己在做什么，我们就可以确定其方向。但是在我们考虑一个积极的进化方向可能是什么样子之前，考虑一些特殊的文化或进化带来的危险是有益的。正如我们看到的，许多使自然选择看起来野蛮残忍的特征以相似的形式在模因的选择和传递中重复出现着。

## 权力和压迫

人类与其他动物区别开来的一个特征——如果不是语言或直立——是我们发现了许多压迫和互相剥削的方法这个事实。财富、地位和知识的区别使个体依靠消耗别人的精神能量来生活成为可能。“权力”是一个通用术语，它用来描述一个人为了满足自己的目标而让别人耗费生命的能力。权力可以基于金钱、财产、恐惧或尊重，它可以由一个人或一个团体来行使。权力可能是危险的，因为正如阿克顿勋爵所看到的，“权力往往导致腐败，绝对的权力导致绝对的腐败”。[①]即使怀着最好的意图，一个强大的个人、团体或国家最终也会认为他或它有权力比那些不那么强大的人、团体或国家生活得更好。居住在美

① 这句话出现在勋爵阿克顿在写给主教克赖顿的一封信里。哲学家卡尔·波普尔认为，这项关于权力的主张是社会科学中最基本的通用声明之一，整个人类行为的理论都可以从它那里获得。

国的普通人比普通的印度人或中国人消耗更多的天然资源。不管我们喜欢与否，我们现在有潜力去控制（这个可能性前所未有地大）那些拥有较少资源的陌生人的生命，并因此利用他们。

在权力差异很大时，即使人们的意图是最好的，剥削也会发生。例如，在像科威特这样的新晋富裕的海湾国家，公民很自然地拒绝从事诸如清扫街道、驾驶卡车、建房，甚至警察和士兵等卑贱的工作。另一方面，数以千计的巴基斯坦和菲律宾人渴望做这些工作，因为他们的工资要比科威特人期望得到的薪水低得多。因此，接纳数以百万计的第三世界“客工” 做又脏又累的工作，是很有意义的。当然，从瑞典到意大利，这种情况在每个相对富裕的国家都很常见。在美国，这是来自墨西哥和东欧的未登记工人不断涌入的原因。

这种自愿的人口调整没有任何问题。只要双方都满意，就不会存在压迫和剥削的问题。不幸的是，这样的平衡只能在短时间内保持稳定。一个在德国的土耳其工人，或在美国的墨西哥工人，将很快开始渴望地位更高的公民才享有的社会福利。健康保险、社会保障、养老金计划、失业救济金、投票特权，所有这些强大社会的特别待遇开始受到质疑。当然，东道国的公民往往会对这种愿望感到愤慨——毕竟，客人之所以被邀请，恰恰是因为他们一开始没有期待得到很多。在这一点上，问题在于剥削者和被剥削者之间的冲突。

为了避免这样的结果，许多富裕国家采取了各种政策，让他们在使用廉价的劳动力的同时不会创造出一个麻烦的下层阶级。例如，每年都有数以千计的年轻人从西班牙、葡萄牙和几乎所有其他欧洲国家来到瑞士洗盘子、在无数的旅馆里打扫房间，他们为瑞士提供了最可靠的现金流来源。这些客工获得使他们有几个月工作资格的签证，但没办法享受医疗保健和其他社会福利。因此他们必须返回家园。一年以后他们可以再来瑞士，再重复这个过程。这些计划当然是非常明智的，但他们并非完全摆脱了剥削。

在过去，美国能够接纳大量贫困移民，却没有建立一个永远没有选举权的下层阶级——非洲裔美国人和美洲原住民可能是个例外。这个国家将在何种程度上保持其维持一个合理的无阶级社会的能力，还有待观察。据大家所说，富人和穷人之间的差距正在变大①。如果目前的趋势继续下去，随着时间的推移，财富和地位的继承可能在决定谁将能够自由地使用他或她的精神能量，以及谁将被剥削这两个方面发挥越来越大的

① 1991年，即在让富人更富、穷人更穷的立法实施后的第十年末，最富有的20%的美国人的收入占全国家庭总收入的44.2%，而最贫穷的20%的美国人只赚取总收入的4.4%。比美国收入分配更不平衡的只有巴西（最富有的那20%赚取全国总收入的66.4%，最底层的20%只赚取了总收入的2.4%），而其他能提供这些统计数据的发达国家（如加拿大、法国、德国、意大利、日本等）的收入分配更平均。澳大利亚人民的收入差距几乎与美国相同。最富有和最贫穷的20%的人口的区别最大的是巴西，在那里最富有的人的收入平均是最贫穷的人的27倍；差别最小的在日本，最富有的那20%的人赚的钱仅是最穷的那20%的3倍而已。当然，家庭收入不是衡量经济不平等的唯一尺度，但它是一个合理的近似值。

作用。

在人类历史上的大部分时间里，卓格和他的同伴在地球上漫游。他们狩猎并寻找志趣相投的人组成团体。一个人要绝对控制另一个人，几乎不可能。如果一个团体的男性统治者变得过于野蛮，其他人就会离开并加入另一个团体。领导人可以利用自己团体的规模和力量来恐吓追随者，但仅靠蛮力作为统治手段绝对不能令人满意。在任何情况下，能控制的东西很少。除了更多的食物和性，卓格还能想要什么？如果他试图占用他同伴的石斧或盆，那么在他日常狩猎探险时，他会因为带着它们而觉得筋疲力尽。如果他想让其他人为他工作，他们很快就会消失，留下卓格自己来养活自己。因此，关于人类进化过程中最长的一段时间，统治者对男人（和女人）的剥削并不是一个值得研究的命题。它可能经常发生在偶然的情况下，但它不可能以一种永恒的形式存在。

在过去的一万五千年里，当农业成为主要的谋生形式时，情况发生了巨大的变化。耕种活动使人们聚集在一个特定的地区。虽然猎人总是可以继续前行，但农民搬迁的难度要大得多。第一，他们在他们的田地里投入了太多的精力，而这个地区的好的土地可能已经被其他人占有了。第二，农业——而不是狩猎和采集——产生了可以储存的盈余。这意味着，通过技能或好运气，一些人比别人积累了更多的食物。在这一点上，财富的继承成为可能，并且只要条件合适，它可能带来永久的社会阶层或阶级的区别。第三，农业需要相对专业化的知识，需要你拥有土地和工具。不可避免地，有些人能够获得更加多产的土地或制造更好的工具，而且由于他们能生产更多的食物，所以他们能积累财富。把这三个条件放在一起，永久性的、制度化的剥削就产生了。

接下来就是历史了。那些碰巧富有的人，或者拥有生产资料（土地、工具、载重牲口）的人，他们能够雇用那些缺乏谋生手段的人。总的来说，富人在为了自己的利益利用穷人的精神能量时几乎没有顾忌。毕竟，财富就像一种新的文化病毒，人类还没有发展出抗体——只有在法律、宗教约束、工会组织等发展出来之后，它们才会出现。同时，在农业革命后不久，或大约八千年前，基于专制的统治者世界出现了新的社会形式。他们积累了足够的财富去聘请好的军队，建设梦幻般的城市并建立巨大陵墓，将他们自己独特的经历传承给后代。

从此不再有平等可言了。一旦模因在人类事务中扮演更重要的角色，一些人去剥削他人就变得可能了。马克思写道人类历史是阶级冲突的历史。一旦某些群体拥有控制他人的能力，冲突的种子就埋下了。他的想法是，历史就是这么一个缓慢、线性的发展过程：所有社会形态都同样地从部落社会到奴隶社会，然后到封建社会、重商主义社会、无限制的注定会自我毁灭的资本主义社会，从而为一个新的无阶级社会——摆脱剥削的无产阶级专政的无产阶级社会埋下伏笔。但是权力的差异并不像马克思想象的那样容易消除，在这一点上他太天真了。

此外，剥削者的交替速度比马克思想象的要快得多。例如，在20世纪，中欧对资源的控制至少易手了三次。1945年，在苏联军队的帮助下，被剥夺权力的无产阶级夺走了当时的统治阶级——资产阶级的财产和权力。在波兰、罗马尼亚、捷克斯洛伐克、匈牙利、南斯拉夫和保加利亚等国，如果你的父母甚至祖父母都是中产阶级的成员，你就会被认为是“阶级的敌人”。你会被列入大多数公司的黑名单，你可能考不上大学。但自1990年以来，所有权和权力再次被重新分配。显然，一些老共产党官员将再次在新的市场驱动的制度中取得成功，因为他们是唯一有机会囤积资源和信息的人。然而，这一变化必然是相当激烈的。也许新的精英将会比前共产主义的精英更少地剥削他人，但是，可以肯定的是，许多人将无法从这一变化中获利，他们会觉得他们的生活能量正在被一个新的资本家阶层所消耗。毕竟，即使是在一个民主、平等的社会，比如芬兰，人们也不敢高声谈论那控制国家的大约二十个人和他们的家庭。

在压迫的环境中，一个人的精神能量受到另一反对他意志的人控制。在某种程度上，我们都必须做一些我们不喜欢的事情，因为比我们更强大的人想让我们去做。美国青少年一天中的大部分时间是在学校度过的，但是有70%的时间他们希望自己不在那里（剩余30%的时间里，他们不是在教室而是在大厅、食堂或学生中心，这些时候他们才不觉得自己受了很大的约束）。对于许多美国成年人来说，他们工作时的情况也差不多。但这些都不是压迫的例子，因为学生和工人希望未来能从目前的生活中获得一些好处。

压迫性剥削最极致的例子就是奴隶制。让人无法忍受的是，奴隶们必须努力工作——现代管理人员可能更努力地工作——但他们不能自由地控制他们的注意力。他们不能选择去哪里、做什么、与谁结婚。因此，他们被剥夺了最基本的人权——对精神能量的控制。所以希腊哲学家得出结论：奴隶不是真正的人类，因为他们缺乏自由的选择。这一点都不让人惊讶。

但除了奴隶制，还有许多其他的方法可以剥削精神能量。每个人都希望自己的需求和欲望得到满足，还不必为了它们而工作。只要我们能做到这一点，我们就能抓住机会。青少年总希望父母给他们买一辆新车，丈夫希望有工作的妻子做所有家务，公司首席执行官用公司收入支付自己的花销，这些都属于耗费别人生命使自己更舒适的常见例子。

压迫者通常是作为保护者开始自己的职业生涯的，后来才变成剥削者。历史学家莱斯利·怀特通过一个有趣的例子描述了欧洲封建制度的发展。怀特说，在强大的罗马帝国解体后，它的大部分土地归还给住在偏僻村庄的自治农民。这些农民通常可以自己对抗潜在的敌人，他们比敌人武装得更好、训练得更好。但在6～8世纪的时候，一个重大的技术创新改变了权力的平衡，从而导致整个大陆的政治和生活方式都发生了改变。这个创新就是亚洲草原游牧民族采用了马镫。

在使用马镫之前，士兵很容易从马背上掉下来。因此，他们不能全副武装，或者稍微没有控制好平衡都可能让他们掉下马背。但是有了马镫，骑马的人可以穿上更重的盔甲，在马背上稳坐。很快，穿着闪亮盔甲的骑士们开始在这片土地上漫游，他们几乎坚不可摧。农民们意识到，如果他们想让自己的庄稼不受损害，唯一的办法就是拥有自己的骑士。在许多村庄，农民自己凑钱买昂贵的装备：长矛、剑、邮件衫、盔甲、头盔、手套等，这样他们就可以武装一个强壮的当地小伙子，让他成为他们的保护者。这项计划在一段时间里是行得通的，但不久后，这个骑士意识到，如果他想利用他的雇主，农民其实也是无计可施的。经过几代人以后，骑士和他们的后裔发展成为一个单独的种姓，有他们自己的专业技能、思想体系和生活方式，依靠那些最初创造了他们的人的劳动，潇洒地生活着。

一项新的技术常常使压迫成为可能——有时像引进农耕一样引人注目，有时像马镫一样微不足道。每当一份新的模因使一些人有可能胜过其他人时，剥削肯定随之而来。为了控制我们自己的精神能量，我们必须了解权力是如何被使用的。除非我们学会保护自己不受其他人野心的攻击以及能控制自己不去剥削别人，否则我们是不能获得自由的。

## 对妇女和儿童的剥削

一些性别之间的天生力量差异更容易导致压迫。在许多昆虫物种中，雌性具有优势——雄性通常只能活到交配的年纪，而雌性寿命更长且有多样化的职业选择。但对许多哺乳动物而言，情况恰恰相反，雄性比雌性更大、更强壮。这种“性异形”[①]似乎具有自适应的价值。雄性专门保护年幼个体，因此他们需要强大。如果雌性花费大部分时间来照顾幼崽，她们也不会受到什么威胁，那么她们拥有较小体型也就无可厚非。如果两性体型都较大，则需要更多的食物来保持每个个体的健康，所以在资源稀缺的条件下，“性异形”的物种更容易生存。人类像大多数其他哺乳动物一样，适合这种模式。

不幸的是，这种合理的身体分化本应该同样有益于男性和女性，却易遭到破坏。在许多社会中，男性拥有的体力让他们得以控制女性的生活。在亚洲的大部分地区，父权制使女性在自己的命运上没有选择的余地。一些地区的杀婴现象仍然相当

① 在大多数猴种中，如赤猴、狒狒和阿拉伯狒狒，成年雄性体重大约是雌性的两倍。对许多其他哺乳动物物种而言，这种差异可能更大。

普遍，而且最常被杀害的是女婴。极端的剥削形式也明显地针对女性。据估计，每年有100万亚洲女孩被出售或被引诱，最后几乎成了奴隶。在亚洲较贫穷的地区，如印度、孟加拉国、菲律宾、缅甸、泰国、斯里兰卡，卖淫集团是最有利可图的企业之一。由于这些国家与日本和石油王国等富国之间的贫富差距悬殊，身体交易得以实现。

虽然女性往往被迫放弃对自己的身体和思想自由的控制，但她们中的许多人被许诺获得高薪工作，作为“艺人”而被引诱卖淫。她们接受工作时怀的是能够把钱寄给她们的家人的希望，发现时为时已晚，她们把自己交付给了无情的剥削者。在日本，目前有大约30万亚洲其他国家的女性在卖淫，但很少有人赚到钱，皮条客和妓院老板却发财了。

另一类人——儿童，他们在身体方面的劣势至少是暂时的。在大多数历史时期，成年人与成年人勾结，依靠社会中更强大的阶层去可耻地剥削青少年，利用他们的双手去创造价值。下面是一个英国国教牧师对生活在工业革命全盛时期——二十世纪中期——的年轻男孩在英国纺织厂的典型命运的描述：

他被人打醒了，发现自己胳膊上全是羊毛，原来是站着睡着被人发现了。这一天，他已经工作了17个小时。被父亲带回家时，他连吃饭的力气都没了。第二天凌晨四点醒来，他问他的兄弟们是否能看到磨坊的灯光，因为他害怕迟到，然后他死了（他的弟弟在他死之前已经去世了……）。

即使在今天，世界上许多地方的情况对儿童而言也不算好。调查记者乌利估计在亚洲有4000万15岁以下的未成年儿童必须在悲惨的条件下工作，而且他们中的大多数人每天要工作8小时以上，许多人甚至长达14个小时。据估计，1990年，美国大约会有1300万儿童生活在贫困线以下。虐待和忽视儿童的报告从1976年的大约66.9万起增加到10年后的217.8万起，增加了200%以上。世界上大部分地区的情况更糟：根据联合国最近的一份报告，每年约有1000万个5岁以下的儿童死于腹泻或呼吸道感染等疾病，其实这些病可以用补液疗法和抗生素轻松治愈；1.5亿儿童临床诊断为营养不良；大约1亿儿童无依无靠，无处可去，独自在大街上生活；还有更多的儿童被虐待、剥削甚至被强迫卖淫。

妇女和儿童因其力量相对较弱而变得无助。当然，这并不意味着对他们的剥削是不可避免的，但它确实使不择手段的压迫者更容易利用自身的力量优势。正因为如此，即使是在最简单的社会中，角色也因性别和年龄的不同而不同。所有的男人可能是平等的，所有的女人也是平等的，但男人和女人有不同的权利和不同的责任，这些权利和责任根据年龄而不同。有些文化在进化过程中给予了妇女更大的权利，在一些文化中儿童的待遇很好，而在另一些文化中儿童则受到忽视或虐待。文化演变的显著成就之一是使露骨的性剥削和利用儿童的可能性降低，但是效果是微弱的，他们必须被时刻保护着。压迫可以采取许多不同的形式。例如，当代女权主义者对“把女人当成偶像来崇拜”的做法持怀疑态度，因为理想化的女性主义常常被用来掩盖把女性限定在家庭事务中这一现象。

当然，并非所有生物遗传的先天缺点都在妇女和儿童这一边。孩子最终会长大，而女性平均寿命比男性长七年。因此，妇女最终继承了更大份额的财产。即使在中世纪的欧洲似乎也是如此，大多数的民事合同和契约上都是妇女的名字。即使这种观念现在过时了，我们也不应低估妇女在社会中的作用，因为她们扮演了养育者的角色。“摇摇篮的手是统治世界的手”这句话也有其心理上的正确性，因为许多强大的人仍然依赖于他们母亲的肯定。

## 个人力量的差异

当然，剥削并不只是因为性别和年龄上的差异而恣意发展。从几乎无限的变异列表来看，每个男人都不同于其他男人，每个女人也都不同于其他女人。一个人继承的特质会使人更容易或更难维持自己的自由、不受他人意愿的蚕食。无论《独立宣言》所说的“人人生而平等”意味着什么，但这并不意味着每个人在自然禀赋方面也是平等的。假定所有个人对某些社会物品享有平等权利，他们在健康、力量、身体吸引力、智力、肤色、气质和性格等方面也是平等的——虽然这是一个有价值的社会目标，但显然个体在这些方面都是有差异的。

无论在哪个社会，这种差异都很大。在狩猎社会中，身体敏捷加上谨慎会使一个男人成为领导者；匈奴和鞑靼虽然是无情的梦想家，人们却对他们怀有崇高的敬意；智慧、隐蔽性、稳健之类的特质让一个人得以在中国和中东的官僚机构中出人头地。在我们的文化中，我们倾向于提拔那些“有竞争力又开朗，进取而又勇于创新”的员工。在每种文化中，良好的外表和外向性增加了一个人吸引他人注意力的能力，但他们也有可能受此控制。

个人素质并不是一个人比另一个人更强大的唯一原因。运气也起着重要作用。“天时地利人和”经常能解释为什么是这个商人变得富有而不是另外一个，为什么是这位物理学家赢得了诺贝尔奖或为什么是这位将军赢得了战争。克劳迪斯结结巴巴，一瘸一拐，虽然他是王室血统，但在罗马没有人想到有一天他会成为统治者。对他而言幸运的是他所有的亲属都是杀人狂，他们互相杀害，最后只有他自己活下来成了统治者。

然而，撇开运气不说，最能决定一个人是否能获得权利、塑造未来的是个人的性格。尽管心理学家们并非都赞同有一些特质能帮助一个人在生活的方方面面都取得成功，但很明显，如果你是一个外向[①]、自尊心强并且乐观地看待这个世界的人，你将有更大的机会成功，从而过上令人满意的生活。一方面，这些特质中的一些似乎是没有定数的，即主要是由遗传决定的；另一方面，它们在一定程度上会受到早期环境的影响。一个从出生时就倾向于成为乐观主义者的孩子，如果被残忍对待，也可能会变成一个神经质的成年人。

一个历史悠久且享有盛誉的特质是德国调查研究员伊丽莎白·诺依曼研究了多年的“人格力量”[②]。在这一项得分高的人（这也与外向和自尊相关）往往比分数低的人更积极、更容易成功，同时在专业方面也会做得更好。这些人，特别是那些社会、经济地位都不高的人，更倾向于成为领导者，担任有影响力的职位。换言之，对于那些富有和受过良好教育的人来说，强大的人格并不是决定性的因素。人格力量对于那些贫穷和没有受过良好教育的人来说更加重要，尽管财富和地位可以弥补人格方面的不足。但是如果你是穷人，强大的人格有助于你在

① 研究者总结了我们的社会中有利于获得成功（但不一定是幸福或满足）的个人特质（Bee，1902）。其中，外向性或容易与其他人互动的兴趣和能力，也许是主导特质。

② 诺艾尔·诺依曼描述了这个特征。相似的概念是“坚韧”“自我效能”和“能力”。

生活中取得成功。来自各个阶层的拥有强大人格的人充满好奇心，尝试许多新事物，并享受影响他人的过程，因此能影响模因的进化，因为他们的信念、思想和习惯在将来会被更加频繁地展现出来。这些研究有一个令人激动的发现：相比那些不那么坚强的人，性格坚强的人似乎不那么自私，他们更愿意关心和帮助别人。显然，无论是什么特质造就了成功和影响力，对社会的责任感肯定是其中一个。

然而，当一个人拥有权力时，往往会很容易利用它。无论是运气、智力还是人格力量，都可以推动一个人去成为社会精英，因此剥削他人以节省自己的精力就变得不可避免了。一位成功的商人认为，相比他的司机、秘书、没有自己幸运的朋友、教会的牧师、妻子和孩子，他的时间更有价值，这是显而易见的。他为什么要特别关心这些不那么有价值的人呢？为什么他不更加努力工作以得到大多数人都难以想象的财富呢？强大的政治家们觉得，那些对普通人有约束效力的社会契约并不适用于他们。尼克松总统和他的随从们认为自己凌驾于法律之上，但与大多数其他社会的统治者相比较，他们只能算业余选手。受尊敬的院士们倾向于剥削研究生，而著名的艺术家却认为他们可以不顾社交规范，滥用特权。

幸运的是，总是有例外表明腐败并非无法避免。伟大的壮举令人敬佩，也对科学和社会做出了有益的贡献，但最了不起的人类成就是避免滥用自己的特权。

基于个体差异的冲突不可避免吗？可能是这样。在进化过程中，只有在有选拔的情况下积极的变化才会发生，只有当个体之间存在差异时，选拔才会起作用，那就是，有一个特性能比其他特性更好地适应环境。只要所有的个体都能很好地生存下来，并产生差不多数量的后代，就没有什么可供选拔的，每一代人看起来都像前一代。差异是选拔的起点，因此也是因进化产生改变的起点。因此，几乎所有的进化生物学家都强调不同个体之间的竞争对于推动进化的重要性。然而竞争并不一定要涉及侵略或剥削，甚至潜在的冲突。因为从进化的角度来看，竞争仅仅是指一些生物体比其他生物繁殖得更成功这样一个事实。甚至合作也可以是一种非常有效的竞争策略，这就解释了为什么在这个星球上，受法律和分工约束的社会制度已经发生了变化。但是，我们不必过多地关注冲突和竞争对生物演化的影响。问题在于它们如何影响整个人类进化，这个问题现在涉及的是我们思考方式的改变——我们基于自己的目标和信念而做出的决定。

## 不平等的传播性

一般来说，当一个人由于卓越的努力或不寻常的才华而获得了大量的权力时，我们并不反感。但是，如果财富或地位是继承而来，这种不平等就会变得不那么能被容忍。然而，掌握权力的人的第一本能是试图把它传递给家人和后代。这种努力也是一种古老的适应本能，它在文化进化过程中被放大。如果我们只把我们的基因留给后代，那么后代之间的差异很小，外形上的差别也只不过限定在基因库变异的范围之内。一个男孩会比其他人更强壮，一个女孩比同龄人更警觉，但那只是运气罢了。

当权力的要素开始通过文化传承产生，真正的不平等以及羡慕和嫉妒的感觉就出现了。最早汇集资源和增加权利的方法是择优的婚姻。富有和强大的男人与出生在富裕强大的家庭的女儿结婚，从而保证他们的孩子一开始就有优越的生活。只要强者永远只和强者结合，不平等不仅会被保留，而且会随着时代的发展而不断被扩大。人们对在家庭中保持权利的关注最终导致了鼓励社会分裂的做法。例如，罗马人被法律禁止与外省人结婚，以免稀释了高度尊贵的“公民”的血统。

在我们的社会中，我们不再有反对通婚的法律（尽管一些州直到最高法院1967年的裁决之后才允许异族通婚）。但实际上，选择性婚配仍然是一种常见的做法。把收入、教育、政治偏爱、宗教和种族等因素都考虑进去，人们还是会趋向于选择跟自己差不多的人。也许这一趋势影响最大的不是后代将继承的基因，而是他或她的模因。一个出身于受过教育的、富裕的白人夫妇家庭的孩子的价值观、自我概念，与基因相似、处于同一社会地位但不同种族的夫妇的孩子，或者一对教育水平和收入都不同的夫妇的孩子，是不一样的。夫妻的背景越相似，孩子的模因越有可能与父母相似。

因为一些最重要的模因——基本的世界观和价值观——是通过家庭传递的。所以，随着时间的推移，选择性的婚配结果就等同于文化形态，社会群体成员被区分甚至因其文化背景而被隔离。这个过程使得一个阿米什男孩几乎不可能与一个天主教的女孩结婚，极端的自由主义者不可能与一个坚定的保守派结婚——他们基本上属于不同的物种，他们不能相互婚配，因为他们在生物学上不相容。只有选择性的婚配能保持模因分离，文化将继续保持各自的特质，自由党夫妇生出的孩子将会把保守派的后代看成潜在的敌人或怪人。

当然，婚姻习俗不是维持家庭权力的唯一途径，也不是把它传给后代的唯一方法。税收和继承法在政治上始终发挥着重要作用，因为它们决定了经济权利集中或分配的程度。共产党在苏俄执政后所通过的第一条法律是禁止父母将财产留给子女，以便所有公民都能在平等的基础上生活。20世纪80年代，在里根政府的执政时期，税法的变化加剧了美国经济的不平等，税法使得富人更富，穷人更穷。当对资源的控制变得高度两极化时，富裕的人们即使有最好的意图，事实上也成了压迫者。他们不需要积极地设法阻止经济条件不如他们的同龄人去获得良好的教育或追求美好的邻里关系，市场这只看不见的手会为他们做这些事。

回到关于剥削是否不可避免的问题上，我们得出的结论是：在获得资源、控制精神能量和影响未来文化形态的能力这些方面，一些不平等现象确实无法避免。无论在多么复杂的社会制度中，总有些人会因为气质、训练或背景而比其他人更适合获得某些职位。在像摩托罗拉或尼桑这样的大型企业中，每家公司都雇用了大约两万名技术人员，少数工程师将能够比其他人更好地运用他们的技能来抓住就职机会，他们将得到更高的报酬和进一步的发展，他们的想法将会体现在新产品中。其他同事会羡慕他们，很多人会憎恨自己必须为他们工作这个事实。每个企业实际上在为自己选择“最合适的”员工。然而，重要的是要认识到，这种“最合适”不是基于一些成功的工程师拥有的绝对优势，在摩托罗拉是佼佼者的人在尼桑可能是失败者，反之亦然。一项技能可能适合一家公司的文化、一种特定的经济环境、一种特定的营销策略，但换一家公司、一种经济环境、一种营销策略就不合适了。

虽然有些人总是成功地控制更多的资源，但这种控制必然会导致剥削吗？也许是的。除非我们采取措施来防止它，否则对资源的控制往往会导致对其他人的控制。杰弗逊说，“永恒警戒是自由的代价”。这意味着，如果我们释放心灵的自由，能量将被削弱。如果那些花得比挣得多的人导致通货膨胀，钱就会失去其价值，我们的积蓄就会贬值。美国人可能突然就失去自己的工作了，因为投资者可以通过将制造流程安排在第三世界国家而实现更高的利润。一小块房地产的价值将根据大地主的买卖而波动。这一切都可能发生，没有任何不良意图，这仅仅是市场运作的方式。它被那些拥有很大市场份额的人操纵，且情况总是如此。

我们能做些什么来防止这种事情发生呢？同样地，就像幻觉的来源一样，我们要做的第一步就是要意识到事物的真实状态。有人使用你的能量却没有给你足够的回报吗？你的老板、你的配偶、电力公司、政府？仔细检查是谁或是什么决定了你如何投资你的时间，从而控制你的意识，这将是一个好的开始。下一步是弄清你是否希望这种情况继续下去。如果不希望继续这样下去，你能做些什么，你的行为会带来什么后果？

从一开始，美国就吸引了那些在他们的祖国受到压迫并决定掌控自己命运的人。对于逃离宗教迫害的早期英国殖民者、逃离饥荒的爱尔兰人、不想为俄国沙皇战斗的波兰人而言，美国在召唤他们，那是一片可以让他们生存下去并获得自由的土地。从进化的角度来看，美国的人口主要是从那些拒绝被剥削的人中挑选出来的。因此，自由的模因已经集中在美国文化中，这一特质比任何其他单一特质更能决定美国的独特性。

然而，虽然美国没有沙皇，但剥削在社会中还是存在的。那些觉得在这里都不能控制自己生活的人不能移居别处，因为也许他们很难再找到一个有更多个人自由的国家。因此，对于他们而言有两个选择：要么设法找到一种限制较少的生活方式，要么反击——哪种方法能消耗较少的精力而得到更大的自由，就选择哪种。

我们可以借由一家公用事业公司的经理杰夫的案例来说明一种处理压迫局势的方法。杰夫负责人口稠密的西部地区的电力分配工作。他在公司里进步很快，一部分是因为他的技能，一部分是因为他愿意每周花六十到七十个小时在工作上。在四十岁的时候，杰夫的薪水比他所期望的要高，而且如果他愿意继续在工作上投入时间和精力，他仍然有得到提拔的机会。但他还有一个妻子和三个孩子，他因为工作甚至很少看到他们。杰夫开始觉得他把所有生活重心都放在了工作上，这似乎不再有意义。他试图和他的上级商量能否减少他的工作量，但被告知公司的政策要求美国高管全身心投入工作。于是杰夫开始想其他办法。现在他经营着一个户外设备商店，可以每周花几个小时在家里修理他和妻子买的维多利亚式的老房子，而且还可以经常在附近的小河边和他的孩子们一起钓鱼。

杰夫的解决方案对他而言奏效了，对其他数以千计遭遇类似境况并选择退出大城市永无止境的竞争的人来说也是有用的。这对每个人而言并不都是最好的解决方案，但是当一个人开始感到自己受到工作的剥削时，这是一个可行的解决方案。

最关键的点是，不要被生活恫吓到觉得自己无能。对那些控制我们的能量的人来说，让现状看起来像是自然的、正确的、不可能改变的，这符合他们的利益。但为了我们的利益起见，我们应该想清楚这并不总是正确的。

## 寄生剥削

我有一个朋友是生物学家，他在非洲研究当地的动物群很多年，他告诉我们对刚被杀的狮子进行尸检是多么可悲的一件事。我们大多数人都会想象理想中的丛林之王——强大、雄伟、自由。但是，如果你仔细看，强大的狮子其实是成千上万种其他生物的庇护所，数百种不同的寄生虫如螨、蜱和蠕虫寄居在它的鬃毛、眼皮、尾巴、鼻子、喉咙甚至它的食道和肠道。狮子可能看起来健康有力量，但在内部，他被大量的生物吞噬。对于每一个复杂的有机体来说，生存就是一场战斗，持续对抗着那些并不复杂的生命形态。

在心理层面上，寄生者利用别人的精神能量，靠的是利用他人的弱点或疏忽点，而不是直接控制他们。有无数种形式的寄生，了解其中的一些是有用的，以防止我们在不知不觉中耗费自己的生命却使他人获益。

如果压迫是一种剥削的形式，有更多权力的人夺走了拥有较少权力的人的自由，那么就寄生而言，情况则恰好相反。寄生者通常从一个比他更有力量（至少在某些方面比他更有力量）的对象那里获取能量。例如，假设明天你会赢得几百万美元的彩票，这笔横财增加了你的力量，因为你现在可以雇佣别人为你工作，或者你可以通过对资本的兴趣间接控制他们。由于这一好运，你现在可以放松了，对吗？错。你会立即吸引一些人，他们会迫不及待地把你控制的潜在能量尽可能多地吸取过去，并利用它们为自己谋利益。推销员、可怜的亲戚、保险代理人、投资经纪人、筹款者、诈骗艺人和语调令人生怜的人将突然出现在你面前，叫嚣着要分一杯羹。那些拥有金钱、权力或名声的幸运儿长期被这种潜在的寄生虫所包围。

在某些方面，这种行为很自然。如前所述，“熵”是自然界最普遍的定律。它指出，复杂的系统往往会分解，热量会从温暖的物体流向冰冷的物体，这种秩序会分解成无序。寄生虫是熵的生动表现形式。他们找到了将自己附着在更复杂的生物体上的方法，自己稍微出点力就剥削利用了其他生物的精力，且在这个过程中经常伤害或杀死他们的宿主。

在文化进化的层面上，寄生虫主要受到财富和名声的吸引。摇滚歌星吸引追星族，富有的寡妇吸引名声不好的男人，统治者吸引阿谀奉承者，名人都吸引奉迎者。被寄生虫包围的人可能需要花费大量的精力来避免被利用，而不是享受生活。难怪这么多宗教和哲学都指出，世俗物品的积累不能带来满足。

诚然，这种关系至少在某种程度上是共生的。双方都获得了一些东西，且剥削不仅仅是单向的。如果没有追随者，摇滚歌手就会感到被忽视，统治者会觉得没有侍从就会失去力量（这表明寄生者是如此普遍以至于有这么多同义词：追星族、拍马屁的人、食客、随行、随从……）。寄生并不总是容易与共生区分开，共生指的是双方都为对方谋福祉的情况。但是，当有人试图让你相信你需要他，而你对此表示怀疑时，你可能遇到了潜在的寄生者。

## 不负责任的策略

那些从更有优势的人身上吸取能量的寄生者并不总是有意识地这样做。那些无法获得更复杂技能的人，往往在确保自己的生存和舒适的过程中，不假思索地对其他人造成了伤害。在生物进化过程中，寄生常常表现为一种自私的策略，它以牺牲集体福祉为代价给个人提供利益。一个典型的例子就是欺骗导致繁殖后代的不同方式。因为在生物进化过程中，基因的复制是生存的底线。不可避免的是，随着时间的推移，一些个体会进化出巧妙的方法来获得与更多异性的性接触，因此他们有更多的机会把自己的基因遗传给后代。因此，有一些男性学着去吸引女性，但这种现象对于臣服于他们魅力的女性，以及比普通女性吸引更多男性的女性而言，毫无益处。

杜鹃的育儿做法就是这种剥削的一个极端例子：杜鹃将卵存放在某些其他种类的鸟的巢中，让幼杜鹃养父母牺牲自己的后代来喂养它。在文化进化中也存在类似的做法。有这么一种情况不久就会在美国出现：将有更多的非婚生子女而不是合法婴儿出生。这已不仅仅是“道德”问题了，而是一个生物和文化选择的问题。不能负起养育责任的父亲和母亲实际上是在利用社会上其他人的精神能量，以便将自己的基因传给下一代。为了避免这种形式的剥削，世界各地的大多数文化，从非洲到太平洋群岛，都制定了一项议定书，以防止一个男人或一个女人单独养育后代，除非社区有确凿的证据证明他或她能够养育他们到成年。对未婚女性的贞洁期望，女孩为了找到丈夫必须由父亲提供精致的嫁妆，这些不只是古朴的原始习俗，更是非常有效的手段。这些手段确保只有那些有能力并得到社会支持的个体才可以承担极度消耗精力的养育后代的职责。

一种可能属于文化进化特有的寄生形式是不负责任的财政策略。一个例证是关于蚂蚁和蚱蜢的古老寓言。在和煦的夏日里，蚂蚁正忙着囤积它能找到的每一块食物，并把它存放在家里。蚱蜢享受着美丽的天气，日夜蹦蹦跳跳，悠闲地哼着小曲。每当它遇到蚂蚁背着食物乱窜的时候，它就会嘲笑这个工作狂朋友。但是当冬天来临的时候，蚂蚁在家里很舒适地待着，而蚱蜢却饿着肚子在寒冬中跳跃，徒劳地寻找食物。它还因为蚂蚁不跟它分享食物而愤怒。

伊索寓言没有准确地描述昆虫世界的情况，但它非常适用于描述人类的某些形式的剥削。历史上有很多时期，一些人辛苦工作、积累财富，却被另一些游戏人生的人夺走了机会。随着时间的流逝，那些挥霍的人竟然因为拥有的少，觉得不公平而感到愤怒。通常革命会随之而来，因此蚂蚁的储蓄要被重新分配给蚱蜢。现今你不需要革命来达到这种效果，周期性的通货膨胀和货币贬值能带来同样的结果。多年来投资精神能量创造储蓄的人，将会被那些积累债务、进入破产状态以及在这个过程中摧毁银行和货币价值的人吸走精神能量。

单单是在我自己的记忆中，这个过程就重复了两次。我祖父的所有积蓄、养老金、保险、财产和政府债券都在第二次世界大战后的通货膨胀中消失了，没留一丝痕迹。同样地，无论我的父亲成功地积累了多少财产，要么被强行没收、作废，要么由于二战失去了它的价值。诚然，战争是造成这些事件在欧洲发生的直接原因。但是美国并没能避免这样的趋势。你的投资有多安全？你的养老金计划呢？即使是社会也会被周期性地攻击，其安全也会受到威胁。我们也不能确定我们辛辛苦苦创造的确保我们未来福祉的各种安全网络不会被一群“勤劳”的寄生虫啃噬掉。

要完全摆脱我们身上的寄生虫是不可能的。它们是生命的一部分，是进化的阴暗面。就像我们认为我们已经找到了一种有效的药物来对抗某些病毒的变体一样，文化寄生虫很擅于在我们找到一种方法来压制它们的旧花招时改变它们的策略。“你制定法律，我们会找到漏洞的”，这是一句玩世不恭的意大利谚语。更讽刺的是，最近储蓄和贷款的惨败局面恰恰是任何人都难以想到的一个关于成功寄生最好的例子。竟然是那些欺骗公众的人从他人为弥补损失做出的努力中获利。一个拖欠各银行多达数千万美元贷款的商人，竟然从各家银行获得新的无息贷款和其他财政奖励（这些无息贷款和财政奖励都是由信托公司和美联储机构为了紧急救助市场而想出来的办法），所以他可以购买以前由美国储贷协会拥有的房产，尽管其他买主也愿意花更多的钱购买它们。这是一个例子，在这种情况下，寄生已经成为系统的一部分，它经常消耗既定目标大量的能量。当一个社会充斥着寄生虫时，它就会变得像看似强大的狮子一样被虱子和跳蚤击倒。

## 模仿导致的剥削

被压迫者可以抵抗，寄生虫的武装可以被解除，但有些人还可以通过另外一种方法利用他人的精神能量，那就是伪装自己。在许多方面，这是对我们的自由最阴险的攻击，因为它往往难以揭露。当我们准备抵抗那些寄生者时，我们常常渴望与那些以虚假借口来吸引我们的人们合作，然后他们就会利用这种关系来欺骗我们。

模仿导致的剥削有时可能是无心之过，因为肇事者并没有怀着任何不好的意图。例如，很久以前，我认识了红衣主教W.，他在梵蒂冈拥有很高的地位。红衣主教W.是一位让人愉快的八十岁的绅士，但我看不出来他有什么特质可以让他担得起自己的职位。他有的不过是那像月光一样的白胡子，像伟吉伍德陶器那样精致的面孔，与一双纯净清澈的蓝眼睛。任何看到他的人都立即为他圣人一般的气场所折服，这一印象一定在很大程度上帮助他一步步走到现在的地位。尽管有传言说每天早上他的妹妹要花一个多小时的时间梳理他的胡子，在这期间红衣主教可能相当恶毒。人们只是看到他风度翩翩地穿着红袍的样子，却忽略了外表背后的现实。

当然，每个人都可能遇到这样的业务主管，他们的主要优势是他们知道如何穿着得体，如何用圆润的男中音给别人留下深刻印象，或者有令人安心的笑容。一位有英国口音的学者立即获得了能帮助他拿到奖学金的额外学分，一个拥有好美发师的世俗女性同样如此。这些案例中的当事人并不是有意识地试图欺骗，但他们获得了力量优势——仅仅是因为观众乐意上当受骗。此外，还有同样多的案例，其中当事人企图用伪装来获得优势。一种是玩弄女性的骗子——唐璜，通过说服她们相信自己不朽的忠诚和爱而利用女人。另一种是装成受人尊敬的商人的骗子，他们骗取退休老人的积蓄。第三种是道貌岸然的教授，他们打着学术的旗号，从学生那里获得性欢愉。

模因剥削者通常伪装成更积极正面的人。他们通过伪装成为那些努力减少混乱的人来获得信任。近两千年来，基督教会代表了西方最先进的制度，因为它提供了最详细和最完整的生活和死亡规则。基督教这一特质使无数雄心勃勃、不择手段或无能的男男女女混入这个行列，通过成为神父、僧侣或修女而获得权力。几个世纪以来，欧洲人民投入了大量的精力让神职人员更富裕，却没有学会区分那些拥有真正精神财富的神父和那些走个过场、没有为信徒提供帮助的神父。

在大多数文化中，宗教为现实提供了最清晰明确的解释，试图让人类混乱的经历变得合理。从蒙古（在某些时候，超过半数的男性居住在佛教寺院中）到泰国、伊朗、加拿大魁北克、摩洛哥和巴西，教士为民众提供了希望和指导。为了换取这种精神上的指导，僧侣和神父得到了他人的尊重和资源。这使得教士成为模拟寄生虫的一个合乎逻辑的群体。尽管最近有一些关于假教士的报道（他们利用教徒来获得劳斯莱斯和豪华庄园），但似乎总是有足够多的忠实的教徒无论如何也不能把真的教士和假的区分开。

据一位帮助超过3000人逃离他们被困的邪教的专家所说，

每当一个邪教声称知道一系列达到开悟的步骤，我们就该知道麻烦要来了。古鲁可能一开始是想帮助别人，但是如果他能在自己的追随者身上获得权力，他就会发现利用他们很容易，并且很少有领导人能够抵挡这样的诱惑。其中一个危险的模仿伎俩是，腐败的古鲁坚持让追随者主动服从。为了证明自己正向一个“更高”的自我迈进，弟子把他的积蓄交给老师，或者让自己被殴打和羞辱。灵性启蒙的幌子可以带来很多物质上的伤害。而当一个人意识到自己被误导时，可能会造成毁灭性的后果。

另一个受这种“虐待”的群体是军人。在几乎所有已知的文化中，战士们被社会的其他人所接受，因为他们能保障社会安全。然而，这些保护者往往会变成剥削者。一个穿着制服尤其是佩有勋章的军官总会受人尊重。在美国，即使是现在，不论多么高的金额，只要它被认定为是用于国防的，就没有问题。如果战略防御计划耗资上百亿，我们能承担得起不付这个钱的责任吗？安全是这样一个令人欣慰的概念，任何承诺能给我们安全的人，都可以掏空我们的腰包。

具有讽刺意味的是，过去的成功通常是因为一个人或一个机构能够非常容易地通过模仿成为剥削者。因为赢得了二战的胜利，美国军队和支持它的工业联合体可以理直气壮地要求其他国家给他们提供贷款。一旦获得了权利和合法性，军事工业联合体就更容易利用其卓越地位，即使他们并未主动尝试这么做。艾森豪威尔总统本人是美国军事机器（帮助美国人打了胜仗）的领军人物之一，在20世纪60年代初从其活跃的政治生涯中退休后，他就对这种危险发出了警告。

据计算，到1990年，美国一个四口之家每年支付给五角大楼的费用是4200美元；日本家庭对国防的支出是500美元。美国政府花费了65%的研究和开发资金在国防上；日本人在二战后被限制不能建立强大的军队，所以在国防上的花费只占研究开发资金的5%。相反，美国在能源开发上的投资不到4%、工业发展方面不足0.2%；日本将其政府研发基金的600%和2500%分别用于能源和工业发展。同时，并非巧合的是，所有的指标都表明日本人在制造业和工业能力方面的优势正在增强。在过去，苏联的绿巨人至少为美国生产危险和无用的硬件提供了一些借口。如今，尽管苏联已经解体，但美国国防开支并没有显示出明显的下降迹象。很难不把这些趋势解释为国防已经成为我们社会中一个危险的模仿剥削者。

即使是科研机构，也不能幸免于成为被滥用的工具。既然科学提供了对现实的最可信的解释，它就可能变得特别脆弱。每一次真正的科学研究都由数以百计的琐碎的研究组成。每年都有数以千计无用的学术会议召开（通常是在诸如阿卡普尔科或夏威夷等繁忙的科学活动中心），数千篇没有人会读的文章在晦涩难懂的杂志上发表（唯一目的是允许编辑把他们朋友的文章都发表出去）。但只要科学的外在形式是受到尊重的，我们就很难把好的作品和无用的作品分开。科学是危险的，部分原因是因为它很容易模仿——可能比中世纪的僧侣模仿神圣更容易。

了解模仿最好的机构肯定是广告学及其姊妹学科，如公共关系学。广告商的目标是在潜在消费者脑中把产品和其他他们想要的东西建立联系，比如健康、性感、干净的厨房或者安详的晚年。这种联系是真是假一点也不重要，只要它有效果就好。如果产品卖掉了，就证明广告是有其存在的必要的。当然，这个过程需要公众的配合。数百万个抽万宝路香烟的人一定为自己的粗犷豪迈感到自信，尽管他们从未当过牛仔，手背上也没有文身。广告，像其他形式的模仿剥削一样，之所以有作用，部分原因是因为我们愿意为梦想中的美好花钱。

模仿在生物进化中也得到了广泛的应用，但它的实施难度要大得多。然而，有一些令人叹为观止的例子，像著名的琵琶鱼，它们隐藏在珊瑚礁的裂隙里，除了一个蠕虫状的附属肢体像一根细长的线一样伸出来长在它的额头上，别人几乎发现不了它们的存在。琵琶鱼不用费多大力就能捕捉到猎物，因为小鱼都被它那摆动的像蠕虫一样的附属肢体吸引，径直朝它游来。这时琵琶鱼张开它的大颚，“不知情的游客们”随着涌进来的水一起被吞噬，这是一个相当成功的适者生存的例子。设想一下，经过几千年的自然选择，琵琶鱼的“诱饵”才慢慢完善进化成现在的样子，这不得不让人惊叹。在文化进化过程中，模仿根本不需要时间，比如歹徒可以穿上警服，然后马上得到他人的信任。

这种形式的剥削，如前面描述的那样，只有当我们都允许自己被欺骗时才能奏效。如果宇宙是有意识的而且上帝注视着我们每一步的行动，如果购买军备可以带来安全，如果年轻和美丽只是发型的问题，那将是多么美好。因此，我们选择不过于关注那些做出这些承诺的人的资历，以免我们自己失望。像许多思想家一样，比如从作家陀思妥耶夫斯基到社会学家帕累托，我们通常更喜欢自己的幻想而不是现实，即使幻想可能导致悲剧性的后果。不幸的是，那些生活最受熵困扰的人尤其容易受到这种形式的剥削。当没有希望或慰藉的时候，我们会努力抓住一切承诺，好让生活重回正轨。穷人、病人和孤独的人最容易受到电视福音布道者悦耳嗓音的诱惑或受政治极端主义者的承诺的诱惑。

我们是否让自己被压迫者、寄生虫或者伪装者愚弄是我们自己的选择。虽然我们不可能完全摆脱他们的诡计，但很清楚的是，如果我们希望将成功全面推进到第三个千禧年，那么我们就必须思考清楚我们有多少精神能量被那些耗尽我们生命的人所利用去丰富他们的生命。

## 关于“捕食者和寄生者”的进一步思考

### 选择的力量

对大多数人来说，生活中最大的担心是对自己死后被人遗忘的恐惧。因为这个缘故，有能力给自己的后代留下遗产将会使人内心平静。但是遗产是给自己的吗？你认为什么是更重要的、更值得留下来的？是对你自己和你的成就的记忆，是那些将会继承你的生命蓝图的孩子们，还是可能有助于影响子孙后代行为的价值观？

如果一个与你的种族完全不同的种族最终接管了世界，你会介意吗？第三个千禧年的下面这两个场景中的哪一个让你感到更加不安？

（a）世界上的大部分人是印度人；

（b）没有人会说你的语言或人们不再相信你的价值观。

### 权力和压迫

一般来说人们受到政治领袖的压迫是因为他们控制我们的行为；受到管理人员的压迫是因为他们要求我们纳税；受到雇主的压迫是因为他们使用我们的精神能量而没有给予足够的报

酬；受族长压迫是因为他们用“铁拳”来管理家庭。在你生活的哪个方面，你是被一些有权势的人或机构所利用？关于这点，你又能做些什么？

这些出生在技术先进的“第一世界”的人，自然而然地被许多“第三世界”的人羡慕和憎恨。“第三世界”的人觉得自己受到了“第一世界”的人的剥削。他们的树被用来做“第一世界”的家具，他们的空气被“第一世界”排放的尾气污染，他们被迫买卖利润微薄的可再生原材料，辛苦制造廉价产品。“第一世界”的人是否有责任改善这种状况？如果答案是肯定的，他们能做些什么呢？

### 对妇女和儿童的剥削

让我们暂时把好战的女权主义的极端言辞搁置在一边，显然，妇女和儿童在沾沾自喜的父权制社会中往往容易受到剥削。无论在家庭中、工作中还是社交场合，对于一个拥有更多权力的人来说，利用那些权力比他们少的人是很容易的。你是否无意识地正在参与这种形式的压迫，无论是作为受害者还是作为施虐者？

美国有严格的童工法来保护他们的孩子。但这是否意味着儿童没有受到剥削？例如，投入更多的精力来训练未成年人而不是那些独立的成年人成为消费者——买玩具、看电视、买唱片。这类教育可能产生的后果是什么？我们有什么可以做的吗？

### 权力的个体差异

不幸的是，个人能力和社会奖励之间的完美匹配机制并不存在。少数人得到的比他们应得的多，而许多人得到的比应得的少。你是否觉得你的某些资历在你生活的社会环境中没有得到认可？例如，你有没有在你的工作中没有使用到的技能？你如何才能更好地利用这些技能，无论是在工作中还是在其他活动中？

### 不平等的传播性

父母把不劳而获的权利（如财产、金钱、地位）传给子女是正确的吗？在什么时候，权利的继承开始与公众的福祉发生冲突？进化是更好地服务于权利的两极化（让富人更富、穷人更穷），还是让每一代人的权利重组？

## 寄生剥削

我们对那些掠夺我们的寄生虫（如病毒、蟑螂、福利诈骗者或毒贩）感到愤怒。但有些人可能会说，人类作为一个整体，充其量是一个行星生态系统的寄生生物，我们在使用资源的同时摧毁它的完整性、消灭一些和我们不相容的生物并产生有毒的副产品。你会给出什么例子来表明人类比虱子或蜱虫更“优越”呢？

就社会寄生而言，你最容易受到什么类型的剥削者的攻击：控制你纳税和房地产评估的匿名官僚？笑起来让人愉快的人？承诺快速获利的投资经纪人？未能履行义务的人？无能的亲戚？不敏感的朋友？以自我为中心的合作伙伴？如果你能免受他们的剥削，你能为自己省下多少精神能量？

## 不负责任的策略

自私的人能够无视其他人的需要，他们通常会因为在别人的牺牲中增加自己的利益而受益。什么是最困扰你的不负责任的剥削的例子？你能怎么应对呢？

人类学家玛格丽特·米德曾经想知道：为什么我们在允许人们驾驶汽车之前需要他们获得驾驶执照，但在允许年轻人承担起更艰巨、更需责任心的任务——做父母之前，却不需要任何的能力证明？在我们之前的社会中，年轻人不能成为父母，除非新娘和新郎得到他们各自家庭的“支持”，即嫁妆——以大量的财产和劳动力承诺去支持即将组成的新联盟。现在社会有什么办法来阻止不负责任的生殖？

**模仿导致的剥削**

你有时会从表面上认定谁长得好看吗？或者谁的穿着亮丽？谁家财万贯？谁的言谈举止得体？谁信奉上帝？谁愿意为国捐躯？谁相信科学真理？你是否曾经后悔过因为这些原因相信某人？

下次你在看到八卦杂志或者看到一系列电视广告时，仔细看看每个广告并试着找出它们的模仿战略。这些广告是如何吸引你的注意力的？它们与其推销的商品之间有何关联？什么类型的广告最吸引你？它们又是怎么影响你的行为的？

# 第五章　模因与基因

通过之前的讨论，我们得出的结论是，人类未来道路上的许多严重危险都是先前成功适应环境造成的：大脑的组织、原始自我的出现、遗传指导帮助我们存活了几千年并在与其他物种的竞争中胜出。这些成就过去帮助人类生存，但如果我们在今天不知道它们是如何影响我们的，未来它们很可能在帮助我们的同时毁灭我们。我们必须考虑到还有另外一种危险：我们为了生活之便而创造的物品对我们的威胁。

即使人类将地球领导者的地位让给蟑螂，它们也不能成为领导者，因为自然选择符合我们的生理需求。相反，蟑螂也能成为领导者，因为我们做了一些愚蠢的事情，比如淹没在自己的废物里，或者让自己成为地球上最后的男人、女人或孩子。但有些人认为这种事情永远都不可能发生，因为我们是创造了艺术、科学、技术这些奇迹的物种，不会傻到毁灭自己。

但这种乐观的观点是基于一种假设。我们创造的模因——伟大的概念系统，比如几何学或者民主、科技奇迹、空间探测器或者甜瓜催熟电子测试，是我们为进化斗争的工具，是我们生存的奴仆，是防止混乱蹂躏我们的最好防线。锤子加强了人类手臂的力量，汽车加快了人类移动的速度……物品帮助我们适应环境并生存下来。我们乐于承认我们这一物种在模因的帮助下会所向披靡，但是也存在截然不同的说法。

## 模因间的竞争

“模因”这个术语是由英国生物学家理查德·道金斯提出的用于描述文化信息的单位，其对社会的影响与人类机体基因中的化学编码指令相当。这个名字可以追溯到希腊词“mimesis”，意为模仿。正如道金斯指出的，文化的指导作用通过示范和模仿一代一代传递，而不是通过精子和卵子的结合进行的基因洗牌。对模因最好的定义可能是“人类有意识的行为产生的任一永久的事物或信息”。因此，一块砖是一个模因，莫扎特的安魂曲也是一个模因。当人类的神经系统对一段经历有反应时，模因应运而生，并将其编码成一种形式传达给别人。例如，当一个家庭给宠物取名字时，因为小狗喜欢撕咬所有看得到的东西，所以叫它撕碎者，这样一个新的模因就诞生了——虽然这并不是一个很重要或者永久的模因。电力、人寿保险的发明作为模因是当之无愧的，因为它们有更广泛的普及度和更大的影响力。

模因自产生的那一刻起就成了人类的意识活动的一部分。模因一旦形成就立即开始产生反应，转化成创造者或者接触它的人的意识。比如说，电力一旦被发现后就开始被广泛应用。所以，虽然模因最初由思想产生，但它很快反过来塑造思想。问题是如果模因没有了创造者是否还能继续为我们所用？

如果模因不但没有像我们需求的一样加强我们的能力，反而与我们争夺稀缺资源，那会怎么样？如果对我们基因生存造成威胁最大的不是其他生物体而是模因包含的信息，那会怎么样？这些问题虽然像天方夜谭，但确实值得深思。我们以为我们正在掌控并且能任意操纵我们的所想所为——这是我们必须认清的最危险的幻想之一。因为现实似乎与我们的想法恰恰相反。我们创造的信息有它自己的生命，它有时与我们共存，有时寄生于我们。道金斯说过："模因具有其自我复制和表型效应的条件，成功的模因没理由与遗传的成功相关。"

毫无疑问，思想和人工进化不同，只有一些被择优选取出来的思想才会被传递给下一代。大多数人认为文化进化只是人类进化历程的简单延伸，他们争论说如果没有人类，思想和物体是不能存活的，因为它们不可能有自己独立的进化历程。但是这好像在说人类进化是植物进化历程的一部分一样，因为没有植物我们也无法生存。模因确实需要依靠我们的思想才能存在和进化，但我们也同样需要空气、水、光合作用和其他事物才能生存，所以这并不意味着模因比我们更依赖环境。

有些正统主义者提出反对意见，认为模因不能进行自我繁殖，因此它们不是独立的生命个体。这是人们对繁殖狭隘的定义。我们习惯性地认为进化与性繁殖有关，需要重组父母双方各一半的基因信息形成新的个体，但这并不是机体繁殖的唯一办法。无性生殖物种通过复制其他成员的信息形成新的机体。一个细菌菌落只要有培养基就能分裂形成两个新的同样的细菌菌落，还可以通过生长孢子、发芽、再生等其他方式实现繁殖。

模因所载的信息通过不同的机制传递，此过程并不包含在基因信息的遗传过程中。模因依靠我们的思想有意识地进行自我繁殖。如果我在收听收音机里的歌曲时付出了精力，那么这首歌的旋律就可能常常浮现在我脑海中。如果这首歌足够好听的话，其他人听到我哼的旋律也会去听这首歌。模因是进化舞台上的新选手，我们不应该期望它们像过去的生物体一样活动。如果我们把模因进化的过程比作遗传信息改变和传递的过程，就容易理解了。

例如，模因之间的竞争类似于遗传等位基因之间的竞争。人们认为两个或两个以上的等效选项是可以相互替代的。根据所选选项的不同，未来社会也会有所不同。举一个简单的例子，染色体所载的拟等位基因类似于政治选举中的选票。典型的竞选通常有两位候选人：一名是共和党人，一名是民主党人。每个岗位至少有两个候选人，每个人设一个投票栏。投票栏代表着对未来的一种规划和相应的政党平台。选民看一遍名单，要么选这个，要么选那个。在选举结束时，每个岗位只能有一名候选人胜出。美国的两种政治思想正是通过这种竞争过程在竞选中得以保留的。当然，如果一种政治思想不能打动它的选民，那么这个政党最终会失去支持者。

当我们打算买车、选择麦片的品牌或者选择大学课程的时候，通常有两个等位基因、很多备选方案可供我们选择。我们做每个决定时都需要付出精力——买东西就要付钱，参加选举活动就要投票，思考就要专注——通过付出精力，我们为模因的生存和发展提供媒介。但是如何从竞争的等位基因中进行抉择呢？很不幸的是，答案很复杂。选择通常由预期的未来优势决定。房屋所有者会投票给看起来最不可能提高房产税的市长候选人。女性主义者可能投票给赞成女性主义的候选人。如果等位基因涉及两个相似的车型，客户很可能买便宜的那台，因为那样可以付出最少的精力去攒钱。

做一项工作时，花费最少精力的模因才能生存。事半功倍的设备才会被选中，承诺以最小的牺牲换取最大利益的政治家才能在竞选中获胜，最高效的生产、存储和运输方法才能在竞争中胜出，容易被记住的旋律才会打动人心，容易被记住和理解的画作才能成为杰作影响下一代。

有时人们做选择是基于逻辑或内部的一致性。例如，一百多年前，每个国家、每个地区和村庄都有他们自己的度量衡。

织物的长度可能用厄尔、英尺、英寸或者手臂长度来衡量，所以在计量时就要将一种测量方法转换成另一种。当一个城市或国家变得强大时会将自己的度量衡强加给它的占领地，但这种做法通常不会成功，因为他们的方法和其他方法一样随意又笨拙。最终在1875年巴黎世界博览会上，大多数欧洲国家的代表同意采用一个世纪以前法国制定的公制体系。这是理论上合理、统一、精确并且更简便的方法。公制体系因为可以节省思考时间，所以轻而易举地战胜了其他拟等位基因对手。只有美国由于相信自己的霸权地位，在采用公制体系这一点上落后了。由于对手的技术升级带来的竞争压力越来越大，现在甚至连美国小学生也不得不学习更有效的度量体系。

虽然我们最初采用模因可能是因为它有用，但事实上，当模因的普及度超过某一程度后，它开始影响我们的行为方法和思维方式，积极来看影响是模糊的，消极来看是完全不符合我们的利益的。卡尔·波兰尼和其他的经济历史学家曾描述引用标准化货币作为交换手段的过程。标准化货币对交易者是有帮助的，虽然他们最终破坏了自己立足的传统经济和社会制度，但他们简化了贸易并将其合理化。过去的经济以亲属间的责任或者共同遵守的宗教价值观为基础，但现在是为了荣誉或民族团结。如果他们想要参与符合客观逻辑的货币交易，他们就不得不放弃个体的做法。没人预见到更简易的贸易带来的后果，等到他们了解的时候，已经无法改变了。

同样，马克斯·韦伯发现早期进行资本主义竞争的企业家创造了一种令人兴奋的游戏——一种新的生产模式。先驱创业资本家发现可以通过创新方法进行生产活动，并写下他们自己的规则。但到了二十世纪，正如韦伯所言，资本主义已经成为生产者和消费者都不能逃避的“铁笼子”。市场饱和，政府制定法规保护现状，企业家不得不遵守前人创造的系统规则。关键是，模因一旦形成，就容易产生惯性，驱使我们按照它的逻辑行事，最终尝尽苦头。

武器的发展可能提供了论证模因进化的最好的历史证据，可以为许多其他模因的发展提供参考。在最早的人类武器中，斧头、矛、盾是最多的，制造过程需要投入大量的精力和能量。找到合适的石头、用火烤其锋利的边缘，并绑在箭上，这些都需要时间和精力。为了找到最好的黑曜石和其他有锋利边缘的坚硬的石头，我们的祖先穿越很远的距离。一些早期的贸易路线的发展推动了箭头标识在道路上的应用。

在这个历史时期，一个人通过石斧延伸胳膊的所及范围使自己变得更强大。斧头是它的制造者随意使用的工具，所以声称斧头是独立于其制造者存在的说法是无稽之谈。然而，如果制造者使用他的武器，对着鹿或者对着其他人，那么对方就会产生一个想法——或者模因——制造一个比斧头更好的武器。假设对方将孩子玩的棍棒运用于斧头上，他就能将一块锋利的石头绑在棍子上，这样他就发明了矛。现在这个人可以触及更远，这使得他可以剥削只有斧头的那个人。但是过不了很久，矛这个模因激发另一个人的思考，可以使用某物体阻止推力触碰肉体：可以用一束交织在一起的枝条或用一张兽皮放在树枝之间，这样这个人就发明了第一个盾。

当然，这个情节可能荒诞地缩短了持续了成千上万年的发展进程，但关键是每个新的武器技术的进步都会产生更强大的武器从而否定原武器。剑的存在促使作为保护装置的头盔产生，头盔的存在促使双手斧头的产生。即使有头盔的保护作用，双手斧头依然能够劈砍头部。然后一系列自动推进武器产生了，从箭开始，螺栓、弹射石头、炮弹、爆炸弹、核弹、焚化激光。在不到一万年的时间里，射弹的破坏力呈指数级增加。这种发展方式总是相同的：一个更老的、可行的模因激发一个人思考，产生一种更具吸引力的新的模因，并且更好地存活在人类的脑海里，因为它更强大、更有效，或更便宜。

谁会从这种进化进程中受益？显然，是那些发现新模因的人。否则，怎么可能会有人进行发明？不过这是个悖论：没有证据表明一种新的武器（根据上述例子）实际上增强了创造者的生命力。让我们记住，在进化方面，增强生命力意味着相对于其他成员的后代，自己的后代数量更多。如果模因像生物学特征一样演化，就不得不依附在创造者身上，帮助创造者的子孙后代，但事实不是这样的。

第一个信号枪是在意大利托斯卡纳的皮斯托亚被研制出来

的。他们以前的武器相当先进，但这些武器肯定没有为创造者带来任何明显的选择优势。信号枪遍布世界各地，而不只属于皮斯托亚人。在1836年获得六射手枪专利的塞缪尔·科尔茨[①]似乎并没有从中获得任何选择优势，然而他的左轮手枪传播至整个西半球。在1862年，理查德·加特林发明了六筒旋转机枪，几年后，成千上万的同盟士兵死于这种枪。1916年，美国准将约翰·塔利弗罗·汤普森发明了第一架冲锋枪。同样，这个发明似乎也没有增强汤普森将军的基因，而是派生了一大批有生命力的自己的后裔，直到卡拉什尼科夫冲锋枪和乌兹冲锋枪的诞生。

武器的发展历史表明，这些模因是独立于发明人而进化的。它们通常是中性的，有时它们帮助它们的主人战胜敌人，有时它们也可能参与消灭它们主人的活动。但它们一直在做一件事：它们迫使我们通过完善更好的新一代武器来保证它们的繁殖和生存。通过这种方式，那些大脑里拥有这些模因的人对模因有了精确定价，定价包含精力、劳力、资源、金钱、心理能量和劳动力。在这个意义上，武器显然符合寄生物种的定义。

① 科尔茨在1833年发明的柯尔特六射手枪是第一种可以在骑马时使用的枪支。六射手枪的发明恰逢西方扩张，因此成为美国西部历史和民俗的一部分。

## 模因与瘾[1]

另一个很显然的拟生物的例子是致幻毒品。人们使用毒品是因为毒品通过改变大脑的化学物质可以暂时提高体验的质量。例如酒精，以各种形式遍布世界各地。在西方，葡萄酒已经成为一个多产的模因：有关酒的诗歌——祝酒歌；精心锻造的银酒杯；被称为艺术的发达的酿酒术；将其象征为基督的血；建酒馆分销酒等。在16世纪，荷兰人发现了提炼烈性酒的方法，烈酒在灭绝美国土著人种族过程中发挥了破坏性作用。同时，酗酒在爱尔兰到前南斯拉夫之间的许多国家已经成为一个严重的社会问题。谁从酒精进化过程中受益呢？当然是从中有利可赚的人，大多数喝酒的人只是喜欢酒。

很难说杜松子酒和威士忌的发展是人类进化传说的关键因素，也很难说它们是我们适应环境的例子。威士忌和杜松子酒依靠丰富的媒介简单地进化，像病菌、大象和鲸鱼一样。它们的增长方式差别不大。对于鲸鱼，增长媒介是大海；对于细菌，增长媒介是变质食品；对于杜松子酒，增长媒介是人的大脑。

化学寄生虫可以入侵并破坏整个社会。考古学家最近在南

---

① 虽然每一个文明都有酒精或其他药物发展形成的毒品，但是在旧有文化中突然引入以前未知的物质通常会造成灾难性的后果。例如，白兰地、朗姆酒和甘蔗酒就是欧洲送给美洲文明的“有毒的礼物”（Braudel，1985）。

美洲发现了强大且先进文明的痕迹，甚至在被西班牙征服前，这些文明就已经被毒品消灭了。起初，所有人类宿主和寄生模因都必须是共生的关系。宿主再造毒品是因为他们喜欢毒品，他们认为他们能控制毒品。后来，真实的关系才变得明朗：人类无法控制毒品，而起初被制造成毒品的树木控制着人类。

有时候我们寄生于植物，有时植物反过来依赖和寄生于我们。烟就是个很好的例子[①]。第一批探索新世界的人在发现土著人吸烟时认为这是荒唐的，但他们出于好奇心将烟叶寄到了欧洲。过了不久，吸烟成为欧洲人的时尚。罗马教廷成为主教的时候不得不颁布指令禁止教徒在弥撒期间吸烟。1612年，约翰·罗尔夫意识到这是一个巨大的商业机会，在弗吉尼亚州种植了第一批烟草。在短短几年内，烟草成为殖民地的主要出口品。一旦有需求就会有人供应。几年后，因为发生了太多火灾，殖民地禁止烟民在室外吸烟。1647年，康涅狄格州颁布了一项法律，规定一个人一天只能吸一次烟，随后为了防止一群人吸烟散发热量，只允许烟民在独自一人的情况下吸烟。

即使有这些禁令，烟草仍被广泛使用。种植需要更多的劳

① 美国早期殖民者惊讶地发现印第安人吸烟。很快，移植的烟草植物在欧洲变得非常受欢迎。有一段时间，烟草被认为具有治疗效果。烟草的流行确定了它在经济中的重要性。由于烟草业属于劳动密集型产业，烟草业的发展扩大了统治者对奴隶的需求。当时谁都没有料到，烟草业的发展会引起两百年后的一个重要的政治和社会问题（Carruth，1987）。

动力，这意味着不得不从非洲进口奴隶。烟草的广泛传播造成了现在我们的大城市出现更多的肺癌和贫民窟。事实上，我们没有办法说烟草有益于人类，只是有些人通过传播烟草获益。

武器和毒品不是明显的与我们竞争稀缺资源的危险物品。每个技术产品都在人类大脑中占有一席之地，人们需要付出一些精力去关注它们的其他用途。因此，确认模因会为我们的福祉做出什么贡献，并确认它们会与我们共存而不是寄生是至关重要的。这是一件不容易区分的事情。比如说，飞机与我们是否是共存关系？

飞行的模因必须拥有很高的资质。翱翔于地球之上被认为是优于人类的特权，比如天使、龙、幽灵。事实上，所有的宗教都崇拜会飞的神灵。两千年前，巫师忙于为汉朝的中国皇帝建立飞行战车（虽然它们从来没有离开过地面）。人们一直有一个信念：如果我们能飞，我们就能摆脱陆地对我们生存的束缚。如果我们摆脱了重力的枷锁，我们就如神一般。在过去的思想家看来，像鸟一样飞翔的想法是野心勃勃的。现在我们实现了飞行的梦想，但摆脱束缚的希望仍然像以前一样难以实现。

成功的飞行家如桑托斯-杜蒙特、莱特兄弟、布莱里奥和奔驰都是受到拓荒的兴趣驱动。从林德伯格对独自飞行在大西洋的描述或者柏瑞尔·马卡姆作为游猎观察者对开拓非洲的描述中可以看出，当神话般绝妙的冒险之旅展开时，人类会激动得起鸡皮疙瘩。毫无疑问，飞行的首次成功制造挑战了人类的想象力。驱使发明者以及驾驶未测试设备的飞行员冒生命和财产危险进行探索的，不是商业或战争的需求，也不是更快地载着游客和货物横跨大陆的目的，他们希望做的是打破人类生存的古老限制。

但新发明很快就开始提出自己的需求。一旦可行的飞机被制造出来，人们便开始失去对发明的控制。飞行器开始在发展的过程中使用资源，不断地自我发展（随着科技成果发展），而不是帮助人类摆脱已知的局限。

法国飞行员兼小说家安东尼·德·圣-埃克苏佩里在他写于20世纪30年代的一个半自传故事《夜间飞行》中很好地描述了这一变化。这本小说的主人公是南美洲安第斯山脉首条航空邮路的飞行员。在没有雷达的情况下，他使用非常原始的无线电与基地联系，在城镇之间飞行。有一晚，飞行员在鲨鱼峰间遇到了风暴，但他仍然专注于自己的职责——将一捆邮件送到下一站。当时，他的老板担心这位年轻飞行员的安全，更担心航空公司是否会再次失去一架飞机。定期进行航空运输是神圣的目标，任何延期都会造成惨烈的悲剧。相比之下，一个好人的死亡是微不足道的。故事说明，一旦飞机变得有用，人类就开始投入大量的精力于飞机上。

在圣-埃克苏佩里的小说里发生了许多事。客机在全球各地的上空不断飞过，我们很难想象没有飞机如何做生意、探望远亲或度假。但是飞机真的让我们更自由吗？让我们回顾一下我们所做的一切。从第二次世界大战起，战机的生产已经成为生死攸关的大事。无论我们喜不喜欢，我们都在被迫发展航空技术，美国以外的其他国家都曾占据上风。我们需要石油来维持这些飞机的飞行；如果我们用尽石油，我们可能被迫去与那些储备石油的国家争战。再次，人类的抒情梦想开始变成了瘾。飞行的能力并没有使我们变得更自由和强大，反而将我们束缚在斗争中。

关于航空的故事不是唯一的例子。事实上，所谓的技术成果发生改变是有代表性的。制造第一辆汽车是由于人类想体验速度的快感，但是几年后，汽车让富有的年轻人去相互竞速。驾驶员永远想象不到，他们当时正在穿过的风景，从莱茵河的甜蜜的果园到顿河的大片草原、西伯利亚的森林，甚至巨大的戈壁沙漠，几十年以后，都将被汽车尾气所笼罩。

如果我们清算所有的伺服机制，从电动搅拌机到电动剃须刀、录像机、立体音响、浴室体重秤、运动器材、电脑、自动铅笔刀、食品加工机，那么清单的长度会让人印象深刻的。根据调查，1953年，美国每个成年人平均有153台可用的电子设备；20年后，数量上升到400台。在一定程度上，家电使生活变得更容易、更愉悦。但是，在购买、维修、使用和考量这些物品方面我们花费了多少时间呢？在什么情况下我们对它们的存在做出的努力多于它们对我们的呢？

艾萨克·阿西莫夫说，人类历史上最伟大的事件是水轮、指南针、印刷机、晶体管的发明。如果“最伟大”的意思是那些最彻底地改变人类生活条件的事件，这个说法是有道理的。但是“最伟大”并不意味着最好。技术发明所带来的变化拓宽了我们的视野，但我们必须为每个发明产品的制造付出代价。我们现在面临的最重要的挑战是学习审视我们想象力成果的利弊。如果我们无法做到这点，模因可能会战胜我们的基因。

## 模因与传媒

如果技术不能与文字并行发展，它就不可能像现在一样发展得那么迅速。知识增长的巨大突破是第一次在人体的记忆之外记录信息。当山顶洞人在石头和骨头上画线代表季节更替时，他们就摆脱了大脑的约束，迈出了伟大的思想解放的第一步。在这一步前，人们都不得不通过演示或口述传递知识；信息只存储在大脑中，如果信息的所有者在传递信息之前去世的话，信息将永远消失。

文字被发明后，所有的人必须学会解码符号，并将信息存储在耐用的材料上以供使用。一旦人们发现用身体之外的符号代表信息的方法，信息就可以开始拟进化了。

从在骨头上刻字、洞窟中画画发展到真正的读写能力，人类发明字符花了数千年的时间。在中东相对成熟的起始阶段，最早的写作方式是记录国王拥有的猪、小麦、小桶和石油桶数量的方法。文字是一个非常势力的东西，是记录富人财富的一种形式。第一本书是无聊的读物，只是交易、合同、库存和收据的清单。在中国，最早的文字是写在乌龟壳上的甲骨文，记录皇帝做出的重要政治决定。

文字的另一个用途是发号施令。统治者把命令写在莎草纸上送给在数百米外执行命令的将军，或者将决定刻在一块石头上以颁布法令。他的权力会大大提高，因为他的意志可以记录在脑外的物质上并传递给很多在很远的地方的人。

然而没过多久，文字被人们用来记录发生在自己生活中的事情。最后，有人发现文字不仅可以写下已经发生的事情，还可以记录可能发生的事情。文字使文学的出现成为可能。与此同时，当文学成为书，便开始被用于支持某种意识形态而反对另一种意识形态。十字军手持《圣经》开战，而穆斯林则拿着《古兰经》。文学的发明当然是人类从现实的限制中解放想象力的巨大一步。但是，文学的进化不一定最好地服务于我们。书产生更多的书，如《伊利亚特》最终产生《滑稽之恋》。

如今，书经历着激烈的生存竞争。每年在美国发行的近十万种书籍正在激烈地争夺书店和图书馆的书架位置。十年之后，这么多卷书中有多少会为人所记、为人所用呢？千分之一？可能没有那么多。即使这些书中的信息很重要，我们也没有那么强的记忆力将它们全部记下来。而且这不仅是书籍的相互竞争，也是所有模因“物种”与其他媒体的生存竞争。激光光盘、录音带或一些可以将信息直接植入大脑的较新的技术产品将取代书，这种可能性似乎不再那么遥不可及。

类似的情况在艺术领域中也存在。直到21世纪初未来主义者发出宣言，人们才开始意识到艺术的历史与进化有相似之处。1913年，易吉·卢索洛曾写道，“音乐的进化与机器倍增是亦步亦趋的”，并声称古典音乐剧全部剧目都让人感觉无聊。“现在，我们发现，比起享受像《英雄进行曲》或者《田园牧歌》这样的音乐，人们更享受电车、人群的说话声组合而成的噪声。”

科林·马丁代尔是艺术心理学家，他最近在研究艺术风格时发现文学、绘画和音乐的冲击值每隔几十年就会稳步上升。每一代诗人必须使用更加生动的意象和更多感人的词汇，否则没人会注意到他们。每年只有几首具有更富于感情的主题或使用更新奇的词语的诗从数以千计的诗中脱颖而出。对厌倦现代审美的观众冲击最大的画作才是有吸引力的画作。值得注意的是，新的模因必须与以前的模因明显不同，吸引注意力的最简单的方法是利用我们由遗传决定的倾向性。性和对死亡的恐惧提供了不竭的艺术主题，但是每当其中的任一主题被体现在艺术作品中时，下一位艺术家为了避免被忽视，不得不创造更加形象的作品。

根据人口普查局的统计，美国有50万名成年人自称为“艺术家”。但其中千分之一的人可能都无法依靠艺术创作谋生。他们的作品中有多少能流传到下一代呢？再者，除少数专家外，我们都没有足够的精力去欣赏或记住很多艺术作品。你能说出多少当代艺术家的名字？如果一个人都回答不出，这也不奇怪。大多数人记得的最后一位艺术家可能是毕加索，因为他们对艺术世界发生的事情并没有强烈的了解需求，毕竟，一个人有那么多的需求。

一般来说，伟大的艺术家的数量是由供给量决定的。也就是说，如果只有少数的伟大艺术家，那是因为很少有人创造出伟大的艺术作品。但更可能的情况是相反的：很多人认为伟大艺术的功能更多的是对注意力的限制。一般人不能了解并记住几个在世画家、音乐家、作家或其他模因的生产者。现在被公认为“伟大”的艺术家必须是家喻户晓的。在过去，如果几个有权的王子或神父赞赏了一位艺术家，这就足以保证他的作品流芳百世。一个民主的文化需要更多的共识，但是这是很难获得的。我们不愿意或者没有足够的精力去欣赏艺术模因，所以伟大的艺术作品很少存在。相比之下，人们集中了大量的注意力在摇滚乐上——所有人都必须看看占报纸最大版面的最新团体，特别是那些针对青年人的。至少在现在，这些模因对意识产生了强大的影响。

即使艺术家可能永远不会成名，至少他可以自由地追求自己的梦想。难道不是吗？嗯，并不完全是。在很大程度上，艺术遵循自己的规律，无关艺术家的愿望。一位当代画家被迫追随最近的艺术风潮创作自己的作品。如果她想被注意到，她的创作不得不体现最新的风格习惯，而且作为原创作品还需要有一些新的突破。数十年前，当抽象表现主义是美国绘画流派中的风格典范时，成千上万的对表现派艺术感兴趣的有天赋的年轻艺术家被他们的老师、同事和评论家惹恼。他们中的大部分人都放弃了。为什么画风像拉斐尔有罪？他们中只有少数人坚持下来，并且在二十世纪七十年代写实主义盛行时期，他们创造的模因才得以流传至今。大概在抽象表现主义在美国取得胜利的同一时期，苏联出现了相反的趋势。一个艺术家必须用写实的方式绘画，自己的作品才能流传下去。艺术家引起的艺术进化揭示了人类以自我为中心的偏见，或者更准确地说，艺术家是艺术作品发展的媒介。

科学家并不比艺术家自由，他们不能随意决定自己要开展的项目。每一位年轻科学家在学科思想演化的某一特定的点开始他或她的职业。如果科学家想要受到重视，如果他想找工作，他就不得不将自己的精力投入用熟悉的理论研究盛行的项目中。所以，一位科学家思想的广度实际上受到体系的限制。即使他使用科学家圈子接受的模因，他的想法仍然可能被忽视直至消失。

只有独立的年轻心理学家可以抵抗在二十世纪四十年代或五十年代的行为或精神，就像这几年进入该领域的最年轻的人会用他们的职业生涯传播模因——认知心理学。招聘广告涉及的领域成为研究生课程中最热门的科目。进入这一领域的年轻人很少有选择权。幸运的是，他或她很少会考虑这个最先进的技术培训是否会在未来十年过时。这并不是科学界的人目光短浅或偏执，其他领域也是如此。当模因成功地掌管了一群人的思想后，现实将变得特别扭曲。我们无力去抵抗这一点，但重要的是我们不应该自欺欺人，认为我们在控制行动，我们要了解绝对的真理。

现在，最普遍的信息交流媒介就是电视。它耗费了我们最多的精力，也吸引了我们最多的注意力。因此，它潜在地丰富、操纵和利用着心灵。因为这个模因不允许人们关注其他事情，所以学会控制它是特别重要的。

电视与其他媒体（如书籍或音乐）竞争。在媒体界，它通过不同的频道和节目努力去吸引观众的注意。这种特性是重要的，因为人们对电视的讨论大多集中在节目之间的差异。一个通俗的论据是，如果我制作了更好的节目，观众的观看体验将会得到改善。这可能是正确的，但研究还表明，观看电视本身具有非常强大和独特的效果，无关何种节目。看电视与读书或听音乐带给人们思想的影响不同，看电视不同于更积极形式的休闲。

世界各地的电视对观众似乎都有以下影响：电视让他们感到非常轻松，但与他们能做的其他活动相比，也会让他们的活力、警觉性、注意力、满意度或者创造力都显著地下降。与此同时，在每个有电视的社会文化中，比起做其他活动，更多的人在休息时间会选择看电视。电视是证明模因侵袭人的思想并在思想中繁殖的一个极好的例子。

电视像毒品一样不考虑主体的利益，最初它提供积极的经验，但是在观众被吸引之后，媒介利用意识而不提供进一步的益处。事实上，研究表明，心情沉重的观众比心情开朗的观众观看电视时间更长，而一个人看电视越多，他的心情就越糟糕。人们认为电视是帮助人类适应环境的工具似乎是不合理的，它不会改善情绪，也不会提高生存机会。所有的电视都是复制自己：屏幕越来越大，像素倍增，情景喜剧产生其他的情景喜剧，谈话节目会演变成演讲节目，在媒介发展的同时消耗我们的精力。

但面对媒体的猛攻我们并不是完全无能为力。能够控制自己意识的人从电视中得到好处，而那些不太能够调整注意力的人会屈服于这个模因。他们的思想停留在屏幕生动的图像上，他们到死也做不了其他事情，只能按按遥控器、看看电视。电视中毒的人往往受教育程度较低、工作不理想、家庭生活不太令人满意，而那些电视看得少的人更加具有批判性和辨别力。他们从媒介中得到他们想要的，控制电视而不是被控制。在这方面，电视提供了一个很好的例子，说明我们与模因的关系。如果我们不付出努力控制模因并将其用于实现我们自己的目标，那么模因就会为它们自己的目的掌控和利用我们。当然，模因不知道它们的目的是什么，但大多数时候我们也不知道我们的目的是什么。

## 观念间的竞争

很多转瞬即逝的想法会像物体一样进化，也会严重地影响我们的生存。十九世纪以前，在法国，平等的想法催生了抵抗压迫的阶级，他们制裁了至少十七万名贵族和其他“人民的敌人”。“雅利安至高无上”的观点证明纳粹灭绝犹太人、吉卜赛人和其他不符合这一想法的人是正确的。从罗马帝国残酷迫害基督徒到现在，模因一直在忙着杀死基因。

政治宪法中的规定提供了一个精准的例子，说明约束人类行为的想法是如何代代相传的。米兰大学的福斯特·马西米尼教授和保利·卡利加里教授分析了一百多个主权国家的所有现存宪法文本，发现所有文本都提出有限的议题，如权力、劳动、财产、信息传播的权利、个人价值观等。宪法中涉及这些问题的模因就像基因上的染色体，根据已定的等级制度制定不同的政治制度，因此在社会主义宪法中与工作有关的权利和责任的想法优先于任何其他想法，而个人自由和财产权利在自由民主国家是主要的模因。

此外，所有宪法都有几个原型，如大宪章、法国人权宣言、美国宪法或1918年的第一部苏维埃宪法。最初，宪法典是人类意向的表达，但是一旦被写下来就成为现实，因为法学家随后将它们应用于新的情况并解释它们的含义。管理人民生活的国家法律是宪法典的扩充。书面文字从什么时候开始超越人民的生活意志了？

如今，人们最容易受到经济、政治或科学模因的干扰，因为经济学、政治学和科学最具有公信力，可以确保提高生活质量。在过去，宗教信仰也具有这种功能，宗教模因长期存在于人的意识中，时而促进时而阻碍进化程度的提高。在犹太教和基督教中，十诫是文化不断发展、塑造人类行为、发挥指导作用的一个例子。

这类指导作用的另一个例子是基督教中“罪”的概念。这七个人的罪恶会导致无尽的诅咒，警告他们要以强大的精神力量约束自己的行为。他们的禁令尽量确保我们不要过多地关注我们自然倾向于追求的目标，例如食物、金钱或性。这样的指导作用在释放用于本能目标的精力方面是非常有用的，但是精力可以被用于追求更复杂的、未知的目标。在这个意义上，基督教和几乎所有其他宗教或伦理哲学都宣传人类应超越本能的需求。当寄生虫渗透到建立在理想化的基督教之上的机构时，问题就出现了。那时，神圣模因的守护者开始利用无尽的诅咒来剥削他们的受众，建立自己的宫殿和欢乐园。

## 模因与唯物主义

消费品包含另一种可迅速繁殖的大量的模因。人类特别容易受到物质模因的干扰，因为我们需要物质模因带来的舒适感。但是正如第三章所述，奢侈商品和炫耀性的消费是物质模因扩张的明显标志。当一个人看着他拥有的物品时，他会认为自己是个大人物。根据考古学家所述，在大约一万年前，我们的祖先制作了第一套手工金属制品——铜胸甲、礼仪用青铜匕首和重项链。这些虽没有什么用处，但是可以让所有者感受到其他人的崇拜，从而产生一种自豪感。很快，人们意识到不断地花费积累的财产去满足自我是多么容易。

由于这一部分原因，几乎所有文化最终都通过了节约法规，以遏制失控的奢侈品开支。1675年，康涅狄格州38名女子因穿着奢华的衣服被捕，30名男子也因穿着丝绸服装被捕。几乎同时，匈牙利规定，下等阶级的人不允许在饭后喝咖啡，也不能在婚礼上被供给馅饼或果仁蛋糕。但是，节约法规不能被坚定地执行。只要人们有办法，他们就可以找到购买任何买得起的奢侈品的方法——他们这样做不是因为奢侈品使他们更快乐，而是因为大脑容易被罕见和昂贵的物品所诱惑。

众所周知，现在的汽车每年都会有细微的变化，但汽车的基本结构是一直保持不变的，因为约在200年前，奥利弗·埃文斯建造了一台5马力的蒸汽发动机，改变这个基本驱动模式是非常难的。这个模因的势头非常强大，设法毁灭人类都比放弃汽车容易得多。极端僵化的基本形式和快速连续的个体变化一般是进化过程的特征。通用或者丰田可以每年推出突显最新电子器件的新车型吗？当然不能。但如果他们停止创新，他们的产品就卖不出去，很快就会被挤出市场。汽车制造商只是汽车模因繁殖的载体。

与其他形式的瘾一样，汽车首先给人愉悦的感觉。汽车让人产生自由和强大的感觉，拥有昂贵的机器让人感到自豪。但是，拥有汽车的想法开始在头脑中占据太多空间。不是我们利用汽车，而是我们开始被它利用。我们担心汽车付款、保养的问题，还有关于保险、损坏、意外事故等问题，很快我们就无法完全掌控意识了。因为汽车在人类心目中找到了丰富的传播媒介，所以汽车业一直保持繁荣。2001年的车型是在2000年的车型的基础上产生的，依此类推，像果蝇繁殖一样千篇一律。

汽车是最适用的技术模因之一，还有一个就是“家”。“当然，住房是生存必备，但是我们所生活的房子更多地与模因的发展有关，而不是与我们对个人的舒适和幸福的追求有关。”在当今美国，开车经过任何富人区都会看到大量的空样板房。在圣地亚哥和洛杉矶之间的沿海公路沿线上有连续不断的房地产开发公司。第一片是数百个完全相同的半木结构的都铎老屋，下一片是一百个传道牧场，紧接着是一百个有刨花板百叶窗的瑞士小屋，然后是一百个南方豪宅……其间有其他建筑，令人印象深刻的有安妮女王酒店、联邦政府、信号塔和后现代的建筑。六层巴黎大道公寓上好看的屋顶窗显得两层楼房过于矮小，还有寡妇们在皇家盐盒式建筑群间散步。为什么人们付出巨大的代价重建老式房屋？为什么20世纪的人想要在这种房子里度过余生呢？

房屋内部的情况也不理想。我们用艺术品填满我们的房子，这些艺术品除了与我们的思想捆绑在一起让我们无法摆脱之外毫无用处。每个家庭的人都会珍惜他们的物品，因为它们使生活更便捷，更重要的是它们的象征意义丰富了生命。祖传下来的老家具、奶奶缝制的被子、从叔叔那里继承的银杯、在蜜月期间购买的一幅画、一些喜欢的书、感觉很好照顾的植物——这些都是让人体验更好的事物。但是不幸的是，我们花费很多的精力购买物品，却得到极少的回报。当然，汽车、相机、立体音响和珠宝等昂贵的物品可以在意识中产生和谐。问题不在于我们珍惜什么样的物品，而在于我们所付出的代价。昂贵的物品有办法控制思想，不是为了使我们更快乐，只是为了繁殖自身。

时尚也像其他模因一样进化。一种穿衣方式或装饰的方法给他人留下印象，然后人们开始放弃自我复制他人。在意大利文艺复兴时期，男人发现，如果他们的鞋子异常长而弯曲向上，其他人就会注意到他们。所以鞋子要比脚长2.5厘米或更长。很快，如果男人想被注意到，就不得不穿比当时流行的还要长的鞋子。每只鞋子都有比自己更长的鞋子。过了一段时间，它们变得如此长而弯曲，以至于必须用绳子固定在膝盖上才能踩进去。头发也是如此，有时男人开始留更长的长发。

模因通过将自己存储在人们的记忆中存活下来，然后通过人类的行为繁殖。古代希腊人制定的民主观念世世代代传递至今，对许多文化都产生了深远的影响。几个世纪以来，民主的意义已经发生了很大的变化——起草美国宪法的人对民主的解释与我们现在的理解大不相同。古希腊的文学随着时间的推移产生了一些怪异的后代，但民主不同于其他如专制或寡头制的文化等位基因。

但我们绝对不能说民主被保存下来并随着时间的推移而变化是因为它提高了雅典人——最初采用民主的人——的遗传适应性。这个想法已经演变得很简单，因为它在很大程度上发现了在人思想里增长的接收性媒介，无论它是否帮助他们繁殖。民主政府形式战胜了如教皇等宗教统治者的神权统治等位基因，现在也胜过了君主制，甚至独裁政权。民主政府形式让我们过得更好了吗？人们希望是这样的，但是我们不能把像民主这样好的想法当成理所当然的。

我们必须记住，一旦模因引起了我们的注意，它就会设法繁殖，不管对人类是否有好处。

模因无论是技术制品还是抽象概念，都像基因一样指示我们行动。我们大部分的精力都用于选择或者繁殖它们。通常我们以为我们做这些事情是出于自己的欲望。在某种意义上，是我们可能想购买最新款的凯迪拉克，留长头发或为民主死亡，但实际上我们有什么选择权吗？只要思想受到与问题相关的模因的影响，我们必定认为是出于自身的利益才选择繁殖它们。

我们很难确定我们是否还是为了我们自己而不停地繁殖模因。彻底弄清楚大脑中的事物和想法是不可能的。但是与其他的幻想来源一样，世界由基因、文化、自我、压迫者、寄生虫和模仿剥削者创造——我们至少可以看清我们的极限，回顾并评估消耗精力的原因。即使我们止步不前，我们也将还给我们的生活一定的自由，我们也会为迎接新的千年做更好的准备。

## 关于“模因与基因”的进一步思考

### 模因的竞争

未来的世界将由我们现在选择关注的想法和事物构成。你有没有想过你正在创造一种世界？例如，你对你选择的国家层面的政治观点满意吗？对地方层面的呢？对你的信仰呢？对你的人际关系呢？

我们习惯性地认为我们选择的东西（汽车、房子、礼服、政客）组成了文化世界，而不是模因。例如，大多数人对于道德价值观的改变或艺术风格的发展都持有宿命论的态度，好像他们对这些事情无能为力一样。然而只有在我们或者我们允许他人改变文化的时候它才会变化。文化塑造人类未来的思维方式。你有没有想要在未来的文化中看到的一些价值观（如家庭价值观、工作价值观、对环境的态度）？你会怎样付诸实践？

**模因与瘾**

模因应该帮助我们改善生活，但是当我们对模因上瘾时，它会使我们与我们的利益背道而驰。两者的界限是很难界定的。例如，“国家”的概念是文化中必要且有益的部分。然而，爱国主义可以很容易地变成民族中心主义和沙文主义，也可以使个体盲目地自我牺牲。有没有一些模因——例如国旗、“母亲”、美元、健康、电视——在你完全不知情的情况下控制着你的行为？

假设你想抵制以下技术工具的不断改进：汽车、运动器材、运动鞋、电视机、个人电脑，你是否能做到？或者你有没有感觉被迫选择这些技术工具的最新版，不管你愿不愿意？

## 模因与传媒

“媒体”一词是“信息媒体”的简称，即传达信息的形式。报纸、广播、电视等都应该通过提供有用的知识来提高人的能力。当你读报纸的时候，是你受益于这些信息，还是报纸从你的阅读中获益？当你看电视的时候，谁在从中获益？是你还是节目的赞助商？

媒体通常增强其所有者的能力，因为向人们传递模因将有利于增加模因所有者的利益，如电视网络传播赞助商需要推销的产品的广告。你在与你利益相冲突的模因上消耗了多少精力？

## 观念间的竞争

我们从生活的社会环境中吸取观点和信念。例如，我们关于人类权利的观点主要是基于这个国家宪法规定的行为标准。随着时间的推移，权利的概念已经延伸到原本宪法没有涵盖的各种群体和行为，这些关于人权的新观念从哪里来？

公众舆论一般在最重要的问题上产生分歧。比如关于堕胎、关于权利、关于美国干预战争甚至关于进化的问题，这些都引起了激烈的争论。在决定支持哪一方之前，以下哪方面对你影响最大？（1）基本道德准则；（2）经验证据；（3）理性逻辑；（4）证据来源的可信度。

## 模因与唯物主义

大多数人认为，如果他们可以一夜暴富，比如彩票中奖1亿美元，他们会很开心。实际上，那些经历这种“幸运”的人往往会遇到各种各样意想不到的问题，除非他们已经对自己的生活有了很强的控制力，否则他们往往会比以前过得更糟糕。假设你的净资产增加了100倍，你的生活的哪些部分会改善？哪些部分会受损？

当被问及赚多少钱才能算资金优裕时，一般人都会说现收入的两倍。没有人相信，即使收入低于目前的水平也可能过得舒适。如果是你的话，你的收入减少25%，你可以过得舒适吗？如果减少一半呢？如果不能，为什么？

# 第二部分

# 未来的力量

除非世界掌控在我们手中，否则进化过程将受残酷的随机性继续支配下去，这个随机性完全漠视人类的梦想和欲望。如果人类在下一个千年的中心工作是致力于控制进化的方向，那么在开始这项任务之前，我们需要更好地了解进化所需。

# 第六章　引导进化

据我们目前所知，生命进化进程没有任何规划。通常数十亿个大小事件随机交叉编织成现在约束我们的因果关系链。小行星撞击地球、火山、冰河时代，甚至是爱吃恐龙蛋的小地鼠都曾潜移默化地改变我们所生活的这个世界。

而现在，我们突然意识到，除非世界掌控在我们手中，否则这些变化过程将受残酷的随机性继续支配下去，这个随机性完全漠视人类的梦想和欲望。这好比飞机飞离地面几千米时，乘客被惊恐地告知飞行员从驾驶舱神秘地消失了一样，我们知道我们必须设法控制住飞机，否则这次旅程将以灾难告终。但在燃料耗尽之前，我们能征服无知和恐惧吗？

如果人类在下一个千年的中心工作是致力于控制进化的方向，可能会因为无视自己面临的需求，或是恐慌的过度反应，导致如同20世纪初期的纳粹分子和20世纪末期的塞尔维亚人进行的种族主义社会进化，造成无法挽回的损失。

在开始这项任务之前，我们需要更好地了解进化所需。前面的章节已经探讨了进化过程是如何影响我们的思维和感受的。我们已经了解到文化模因如何支持和威胁我们的生存。现在我们将前几章的分散例子汇集在一起更加细致地研究进化过程的实际运作方式。当然，这不可能有彻底、详细的解释。我们甚至不能对几十年前发生的事件有准确的认识——谁杀了约翰·肯尼迪？大萧条可以避免吗？所以期望精确地重建数百万年间累积变化形成的现状是不可能的。

但是，虽然许多具体细节已经不复存在了，但整体进化机制变得越来越清晰。为了提出与我们的未来有关的问题，我们必须清楚这些一般原理，然后制定合理的计划来面对问题。

## 进化的原理

在传统意义上，进化描述了活体物种繁殖、变化和死亡的方式。然而，最近人们意识到很难确定活体的定义。病毒是活体吗？石英晶体呢？科学家们通常认为任何可以自我复制的事物都是活着的，石英晶体是自我复制的。“虚拟蚂蚁”[①]（虚拟蚂蚁在计算机仿真地形上爬行）是活体吗？屏幕上繁忙的小动物学习各种惊人的技巧以便在属于它们的环境中生存，这也被认为是活着的一个确切标志。

---

① 利维描述的新型人造生物（Levy，1992）。

很明显，为了了解进化的未来，我们必须扩展我们对事物定义的知识，从而解释毛茸茸的野兽、有羽毛的鸟、艾滋病病毒和郁金香球茎之外的事物。不管怎样，生物体的定义也必须包括晶体和模因——只存在于我们的大脑并且可以自我繁殖的物品、符号还有观念。从进化的角度来看，“生物体”可以被定义为相关部分需要输入能量维持生命的任意系统。植物需要从太阳获取能量，否则会腐化成它们的组成分子。狮子需要从猎物中获取蛋白质所含的能量。美元需要受到关注——只有让数百万人对美元有信心和渴望，美元才能继续存在。如果它不再引起我们的注意，金钱充其量只能在博物馆陈列，就像灭绝的恐龙一样。最糟糕的情况是将美元全部撕碎并扔掉。

利用这些扩展的定义，我们可以说明进化的第一个原则如下：每个生物体通常保持其自我形态并进行复制，完成这个过程的方式具体取决于所涉及的生物体。晶体通过分子键连在一起。哺乳动物的身体由惊人的复杂的化学力量以及遗传基因编程的自我保护指令（本能）组合在一起。一首动人的歌曲被人传唱是因为它的调子是由相互关联的令我们耳朵愉悦的音节间隔组成。人类通过性行为复制他们的生物形态，通过尝试传播他们的价值观和信仰复制他们的心理形态。歌曲通过在作曲家心中启发相似的曲调来复制它们的形态。

当然，第一个原则有些赘述，因为如果一个生物没有保持其形态，它将不再是一个生物体。这种情况下说明这一点的杂讯中突出的信号束是有必要的：宇宙是由神秘力量保持组合在一起的。星系和原子、物种和个人、国家和家庭、文明和艺术品都具有独特的永恒不变的特性。如果不是这样的话，可能就没有进化。任何人都可以回答为什么生物体处在第一位这个问题。科学可以很好地描述一束细胞如何结合起来创造一个变形虫或癣，但是一些细胞被其他细胞吸引的原因，细胞组合在永恒系统的原因仍是一个谜，尽管我们了解原子键、重力和电磁现象。无论如何，由于生物体存在并进化，所以继续观察生物体的行为是合乎逻辑的。

进化的第一原则——岩石会保持岩石的形态，歌曲保持音乐的形态——似乎与最基本的物理学原理，即著名的热力学第二定律相矛盾。根据这一定律，每个系统会变得更简单：山脉变成沙漠、平原，燃烧的星星冻结，伟大的天才变成无关紧要的灰烬。为了使自己保持有序的状态，系统需要能量。但能量不是创造出来的而是分散得来的。因此，随着时间的推移，每一种模式都会分解得混乱：达·芬奇伟大的壁画《最后的晚餐》褪色成胡乱的彩色斑点，帕特农神庙粉碎成灰烬，伟大的宗教观念和哲学见解堕落成庸俗的意识形态。熵——秩序分解成冗余的随机性——是我们所知道的宇宙最可靠的特征之一。

在这种背景下，我们有必要提出第二个进化原则。进化的第二个原则是：为了生存和繁殖，生物体需要输入外部能量。只有找到预防熵的方法，生物体才能存在，而这种自我保护需要利用一些外界的能量来保持自身长久的完整性。在某种意义上，所有的生物都是寄生虫，因为它们依赖其他生物的能量生存。例如，人类食用植物和动物，以获得我们身体所需的卡路里。一些物种——包括我们，不仅仅是寄生虫——也以共生的方式提高其他生物体的存活率。例如，我们把能源用于保护荒野地区、草坪和观赏植物、宠物和家畜。我们这样做不是为了已有的生物体，而是为了我们自己，避免我们的物种被认为是纯粹的寄生虫。

当然，人类也在文化的创造和进化中投入了大量的精力，这是我们的骄傲和荣耀。因为如果我们的祖先没有将自己的一部分生命投入到歌曲、机器、绘画和文学中，就寄生而言，我们作为一个物种的身份不会远远高于水蛭。整个世界的文化遗产或模因，是因为我们已经投入了我们的一部分能量才得以存在。

进化的第三个原则来自前两个原则：每个生物将尽可能多地从环境中获取能量，直到威胁到它的完整性。如果每一个生物体进行自我维持和繁衍都确实需要能量，那么这个结论是不可避免的。第三个原则指，在不生病或不发胖（如果发胖威胁我们的自我概念）的前提下，我们尽可能地多吃；在不被解雇或逮捕的前提下，我们尽可能地多赚钱；在不失颜面或表现得体的前提下，我们都尽可能多地获得爱和尊重。因为模因存在于我们的大脑，它们生存与繁殖所需的能量来自我们的注意力，这也是它们所争取的。因此，一首歌的曲调往往不同于其他歌曲，并使我们沉迷于此。物品也争夺我们的注意力，并尽可能多地吸引我们的关注。诱人的软件是一种吸引用户持续使用的计算机程序。某种品牌的自行车如果不能刺激潜在顾客的购买欲就会停产。

有些人可能反对说，一首流行的歌曲和一种销售多年的自行车与一个想要生存和成功的人是没法比较的。人是有意识的，可以努力克服挫折和遭受的失败。歌曲和自行车只能忍受，不对任何事物抱希望，不与其他歌曲和自行车竞争。虽然人类和物体之间的这些差异非常明显，但这在很大程度上与进化问题无关。在生存的法庭上，人类、歌曲和自行车都是平等的：它们需要某种形式的能量来维持生存，当这种能量耗尽时，它们也会消失。

我们与其他生物之间的一个重要区别就是我们不仅要保持身体的完整性，而且要保持自我的完整性。这就意味着，如果一个人的自我建立在物质所有权或权力之上，那么这个人就会试图控制比其生物系统生存所需更多的能量。反之，如果自我建立在人道主义或利他主义之上，那么这个人可能需要比其生物驱动所需更少的能量。

目前为止讨论的三个原则与进化没有直接关联。前三个原则只是明确了生物体的定义并细化生物体生存的条件，为描述进化动力的第四个原则做准备。第四个原则是：能够成功地从环境中提取更多能量供自己使用的生物体往往会活得更长，而且能繁殖得更多。

这是对进化的基本设想。如果一只鸟出生时发生遗传突变，喙变得更大（鸟使用较大的喙能更容易地啄开种子），那么这只鸟就有机会比喙较小的鸟类活得更舒适，它将有机会拥有更多的后代，继承更大的喙的后代又会有更多的后代，直到几代之后，大喙物种进化成一种新的优良物种。

武器、汽车模型、科学理论和其他物种的发展也是一样的。在某种意义上，新形式除了能繁殖相对更多的后代之外，可能不比旧的“更好”，但这意味着新形式更成功地适应环境，能够从环境中获取更多的能量。最引人注意的汽车或武器可能会长久生产，繁殖最多的后代。如果一个理论吸引了许多科学家的注意，在众多理论中被优先使用且以其为基础发展未来的理论，那这个理论是成功的。即使科学家利用这个理论创造了一个摧毁地球上所有生命的爆炸物，理论的成功也不会减少——直到大爆炸以前，这个理论仍然优于其他理论。

这个想法引出第五个重要原则：当生物体能非常成功地从栖息地中获取能量时，它们可能会在获取能量的过程中毁灭栖息地和它们自己。进化只是暂时的成功：昨天的获胜者很容易成为今天的失败者。因为很少有生物体能克制占有更多能量的欲望，获得越多的能量越好似乎是通用规则，除非找到限制其欲望的方法，一个人或一个群体很容易耗尽其栖息地的资源。

人类对赖以生存的环境造成的破坏从未像现在这样严重。首先，没有任何物种在转化能源方面取得一点成功，无论是把牛肉变成蛋白质，把煤和石油变成电能，还是把森林变成木材，这都是物质最基本的能量变成了核能。

其次，我们从未打算停止消费，也就是说，只要我们不会挨饿或受冻，我们将继续使用自然资源，以证明我们的强大或者取悦我们自己（美国在休闲方面至少消耗7%的能量）。越来越少的人能够在没有游艇或快艇、雪地车或者电视录像机的情况下享受生活。

最后，技术和民主结合在一起使消费发展到空前绝后的规模。历史上总是有强大的人沉迷于纸醉金迷的生活。在十三世纪，喜欢狩猎的霍亨斯陶芬家族的皇帝弗雷德里克二世在意大利南部一座小山的顶端有一座壮观的石头城堡。这里是他最喜欢的驯鹰的地方。不幸的是，他的鹰总是在附近的森林中迷路，所以弗雷德里克把城堡周围二十公里的树木都砍倒了。即使在今天，德尔蒙城堡也壮丽地孤立在一片石漠中。从早期的法老到约瑟夫·斯大林，强大的人对生态环境的麻木程度是惊人的，因为他们通过将自然变成毫无生气的纪念碑来证明他们膨胀的自我形象。现在越来越多的人可以放纵自己沉溺于对物品的需求，而且需求数量超过他们的野心范围。

基于以上原则得出第六个原则：进化中有两个对立的趋势：导致和谐的变化（即通过合作、利用未使用或浪费的能量获得能量的能力）；导致熵的变化（为了某人的目的，剥削其他生物体，导致冲突和混乱，从而获得能量的方法）。

在给定的情形下，我们很难判断哪个趋势占主导地位。这两个趋势经常同时存在。饲养牛会导致和谐或熵吗？畜牧业有助于和谐，因为它减少了人类狩猎和掠夺其他族群食物的需要，并且增加了人类的财富，使其他合作和发展成为可能。但也有人认为，畜牧业残酷地剥削了奶牛，破坏了热带雨林，因此这个进化过程没有促进和谐反而增加了冲突。也许随着时间的推移，这个答案也会改变。狩猎水牛是草原印第安人适宜的进步，但是当白人定居者为了体育运动猎捕水牛时，它就成为熵的表现。

纳粹分子声称屠杀犹太人和吉卜赛人是为了迎接更美好、更和谐的世界，对于这个说法人们又怎么看呢？确实，每一个犯罪分子都会为自己的行为辩护，称无论多么令人发指的行为都出于一个积极的动机。

但这是否意味着我们应该放弃区分行为的破坏力？我们不能忽视人类行为的影响，即使这意味着得出矛盾的结论，例如令人钦佩的弗雷德里克二世，虽然建造了一座城堡，丰富了我们的建筑美学概念，但也应该为他对自然的肆意破坏负责。

对于纳粹而言，很明显，他们的社会方案是如此彻底地基于熵——建立在暴力、冲突和剥夺人权之上——他们制造的熵是不管建立多少社会秩序都无法弥补的。

进化的最后一个原则是：和谐通常是通过进化的变化来实现的，这些变化涉及生物体复杂性的增加，即分化和整合的增加。

分化是指系统（如大脑、个人、家庭、公司、文化或整个人类）由结构或功能不同的部分组成。整合是指不同部分沟通从而达到彼此的目标。一个系统比另一个系统有更多的分化和整合就意味着它更复杂。例如，一个人的分化是指他或她有很多不同的兴趣、能力和目标；他或她整合已存在的不同的目标、想法、感受和行为达成和谐的状态。只有分化的人才可能成为天才，但可能受内心的矛盾之苦。只有整合的人才可能体会到内心的平和，但可能无法为文化发展做出贡献。同样，分化的家庭允许父母和子女表达其独特个性；整合家庭的成员通过关心和相互支持联系在一起。只有分化的家庭会混乱，只有整合的家庭会让人感到压抑。在任何分析层面上，复杂性都包含分化和整合的最理想的发展状态。

许多思想家提出复杂性是进化发展的方向。确实，随着时间的推移，分子会变得越来越复杂，单细胞之后是多细胞生物，更简单的生物之后是具有较大大脑的生物，由更分裂和更小地方的习俗发展成国家甚至世界的信仰。然而，这并不是复杂性发展的唯一结果。更简单的形式也会利用更分化的形式。每一个复杂的生物体都会产生新的寄生虫，就像最近的历史提醒我们，强大的帝国可以分解成小国家。复杂性是必然的进化过程中不必要的方向[①]，但是进化必须向着一个宜居的未来走去。

## 复杂性的本质

大家很容易对我在这里使用的复杂性的概念产生误解。例如，复杂性通常被认为是“复杂的”的同义词。通常，当我们称某事复杂的时候，是因为事情难以解决，不可预测，令人产生困惑。事实上，这些事物的特征有分化但不完全整合，因此缺乏复杂性。一个复杂的系统不会令人困惑，因为它的部分无论多么多样化，都是有机的且相互关联的。

复杂性的概念可以被有效地应用于许多不同层次。最初是为了描述活生物而产生的。因为活生物具有特殊的内脏器官和复杂的功能，我们可以说螃蟹比海绵更复杂。但是，这个概念可以轻易地被应用到更广泛的领域，从分子到机器，从电视节目到政治系统。有时尺寸反映复杂性：更大的生物看起来更复杂，但这不是事实。大象在生物学上并不比老鼠复杂得多，而

① 科学的一个基本原理（包括心理学）是研究事物的本质，而不是事物应该是什么。换句话说，价值观在科学调查中没有任何意义。但在我看来，这个原则只适用于对事实的描述，不适用于解释事实。例如，癌症生物学家在研究细胞的作用时应该保持完全客观，但是，一旦他确定哪个是放毒细胞，哪个是身体的天然保护者，他就会对这两个细胞采取不同的态度，试图寻找消除前者并加强后者的方法。类似的价值偏见在人类科学中更是无法避免。

高楼大厦也不一定比弗兰克·劳埃德·赖特的家更复杂。苏联不管疆域多辽阔都不是一个复杂的社会，它单一的中央管理和意识形态扼杀了个人的首创精神和多样性，分化的不足造成了苏联的解体。相反，美国是高度分化的。对其复杂性的威胁来自相反的方向——对共同价值观和行为准则的侵蚀，缺乏整合的社会也可能走向瓦解。

复杂性之所以是进化的核心原则是因为当两个生物体争夺能量时，更复杂的生理或行为指令具有更大的优势。假设你要买相机，你可能会喜欢与其他可选择的款式相比更加与众不同的性能（分化）组合在一起运作得很好（整合）且它更易于使用的款式，其他客户可能也会有相同的偏好。因此，相机之间的竞争将缓慢地消除更简单的款式，从而导致企业生产大量具有更多特征并且更易于使用的款式。在这个意义上，久而久之，人们选择了复杂性，甚至可以说我们被迫接受了复杂性。

但是，如前所述，复杂性不是每一次都赢。进化过程看起来非常不稳定，充满了错误的开始和临时的逆转。例如，在冰河时代，许多复杂的物种消失了，具有耐寒性的简单生物反而蓬勃发展。在人类历史上，这种逆转更为常见。人们自由发展个性，通过共同目标和价值观团结在一起，这样短暂的时期通常导致混乱与动荡的“黑暗时代”。如果雅典人可以选择生活在公元前5世纪或公元5世纪，很少会有人选择后者。如果可以的话，比起1400年，有些人更愿意活在1000年或1800年的佛罗伦萨。正因为复杂性不是自动且必然地占上风，所以我们需要承担塑造未来的责任。每过10年，我们的行动在决定和谐还是混乱占优势方面的影响力变得越来越大。

复杂性为预定进化方向提供了基准，但是几乎没有说明书教我们如何提高日常生活中的复杂性。竞争选项叫嚷着吸引人们的注意力，每个都声称对我们最有利。四个参议院候选人中哪一个看起来能为我们的生活提供最复杂的平台？哪个电视节目可能会提供最复杂的信息？哪篇新闻能提供最复杂的资讯？一些车型比其他车型更复杂，因为它们具有更独特的组件，而组件组合在一起就能表现出良好的性能。某些餐厅比其他餐厅更复杂，因为它们提供独特的菜肴，这些菜肴抑或巧妙地融合了多种口味，抑或增添了有趣且和谐的装饰。识别日常生活中的复杂性是一个挑战，提高识别复杂性的能力可以在我们做抉择时帮助我们挑选出有益于加快进化进程的选项。

## 道德与进化

选择更复杂的汽车或餐馆需要我们对它们进行比较并判断选择“正确”还是“错误”。道德选择通常也涉及复杂性。我们认为的正确的选择会带来和谐，错误的选择会引起混乱和困惑。

在每一个人类群体中，有关正确与错误的概念一直都是文化的核心定义之一。道德守则变得尤为重要，因为在人类摆脱对本能的完全依赖的过程中，进化使得我们有可能做出恶意行为，即统治仅依靠本能生存的生物。因此，每一个社会系统都必须发展模因来保持群体内部的和谐，这是基因所不能提供的。这些模因构成了道德体系，这些模式是人类在进化进程中做出的最成功的尝试。

但是从十九世纪开始，人类制度盛行起来，至少知识界认为每种文化的道德体系的不同是完全相对的、任意的。社会科学开始“揭露”人类制度，人们认为道德体系是历史发展的产物，更有甚者认为道德体系是有权人为了控制其他人而故意耍的骗人把戏。

每一种文化都有是非观，一种文化的是非观从其他文化的角度去看可能是奇怪的。例如，为什么印度中部的男人认为在他们的父亲去世后的第二天吃鸡肉比打妻子更糟糕？为什么天主教徒认为在星期五吃肉是罪恶的？但是透过文化背后特殊的信仰去看的话，这些事情就变得合理且易于理解了。例如，天主教徒为了哀悼耶稣之死，不在星期五吃肉。

令人惊奇的是，世界上主要的道德制度都认为“好”是人类的意识达成和谐的成果，即“负熵”，反过来会导致更高层次的复杂。例如，佛教徒认为每个人在一生中会遇到一次或多次“十个世界”；这些世界的等级很分明，所以更加依赖本能、依照基因指令的人处于最底层；更好地控制意识的人处于最顶层。处在六个底层世界被七情六欲所困的人永远不会有潜力，所以被责罚一直依靠外部力量存活；只有处于“四大世界”的人才能实现人的价值，这些人修炼、圆寂、成为菩萨（以施与他人同情和帮助而闻名），最后成为佛，达到绝对自由的状态，参悟最终真理。这种佛教等级是建立在人类向着理想方向发展的假设之上，无论是分化方面（即通过加强对冲动和欲望的控制来抵抗基因和社会的决定作用），还是整合方面（即怜悯、利他主义，最后将难得的个性与宇宙的和谐融合在一起）。

尽管重点不同，用于说明是非的比喻也有所不同，但世界上伟大的道德体系与佛教在根本上是一致的。波斯的索罗亚斯德教徒、印度教徒、基督教徒和穆斯林都认同并支持复杂性的概念——通过研究历史可以揭开神秘的“玛雅的面纱”，从而了解信条之间的差异。不幸的是，大多数宗教人士都被文化幻想所困扰，认为他们的道德体系是正确的。之所以正确并不是因为它真实地反映了普遍的和谐，而是因为它是基督教、伊斯兰教或印度教的道德体系。换句话说，他们陷入了佛教所指的下层世界，误认为他们信仰的偶然因素是必要因素。

当代心理学的发展程度远远超出了传统宗教的这些见解。人类发展的模式仍然强调摆脱本能反应，从自私发展到符合社会标准，然后从极度的自我最终发展到自治个体的最高级别，将他或她的利益与更多人的利益相调和。这种模式符合亚伯拉罕·马斯洛的“需求层次理论”、简·洛维格的“自我发展”理论、劳伦斯·科尔伯格的“道德发展论”、乔治·威兰特的“防御等级理论”，以及关于人们如何培养更复杂的自我的许多其他理论。在每种情况下，进步意味着从基因指令中解放自我，然后摆脱文化束缚，最后挣脱自我欲望。

所有的道德系统——宗教或心理——都是通过影响人们的思想和行为来引导进化从过去走向未来的一种努力。过去代表着本能决定论、传统的重要性和自我的欲望，通常是更加强大的。未来代表着更自由，更富有同情心，超过现实的生活，更符合我们需求的理想生活，必定是更加微弱的，因为它是一种抽象的、理想的愿景。任何有希望的、新的和富有创造性的事物都比真实的事物更加短暂。现实主义者会嘲笑那些将精力投入到虚无缥缈事物上的理想主义者，因为现实主义者知道他处理的事物的具象和现状。没有现实主义者，我们无法生存。但是，如果没有将生命能量投入到更具挑战性的目标中的人，我们就无法进化。

如果我们打算向更复杂的方向进化，我们必须找到适当的道德准则来指导我们做抉择。这个道德准则应该包含受到未来启发的传统的智慧，应该具体说明在实现社会和环境最佳和谐状态的前提下个体发挥最大潜力的权利。下一节将会清楚地说明，这种准则的发展是不容易达到的。

## 控制人口

或许我们的物种现在面临的最迫切的道德选择和过去一样，是资源配置。目前这个问题的一方面是人口过剩，另一方面是日益扩大的贫富差距，还有我们对自然生存环境的破坏。所有这些问题的关键在于是否以及如何控制未来生物体的数量和质量。面对这样一个两难的局面，在最大限度地保障人身自由和社会和谐的前提下实行道德准则变得非常困难。

大多数人质疑直接干预自然平衡的想法。人类强取自然选择的权利之后，在帮助其他生物体繁殖的同时逐渐淘汰了一些生物的后代。就动物和植物而言，我们当然习惯了从植物的耕种阶段和动物的生育阶段开始进行干预。人们的生活节奏也在逐年加快。基因工程虽然只进行了短短几十年，但是我们可以开始想象，当技术成熟时，它会取代我们的地位。然而，更可怕的是对人类进行优生的想法——由一些人决定什么样的人可以生存和繁殖，什么样的人不可以。

人类以一种隐晦的半知半觉的方式在整个历史进程中实行优生。一个部落或国家竭尽全力灭绝另一个部落或国家的行为可以被看作其负面形式，种族灭绝不是现代发明。历史实例证明纳粹主义可能没有种族隔离的观念，但都是出于同样强大的刻板印象和迷信。成吉思汗和帖木儿的部队并不后悔解剖数十万的非蒙古人，因为他们不能相信那些与他们食用不同母乳的人也是人。入侵北美的欧洲人认为射杀没有受过洗礼的土著人民是合理的。几百年前在新西兰灭绝当地人的毛利人现在要求得到保护，免遭白种人殖民主义的蹂躏。同样，在美国西南部，征服中美洲的西班牙人的后裔已经成为当地“土著民”，他们对英美侵略者提出了各种要求。

灭绝种族绝不是历史上实行优生的唯一形式。强奸萨宾妇女是令人痛心的，且这绝对不是表现优生另一方面的异常例子：一些人以牺牲他人为代价进行大量的繁殖。传说，当罗马开始成为一个强大而繁荣的居住地时，许多邻国部落的具有冒险精神的年轻人来到罗马，但是其中的妇女很少。所以有一段时间，罗马人开了一个大派对，邀请从萨宾山前往东部的贸易伙伴参加。在狂欢之后，罗马人与萨宾妇女发生关系，最终生下半罗马血统的孩子。细节可能有所不同，但这种故事一定在人类历史上上演过无数次。

更直接地说，优生关系到生育的权利。谁有再现他或她的染色体中的信息并永久流传下去的权利？当今社会普遍的共识是，每个人都有权生孩子。我们看到死囚犯的女朋友抗议国家侵犯了罪犯的育婴权利，以及集体诉讼国家对智障人士生育权利的限制。但这些理所当然的权利是基于什么存在的呢？这是一个自然的权利，是生存的必要条件，还是社会规定的包含责任和权利的社会契约？

相信自然界中每一个成熟的个体都拥有繁殖后代的权利肯定与事实相矛盾。一个人是否能生育不仅仅是由其对子女的渴望或做父母的权利决定的，更是由生态系统的承载能力还有群居物种的群体需求决定的。在许多哺乳动物中，只有处于主导地位的动物才有交配的权利。在灵长类动物中，雄性动物往往被迫独居。虽然大多数雌性动物都生孩子，但是次优母亲的婴儿往往会在不同年龄段死于其他雌性动物手中。这种行为并不是凶残的，而是由于群体需要找到一种方法来确保其在危险环境中的生存能力。

出于同样的原因，我们所知道的每个人类群体都已经找到方法限制那些没有资源和能力为其子女保障后代的成年人的生育权，通常是通过限制婚姻[①]来实施的。世界各地不同的风俗要求新人的家庭在他们结婚前投入一定量的资金作为聘礼或嫁妆，这并不是古老而专制的传统，而是人们为了解决照顾孩子的问题而想出来的办法。“没有牛就没有孩子”是大多数人类

---

① 在西非就有这样的例子。人类学家罗伯特·列维写道：“对于一个年轻人来说，他的结婚时间是不确定的。结婚时间取决于他的家庭的财富，他的父亲是否允许他使用牛……富有且幸运的年轻人可能会在二十岁的时候结婚，而不幸的人必须推迟，直到他们通过自己的努力来增加聘礼，通常直到三十岁或更晚才能结婚。”

社会的隐形规则。如果一对夫妻不能延续自己的家族就不能结婚，这是社会预防父母无法为自己孩子的后代提供保障而做出的举措。年轻夫妻一般不能负担所需的嫁妆或聘礼，所以这段婚姻必须由他们的长辈为他们作担保，保证这段婚姻的后代不会成为社会的负担。

一夫一妻制是世界上最广泛的婚姻形式，它进一步对那些不能利用足够资源支持其后代的男子以及与他们一起生活的妇女们进行了生育限制。现在，在欧洲和美国，没有财产的男性养育后代的机会更少；没有土地的年轻男性往往无法结婚，找不到丈夫供养的妇女就变成老姑娘，在姐妹的家庭里帮忙。

目前，弱势群体的发言人对于任何限制穷人生育的建议表示不满，并且指控这种做法会造成更严重的种族灭绝。评论家谴责我们社会的种族主义和资本主义的本质。然而，就人类而言，每一个大陆的任何文化都尝试过生殖限制。如果没有规定儿童由父母负责的话，我们很难想象社会怎么存在。

根据复杂性来检验道德规范是一个很大的问题。显然，财产、种族甚至健康都不能被视为增加或减少生殖机会的标准，但是似乎有必要进行某种形式的控制。在这种情况下，如何达到个人权利和社会和谐的最优态？这个答案可能超出了我们现阶段的知识。然而，如果足够多的人意识到进化的方向掌握在他们手中，并努力追求复杂性，在未来肯定会找到一个合适的答案。

## 有效模仿：对模因繁殖的限制

如果我们想要开始控制进化的方向，那么我们不能只关心基因。技术、生活方式、观念和信念都会消耗能量，从而对人类的生存产生影响。当然，大部分历史都在质疑传播的观点。不同宗教、政治制度、民族、价值观和哲学之间的斗争，都是观点在争夺我们大脑空间的例子。所以可以这么说：人们没有意识到自己深陷模仿。

如果我们一直实行有效模仿，我们首先会意识到我们使用的物体和我们思考的想法并不是没有成本的。一旦我们开始使用物体就需要开始消耗能量来塑造我们的心灵、指导我们的行为。例如，核反应堆是强大的工具，人们以牺牲未来子孙为代价寻找安全处置放射性废物的方法；人们也容易因核反应堆受到恐怖主义的威胁，就像塞尔维亚民兵威胁西欧国家如果干涉波斯尼亚内战的话就将对他们的核设备进行攻击一样。意识到事物和思想如何轻易地消耗人的生命能量是控制模因进化的最初步骤。

接下来我要尝试评估有疑问的模因的复杂性，以及它们可能增加的复杂性。学习做到这些需要时间，因此我们最好从最简单和琐碎的情况开始。让我们假设，当你坐在医生的候诊室审视周围，看到桌上有两本杂志，一本是典型的名人八卦，另一本是自然杂志。你没有其他事情可做，在医生给你看病之前你有几分钟可以打发，你伸出手拿一本杂志。你会选择哪一本？你可以随意选择，或者选择离得最近的一本，或者选择位于上方的，或者你可以选择封面最花哨的，或者选择看起来最令人兴奋的。

但是，在做出这样的选择之前，你最好问自己一些问题：其中一本会比另外一本给我带来更复杂的经验吗？换句话说，比起一本杂志，我能从另一本杂志中学习更多新的（分化）知识，增加我的经验（整合）吗？八卦杂志可能会绘声绘色地报道关于摇滚明星和演艺新星的新闻，知道他们的情感纠纷可能会帮助你更好地了解自己的情感生活，但你只是学习重复冗余的东西——几个同样的基本肥皂剧元素，所以学习意愿不会太强烈。自然杂志可能会告诉你蜘蛛和鲸鱼的习性，也许你可以从中学习到值得记住的东西。你也可以从学习的信息中获得更深入的理解。那么哪本杂志可能会提供更复杂的经验呢？对于大多数人来说，答案是自然杂志，但不能概括地得出结论——这个答案取决于一时之需、长期目标和所涉人员的利益。重要的是我们面对日常的典型选择时，需要培养选择使生活更加和谐的选项的能力。

如果在小事情上没有这样做，那么当赌注更高的时候再学习为模因进化提供整合的方向是很困难的。我们经常需要做出很重要的决定，比如与哪个人结婚、要做什么工作。我们的选择有时是最好的选择，有时是不够好的。如果由外在力量决定我们的行动，那么我们为进化做的努力是不稳定的。当“玛雅的面纱”隐瞒现实时，我们采取的行动可能不会达到和谐反倒增加熵。

所以决定模因进化方向的第三步就是对各种选择的相对复杂性进行评估。通过阅读更复杂的杂志、进行更复杂的对话、为具有更复杂性的平台的候选人投票、学习更复杂的技能、选择更复杂的休闲活动、信奉更复杂的宗教，一个人可以致力于创造更加复杂的未来，在将熵降到最低的同时为人类命运增添和谐。

重要的是要记住，每次我们把注意力集中在一个观念、一个书面的文字、一个奇观中，每次我们购买产品，每次我们以信仰行事，都在以微弱的方式改变未来。我们的孩子和他们的孩子将会生活在我们每分每秒使用精神能量做出的选择创造的世界里。不仅是我们帮助通过的法律、发动的战争、创造的塑造未来的伟大的发明和艺术作品，还有我们的思维和行为的小习惯，包括我们与孩子交谈的方式、度过闲暇时间的方式、是否增加对有限资源的消耗或者是否能在更少的浪费范围内找到理想的生活方式，这些小小的选择、这些微不足道的决定，从长远来看，与拿破仑发动的所有战争一样重要。

但是，当你对精力已经有这么大的需求时，为什么还要致力于建设更加和谐的未来？毕竟，我们的遗传程序在我们的祖先有意识之前就已经设定好了，我们竭尽一切努力复制我们的基因。这绝对不是一个微不足道的问题，对许多人来说，这可能是令人满意的生存计划。然而，还有许多人的生存和繁殖的目标不足。对于这些人来说，有意识地进化的可能性是一个非常有吸引力的命题。

如果必须计算一个人做出的选择有多么复杂，那么我们会将所有事情都变成令人厌烦的簿记差事。学习引导进化没必要成为会计师，或像严肃的牧师一样权衡每个行为。事实恰恰相反。的确，最初学习评估每个选择对全球和谐的影响可能是一个困难的过程，但是一旦学会了，它就能成为一种解放的技巧。根据其提供的行动准则，人们可以没有怀疑和遗憾，下更大的决心去行动。

在武术这种富有挑战性的训练中，个体必须慢慢实践，直到很好地掌握技巧，可以在需要时不假思索地立即采取行动，同样，投入于复杂性中可以使一个人毫无顾虑地轻松解决生活中的难题。有一句古老的意大利谚语——学习艺术，忘记艺术——可以指导进化，就像指导其他困难的事情一样。掌握了识别和谐选项的技巧之后，这项技巧将会成为第二本能，人们自然地做出决定，久而久之会变得更加博学。例如，早期的儒家思想认为，严格遵守纪律的习惯最终会带来完全的行动自由，圣人能够摆脱欲望的束缚，遵循自己的性情。因此，仁者修行不用刻意地努力，圣人修行不用奋斗。

但要成为“仁者”（指可以满足他或她的人性的人）或圣

人需要长时间的训练，理解如何选择最和谐的替代品——这就是中国人所讲的“修行”。因为圣人通过磨炼他们的意志来了解复杂性，最终完成计划，他们自发的行为不能是不道德的，并且可以应对未来可能出现的每一种状况。

## 意识的复杂性

儒家圣人可能不像人们所说的那样聪明，而且随着时间的流逝，儒家思想与东西方大多数伟大的文化运动一样，失去其创意火花，成为一种高度常规化的制度。不公正的统治者利用儒家思想家将权利合法化并剥削穷人。然而，早期的儒家思想家知道人类最重要的幸福来源是学习控制意识的方式，而要控制意识，我们必须培养一定的技能，进行磨炼。这些磨炼起初可能看起来像无意义的仪式，但最终会使我们与普世秩序和谐相处。所有主要的世界宗教都赞同个体学习控制意识，否则将不能与宇宙和谐相处，只能永远受生物本能和社会所控制。

除非我们的意识变得更加复杂，否则我们也不会知道如何引导进化向更复杂的方向发展。我们之所以不同于其他动物物种是因为我们的心理过程具有多样性和相互依赖性。记忆、总结、推理、控制注意力是人们不同于其他灵长类动物的最重要的功能。这些功能使人类有能力建立文化体系，如语言、宗教、科学和艺术。这些都代表着其他物种与我们之间的进化差距。虽然每个婴儿都继承了记忆、推理等能力，但是这些能力必须通过适当的社会建构活动的开发才能使用，也就是说，通过模式化自觉的重视才能学到技能。复杂的活动能够增进复杂的技巧。

进化是生物复杂性发展的历史。从浮游在水中的原生动物我们可以发现，随着时间的推移，生物体在外观上逐渐适应各种不同的空间，拥有各种专门技能，成为两栖动物、爬行动物、鸟类和哺乳动物（至少这些是迄今为止我们所了解的）。进化的未来也许是只有病毒或机器人幸存下来，尤其是我们无法按照分化的速度与地球的其他部分整合的时候。但是，无论进化如何发展，鉴于我们人类刚刚跨越过第三个千年的大门，我们不能轻易放弃对复杂性的某种偏好，或放弃我们促进复杂性的责任。

在心理发展方面，复杂性的对立面是心理熵。这个概念描述了人类意识混乱导致的功能受损。心理熵表现为个体无法有效地使用能量，无论是由于无知，还是由于矛盾的情绪，如恐惧、愤怒、抑郁或者缺乏动力。在通常情况下，个体可以从他人的鼓励、支持和教导中获取心理能量，恢复复杂性功能所需的意识秩序，减少熵。为了避免心理熵控制意识，为了保持祖先所取得的成果，同时为了给我们后代增加精神复杂性，我们必须参与到分化与整合的过程中。 教育是为年轻人提供复杂经验的主要方式：从最早的课程，如三学科（语法、修辞和逻辑）和四学科（算术、几何、天文和音乐），到现代大学提供的眼花缭乱的各种课程，人们将自认为重要的知识打包传递给下一代。但正式的教育很有可能只提供了复杂的信息，很少提供帮助情绪、性格、敏感度发展的经验，而且一般而言，在整合方面提供的知识也很差。不久前，加利福尼亚高等教育机构的校长自豪地宣布，他不再负责一个专业学院，而是一个“综合性大学”。《论语》中的一段简短对话表达了相似的看法：

> 子曰：“赐也，女以予为多学而识之者与？”
> 对曰：“然。非与？”
> 曰：“非也。予一以贯之。”

现在教育的目的通常是让人学习很多并记住学习的全部知识，即使学习的各种知识之间毫无联系。

如果一个社会想要保留前人获得的复杂性，那么就更应该关注教育的观念。如果家庭不能提供支持和挑战[①]，如果社会不

① 在家庭等社会系统中应用复杂性模型，要求我们将群体提供给个体的分化的自由和刺激整合为情感支持和归属感。事实上，对家庭的动态研究表明，最好的家庭环境是复杂的，即提供自由和归属的环境。只给自由的话，无法使孩子获得快乐，也无法使孩子具有竞争情绪；只给予支持的话，虽然会使孩子获得快乐，但可能孩子获得的成就很小；当两者都缺乏的时候，孩子受苦最多（Rathunde，1989；Rathundc & Csikszentmihalyi，1991）。

能提供多样的经验，儿童不可能成长为具有复杂性的成年人。无聊的工作，缺乏值得信赖的领导，都会形成难以学习复杂技能的环境，结果势必导致个体心理熵的增加。

然而，熵最终赢得胜利绝对不是先例。幸运的是，我们没有发展成无情的野兽。乐于学习新技能，乐于做有助于提高能力的难事，乐于在意识和环境中创造秩序，这些与生俱来的倾向性使我们向复杂性进化成为可能。更多复杂行为的倾向性将在下一章中进行探讨，后文将描述如何利用这种倾向创造一个有助于实现和谐未来的自我。

## 关于“引导进化”的进一步思考

### 进化的原理

你认为你正在和其他生物体竞争吗？是有意识地竞争吗？这种竞争是不可避免的吗？

除了食物和其他物质必需品，你依赖什么生存？“活着”的意义是什么？

## 复杂性的本质

你认为你成长的家庭是复杂的吗？比如说，是分化的（给你自由或刺激）还是整合的（支持你并为你创造和睦的环境）？如果你不得不对你的家庭做一些改变，你希望改变什么？

工作中的哪些外部改变会使你的经历更加复杂？

## 道德与进化

无论在什么情况下你都不会打破的规矩是什么？这些规矩会让你感到受约束还是更自由？

你认为在过去的几千年中人类最重要的道德进步是什么？在未来千年中最重要的道德进步又将是什么？为此你能做些什么？

## 控制人口

你是否支持一些生育限制政策？这些政策是如何实施的？

社会有权设定养育最低限度吗？如果是的话，应该如何做？

## 有效模仿：对模因繁殖的限制

您愿意限制自己对能量的使用量吗？

社会如何评估以下活动的价格：（1）生产有毒废物；（2）在消遣方面消耗儿童的心理能量；（3）通过无耻的传销窃取老人的存款。通过标价的方式，将社会必须支付的最终价格作为从事此类活动的人员所需要付出的代价。

## 意识的复杂性

分化和整合哪一个产生更多的问题？站出来坚持自己的目标和方式，或与其他人一起追求共同的奋斗目标，哪一个更难？

你认为什么样的训练可能会增加你自己的复杂性？比如：学会对你的亲戚或同事耐心；弄清你的目标和优先事项；学习新技能；培养新的爱好；写日记；进行反思或冥想。

# 第七章　进化与心流

塑造更和谐的未来是一个崇高的理想，但是，有人可能会问，这对我来说有什么意义？我们中没有一个人能活得长到足以看到他或她的行为所产生的长期后果。即使他们对历史产生任何可见的影响，他们也是看不到的。那么，我们是否应该期望美德成为唯一的回报，而对于那些从长远发展的角度来构建复杂性而牺牲了满足感的人却没有任何切实的好处呢？

事实上，当我们与熵作斗争时，我们从行动中得到了直接而具体的奖励：我们每时每刻都在享受我们正在做的事情。当我们承担一项需要复杂技能的任务时，自我会被一种兴奋的感觉所淹没，这项任务成了一个具有挑战性的目标。这时，我们感到我们不是在无法控制的事件中受苦，而是在创造我们的生活。

为了确保我们自己的延续，进化过程中我们的神经系统似乎已经对复杂性产生了偏好。正如我们在做必要的事情时所体验到的快乐一样，当我们吃东西或做爱时，我们会体验到快乐。但是在我们完成一个扩展新技能的项目时，在我们接受新的挑战时，我们会体验到快乐吗？每个人都有他或她与生俱来的创造力。这种创造力可以被压抑，但不能完全熄灭。超越自我、突破新的障碍是对歌德在《浮士德》中很好地表达的“永恒的不满”的积极回应。

根据一个人在一生中所拥有的技能，不同的活动会带来不同的乐趣并导致复杂性。例如，全世界大部分女人都享受养育子女的过程（幸运的是男人也一样），很少有什么事情是如此令人满意，同时对于创造一个更加和谐的未来又如此有必要。一位正在参与研究的母亲对“你认为自己一生中最令人满意的经历是什么”这个问题的回答：

> “在我和女儿一起工作的时候，在发现了一些新事物的时候。她创造了一个新的饼干配方，她做到了，她为自己感到自豪。阅读是她真正喜欢的一件事，她读给我听，我完全沉浸在与世隔绝的境界之中。”

在这里，我们从两个层面看到创造带来的喜悦：一是女儿对创造的迷恋本身对母亲来说是种喜悦；二是女儿是母亲的创造物。另一位女士描述了她与年长的孩子们分享她的成功经历时飘飘然的感觉：

> “我试着让我的孩子参与我的工作，尤其是我的大女

儿，她来办公室和我一起工作。很多时候，当我们在家或开车兜风时，我们会谈论我的工作或类似的事情，我能从我所做的事情中感受到一种喜悦和成就感，并能使她融入其中。”

这种感觉包括专注、着迷、深度参与、喜悦和成就感，这些都是人们所说的他们一生中最美好的时刻。只要一个人在和谐的模式下运用心灵能量，美好的时刻随时都可能发生。当一个人在全神贯注地阅读一本好书或观看一场精彩的表演、唱歌或跳舞、从事宗教仪式或参加体育运动、与心爱的人交谈时，雕刻家凿刻大理石、全神贯注于她的实验时，这种感觉都会出现。我把这种感觉称为心流体验，因为我们研究中的许多受访者都曾说过，在这些难忘的时刻，他们自然而然地动起来，仿佛被潮流带走。

几乎所有的活动都可能产生心流。每种情况下的内心体验的质量往往可以以非常相似的词语来描述。心流似乎是一种现象，每个人都会有同样的感受，与年龄、性别、文化背景或社会阶层无关。这种体验通常被提及的特征之一就是“发现”的感觉，发现自己对新事物的好奇，或者是与环境所提供的许多机会互动的可能性。

一位攀岩运动员描述了他在运动中体验到的心流：“越来越自律是令人振奋的。你让你的身体根据自己的节奏行动。当你回顾的时候，你会对你所做的事情充满敬畏，它会让你震惊，让你狂喜，也会实现自我。”一名外科医生描述了为什么做手术如此令人愉快：“在挑战自我和思考案例的过程中，个人奖励是最重要的。”国际象棋大师说：“这很令人兴奋，就像我成功地将一个非常难的拼图拼在一起一样。”在每个迥异的活动中，个体获得的喜悦都来自超越已取得的成就、掌握新技能和新知识。

要体验心流，你必须从掌握一定程度的技能和纪律开始。下面是一个专业的芭蕾舞演员对她的心流经历的描述：

> “这种感觉从一小时的热身和伸展运动之后到训练开始一直持续。我感到快乐、满足、开朗。训练有助于使它更加富有意义，但我必须在心理上保持平静放松，才会产生这种感觉。保持热情能够让这种感觉持续下去。”

相比之下，舞蹈老师从教授她的复杂技巧中获得享受，从而通过使其他人体验到身体和谐的快乐来促成自我的进化：

> “我从跳舞中得到了极大的乐趣，我很肯定我能将这些乐趣传递给我的学生们。事实上，我认为把乐趣传递下去是非常重要的，因为只有享受它的人才能跳舞。跳舞不应该是个麻烦事，而是纯粹的快乐。”

一次又一次，当人们描述他们完全享受自我的感受时，他们会提到八个不同的体验维度。这些是由印度教的瑜伽修行者、美国的外科医生、澳大利亚的水手以及象棋大师的例子证实的。以下是心流体验的特征维度：

1. 目标明确：个体具有清晰的目标；

即时的反馈：个体马上就能知道自己做得有多好；

2. 果断，行动能力强，很适合接受挑战；

3. 融合行为与认知；

4. 专注于手头的任务：从意识中消除不相干的刺激，中止忧虑；

5. 潜在的控制感；

6. 自我意识消失，超越自我界限，有一种成长的感觉；

7. 时间观念的改变：时间似乎流逝得越来越快；

8. 体验成为自觉：如果先前的几个条件都存在，那么一个人的行为就变成了自发的，或者是为了自己的利益而做的。

仔细地研究它们，有助于了解为什么完成具有复杂性的任务是如此令人愉快。

## 心流体验的要素

在日常生活中，强烈的心流体验可能比较少见，但在以上所陈述的条件都存在的前提下，几乎所有的游戏、工作、学习和宗教仪式都能产生强烈的心流体验。

首先，当一个人试图达到明确的目标，并且从所做之事中获得明确的反馈时，他通常会产生心流。大多数游戏、运动、艺术表演和宗教仪式都有明确的目标和规则，因此在任何时刻，参与者都知道他们的行为是否恰当。这些活动容易产生心流，并具有内在的激励作用。有些工作，如外科手术或电脑编程，也特别有益，因为人们通常知道在整个过程的每一步都需要做些什么，并且会得到即时的反馈。在日常生活中，以及工作或课堂上的大多数时间里，人们并不真正知道他们活动的目的是什么，并且他们花了很长时间才知道他们做得多好。

有时，心流的反馈是即时的，就像在一场网球比赛中，个体在击球后的瞬间知道自己的表现。但正如意大利的教授福斯托·马西米尼采访的下面这两位女性的描述一样，有时，心流的反馈也需要时间。第一位是七十五岁的农民，另一位则是五十岁的裁缝：

> “在田地里工作是最健康的事情，虽然你会累，但你会感觉很好。和动物在一起，锄地，播种，收割，照顾土豆、蔬菜、花……当我看到田野很好的时候，我感到高兴，也很满意。我觉得松了一口气。”
>
> “当然，缝纫是我的工作，但当我不再把它当作收入

的来源时，它就变得更重要了。当我看到这件衣服没有瑕疵时，我就开始喜欢它了。我试着运用我所有的技能。我看到了精心制作的裙子，然后想：‘我做到了！’”

在这些情况下，看起来不错的田地和没有缺陷的服装是通过慢工出细活完成的，但对于熟练的工匠来说，这显然是有意义的。这个过程的有趣之处在于，如果个体的目标足够清晰的话，它们几乎都可以使注意力持续足够长的时间，从而带来一种心流体验。目标的价值在于它提供了一个磨炼和提高个人能力的机会，不需要有任何经济或社会价值。例如，登山者攀登的目标并不单纯是到达山顶，因为人们可以使用直升机舒服地抵达山顶。一位年轻的登山者（也是一位诗人）讲道：

“攀岩的奥秘在于攀登，你爬到一块岩石顶上，高兴地看到它已经被你踩在脚下，又希望永远持续下去。攀登的理由就是攀登，就像写作诗歌的理由一样。攀登与写作都能让人认识到自己处于心流的状态。心流是让人保持身心的流动，而不是寻找一座高峰或是乌托邦来使其处于静止的状态。这是一种自我交流。”

攀岩运动的真实性与我们生活中的许多事情相同，无论是工作、学习或照顾孩子，我们之所以享受其中，是因为我们能发挥我们的潜能，了解我们的极限，延伸我们的存在，这是“自我交流”所隐含的过程。正因如此，心流才是进化中的重要力量。如果没有它，我们的基因将指导我们继续追求过去“对我们有益”的东西；但心流让我们接受整个世界，把它当作新的挑战的源泉和展示创造力的舞台。

第二个产生心流体验的条件是，在特定情况下采取行动的机会和行动能力之间的平衡。就像在网球比赛或令人满意的音乐表演中一样，当挑战和技能匹配良好时，个体的注意力都需要集中在手头的任务上。注意，掌握技术是达到心流状态的先决条件，以下是一位音乐家在演奏钢琴时描述的心流体验：

“真是太棒了。我不再注意我的手指、乐谱、房间，它们从我的手指中消失了，只有我的情感存在。我和音乐成了一体，音乐也正是我所感受到的东西。我不会看着我的手指，除非这段音乐在技术上非常困难。我什么都不看，只是审视自己的内心。这需要多年的练习来掌握技巧，让你的手指产生你喜欢的声音。”

眼科医生介绍，他的职业是富于挑战的：

“每一步都非常重要——如果你不能正确地缝合，角膜就会扭曲，视力就会受损……一切取决于你做手术的精确性和艺术性。”

一位骨科医师说：

“如果某件事有点难度，那么它会令人满意和兴奋。让事物重新运作起来，使各部分各居其位，看起来像是它应该的样子，井然有序。”

这些挑战可以作为不同的活动目标：在象棋比赛中，它们大体上需要凭理智做事；在手术中，它们需要恢复病人的健康；对一名海员来说，它们让脆弱的小船在飓风中漂浮；对于阅读一本好小说的人来说，它们可能是把页面上的文字翻译成心理图片、猜测小说中人物的动机、预测情节的转折等。

如果挑战和技巧处于平衡状态，一个人就有可能体验到控制感。在日常生活中有很多不确定因素，这些可能会影响我们，但我们无能为力。老板可能不喜欢我们；当我们过马路时，一辆出租车可能会在我们最不经意的时候把我们撞倒。然而，在产生心流时，我们会有控制感。例如，一位舞蹈演员描述了这种感觉：“这是一种强烈的放松和平静的感觉，我不担心失败。这是多么有力而温暖的感觉啊！我想要伸展肢体，拥抱世界。我感到自己有一种巨大的力量来展现优雅和美丽。”一位国际象棋大师解释道：“（国际象棋最好的事情是）掌控一种情况，并掌握所有的证据……”在国际象棋中，所有的东西都呈现在你面前，没有其他变量，你可以控制它。下面是一个世界级的花样滑冰运动员对典型的心流体验的描述：

> “我知道每一个瞬间。事实上，我甚至还记得我跳了起来。这太可怕了，但我想‘哦，天啊，这真是太真实了！’我的想法很清楚，这一切都清晰明了……我感觉到对一切事物的控制，每一个小小的动作我都很清楚，你知道，就像我手上的东西，我能感觉到我的戒指，我能感觉到一切，我觉得我能控制一切。”

事实上，处于心流状态的人并不能掌控一切。如果真是这样，那么挑战与技能之间微妙的平衡会倾向于技能。在日常生活中，有太多的事情可以控制，所以任何人都觉得控制是可能的。相比之下，在距离谷底三千米高的地方，登山者不能掌控自己的命运，但他知道，如果他竭尽全力，成功的概率就会非常高。

在心流状态下，如果任务的挑战性足够强的话，足以让一个人倾注所有的技能，他会完全专注于手头的任务，无法分散注意力去处理其他无关的信息。例如，如果一个小提琴手在演奏困难的曲子时开始思考别的东西，她很可能会弹错音。一个在比赛中分心的网球运动员很可能会犯错误，输掉比赛。因此，获得心流体验的另一个要素是行为和认知的有效融合。一个人在全神贯注时能够消除意识和行为之间所谓的双重性；一个人需要自发地去做要做的事，而不是有意识地努力完成。这种统一的意识也许是心流体验中最能说明问题的方面。一位著名的作曲家描述了他工作顺利时的感觉：

“当你处于一种欣喜若狂的状态时，你感觉不到自己的存在。我多次经历过这种状态。我的手似乎失去了知觉，正在发生的事情与我毫无关系。我只是充满敬畏地坐在那里，而音乐自然而然地飘了出来。”

下面是一位滑冰者的描述，当一个人感觉自己表现很好时，他是完全专注其中的：

“一切都有条不紊地进行，一切都很好。你觉得它可以一直继续下去，因为它进展得如此顺利。如同你几乎不用思考，每一件事都自发地进行着……就像你驾驶时听着音乐，但你并没有意识到听音乐这一行为，这一行为成为你驾驶行为的一部分。”

当一个人沉浸在心流中时，受到干扰是非常令人沮丧的，这就像魔法失效了一样，迫使我们回到日常的意识状态。一位来自印度班加罗尔的教师把教学当作她最喜欢的心流体验，她曾说过：

“当我沉浸在工作中时，我经常努力集中精力，不喜欢受到干扰。频繁的干扰会扰乱我的注意力，使我难以全神贯注地工作。我工作时非常投入，一旦开始，我就希望不受干扰地完成工作。”

高度集中精力会导致个体对当下过于关注，因此，日常生活中的问题和忧虑会使个体的精神能量消耗殆尽。在各种各样的活动中，这种情况几乎是相同的。

国际象棋大师说：“当比赛令人激动的时候，我似乎什么也听不到，世界与我之间的联系似乎被切断了，我想的只是我的比赛。”

攀岩运动员说：“当我开始攀岩的时候，就好像我的记忆输入被切断了一样，我能记得的只有最后三十秒，我能想到的是接下来的五分钟……在注意力极度集中的情况下，真实的世界被遗忘了。”

篮球运动员说：“有时在球场上我会想到一个问题，比如我和关系很好的女孩吵架了，我认为这和比赛毫无关系，一旦进入比赛，就让它见鬼去吧！”

花样滑冰运动员说：“我的注意力非常集中，焦点放在搭档身上，只有我和她和着音乐在滑冰，所有的事物几乎以慢动作的形式消失了。除此之外就没有别的事了，这真是个怪事，给我一种怪异的感觉。”

通过创造一个可以完全控制的临时世界，心流为个体提供了可以逃离日常混乱的场所①。但这种逃避并不代表熵的下降，就像一个人用毒品或简单的快乐来麻痹自己的感觉；这是一个通向更高复杂性的过程，在那里一个人可以通过面对新的挑战来激发自己的潜能。

挑战和技能之间存在微妙的平衡，这使得个体有必要专注于手头的任务。人们在心流状态中丧失了自我意识。在心流中，一个人不担心自己看起来有多好，或者其他人是否喜欢他。在日常生活中，这些都是最常导致意识熵的东西。但当我们深入地参与到我们所做的事情中时，对自我的担忧就会偏离注意力的焦点。

人们经常提到在心流中体会到超越自我的感觉，就像演奏一首特别优美的乐曲的音乐家身处宇宙秩序之中一样，或舞者感觉自己的身体舞动到超越任何设想的节奏。一位来自印度班

---

① 阿尔伯特·爱因斯坦曾说，科学和艺术是逃避人类设计的现实的最好的方式。事实上，科学和艺术的目标就是要转变我们已知的现实，从而突破其局限性。从逃避的角度来看，爱因斯坦式的逃避是前进，而毒品、酒精和无聊的消遣是后退形式的逃避。

加罗尔的工程师说，他的心流来自计算机编程。他描述了自己对这项工作的专注："它让我进入了一个充满想象力的关于程序变量、操作和算法的世界。我觉得自己好像是一台电脑或电脑的内部部件。"

攀岩者在这一点上表现得特别有说服力："这是一种完全参与的愉快感觉。你变得像个机器人……不，更像是一只动物……沉迷在运动中了，就像是一只黑豹加大马力攀爬在岩石上。"鲁滨孙是一名登山者，他曾写过一篇关于这个话题的文章，他试图描述在攀岩的过程中如何实现"海洋般清晰、遥远、联合又统一的感觉"，在这一过程中的精神状态与简单的日常意识混乱相比，似乎充满了内部矛盾。

> "你可能会沉浸在攀岩的乐趣中，你会忘记自己的身份，忘记与你一道爬山的同伴，将自己的身心融合在岩石中……你不太确定是你在移动还是岩石在移动……你和岩石同时行进……如果有东西和你一起在流动，它就完全静止了……缺乏自我意识对我来说是完全意识到自我的表现。"

这句话引出了一个重要的悖论：这种"缺乏自我意识"有时被解释为人们只是简单地忽略了他们不够有意识或专注的状态。事实上，情况正好相反。较少的自我意识会使个体将更多的精神能量放在自己正在做的事情上。无自我意识的攀登者可以更集中精力在岩石上、步伐上以及天气条件上；无自我意识的溜冰者溜得更好，因为他更注意他的身体运动；无自我意识的作曲家写曲子写得更好，因为他所有的注意力都集中在脑海中的音符上。

与心流体验有关的另一个部分是时间感的扭曲，感觉时间似乎很快就过去了。正如一位外科医生所说：“有时候时间过得很快；但如果这是一个困难的手术，我可能觉得我已经工作了一百个小时了。”象棋大师说：“时间过得比平时快一百倍。” 从这个意义上说，它就像一个梦的状态，一个完整的故事可以在几秒钟内展开。攀登者鲁滨孙这样写道：“据说这只是一瞬间，我迷失在其中，永恒的风吹过它。”

我们日常作息时间的机械划分是产生心流体验的一个障碍。例如，学校里的学生经常说，就在他们开始参与一个有趣的话题的时候，比如艺术项目或科学实验，铃声响起，标志着五十分钟的结束，他们必须换一节课。同样，十八世纪，由于工厂生产的要求和严格的日程安排，工匠们自发的工作模式被打乱了。但在心流中，缺乏时间的感觉又变成了一个人全部体验的自然特征。当这七个维度中的大多数都存在于意识之中时，正在进行的活动往往会变成自发的，也就是说，为了自己的利益是值得做的，因为这种经历是如此愉快，使得一个人想要重复任何可以促进心流体验发生的事。如果一个人经历了斯库巴潜水，那么他就会想要再去一次，这样就能再有一次类似的体验。如果一个人通过解决一个数学问题进入心流状态，那么他将继续寻找更多的问题来解决。有时候，某个特定活动中的心流体验是令人满意的，它可以使一个人倾尽一生去做这件事。我们采访的一位登山者说：

> “我本可以在公司赚很多钱，但有一天我意识到我并不喜欢这样的生活。这种生活没有让我的生命变得更有意义。我发现我的工作重点是混乱的，大部分时间被花在了办公室里。岁月在流逝。我喜欢木匠这个工作。我住在一个安静美丽的地方，大多数晚上我都会爬山。虽然我不能再给我的家庭提供富足的物质，但我觉得我自身的放松和价值会带来更多的东西。”

当然，如果一个人喜欢在办公室工作，他或她就不需要远航太平洋或变成夜间登山者。但与此相关的是，当一个活动让人产生心流时，一个强烈的吸引力会使他重复之前的活动。正是由于这个原因，学会享受活动产生的和谐而非混乱变得非常重要。电影《发条橙》描绘了未来可能出现的最可怕的迹象，显示出那时生活中唯一的快乐来自破坏、强迫性的性行为和侵略。不幸的是，我们不能自信地将这种情形排除在我们的未来愿景之外。当人们无法识别更多有趣的机会时，他们倾向于回归简单而残酷的选择。

## 心流体验有意义吗？

定义心流体验的这些方面并不能很好地解释为什么人们可以从不同的活动中体验心流带来的快感。为什么一个人喜欢照料她的土豆，而另一个人却迷上了花样滑冰？在过去，一个颇为流行的说法是：从自我奖励的活动中得到的快乐实际上是对压抑的欲望的变相释放。例如，下棋是攻击性冲动的替代性表达，尤其是那些恋母情结的冲动。在王后的帮助下与作为对手的国王私通意味着在母亲的帮助下阉割父亲。另一种解释认为，从事危险运动（如悬挂式滑翔或攀岩）的人具有独特的性格特征，因此这种特征驱使着他们寻求极端的感觉。这样的解释提供了“深层次”的原因，解释了为什么一个人选择某个活动而不是另一种活动来体验心流。但他们往往是目光短浅的，因为他们没有意识到各种活动背后的共同主观状态——这些活动对他们是有益的。

关于为什么有些人喜欢攀岩，而有些人喜欢下棋的解释是兴趣使然。一个人对某项活动感兴趣，原因不外乎这项活动在过去令这个人满意、这个人有天赋、这项活动有价值。当然，人们对不同活动的初始兴趣有很大不同。 有些人热爱园艺，有些人却无法忍受在泥土中走来走去。但无论最初的动机是什么，无论是炒股票还是和朋友出去玩，人们都不会继续从事任何活动，除非他们喜欢——或者除非他们得到外在的奖励。阉割情结、冒险需求、寻求感觉、兴趣以及其他类似的原因可能是个体接受某种挑战的最初动机。但是一般人除非产生了心流体验，或者有外部的奖励或惩罚促使他们承担义务，否则他们不会继续从事某项活动。

对于人们为了自己的目的而继续做事的另一种解释是某些活动（如慢跑、赌博或演奏音乐）产生的成瘾性会释放出刺激大脑愉悦中枢的内啡肽。根据这一理论，心流的内在回报可以归结为对某些刺激的依赖。然而，最终的结论否定了这种阐述，因为它不能解释第一次从事某些特定的活动也会释放内啡肽。现在已经清楚的是，作用于神经系统的内分泌和其他生理变化并不总是导致心理变化的原因。就像通常情况一样，我们如何思考某事会导致大脑的生理变化。事实上，精神奖赏必须由神经生理过程来介导，这是毫无疑问的，但这并不意味着心流可以单独通过神经电生理学来解释，而不考虑人的意识。

几乎每一项活动都有产生心流的潜力。一些活动（例如游戏、运动、艺术表演和宗教仪式）都是为了方便心流体验产生而设计的。人们在工作中感受到的心流比在休闲活动中感受到的更多，因为工作提供了心流产生的必要条件，如挑战和技能的平衡。

心流的现象学进一步表明，我们之所以喜欢某一特定的活动，并不是因为我们在神经系统中已经预先设定了这样的愉悦感，而是与这个特定的活动产生了相互作用的结果。这种现象是相当普遍的。例如，一个人最初对某项活动漠不关心或厌烦，如听古典音乐或使用电脑，然后当活动的目标变得更清晰或者个人的技能提高时，活动开始变得有趣，最终令人满意。例如，如果一个人开始理解交响乐的设计，或者一个人识别和记住音乐段落的能力增加，那么他将真正开始享受倾听的过程。为了重复这种理想的感觉，我们必须找到更高的挑战，获得更复杂的技能。在这样做的过程中，我们进一步促进了复杂性的进化。

当一项活动令人愉快的时候，经验说明了心流本质上是回报的结果。心流展示了个体充分参与的感觉，表现出潜能的极限，它显然是一个非常理想的状态。它与日常生活中的许多事情形成鲜明对比。在日常生活中我们不能完全参与行动，可能因为行动的机会太少、不明确、令人困惑或矛盾。例如，由于许多工作很少需要集中注意力的重复性行为，所以人们的注意力很可能开始分散。在这种注意力分散的状态下，工人开始希望有更令人满意的事情来做，或者开始思考那些令人不愉快的话题。在任何一种情况下，他所涉及的行为都是降低价值的，而且这个人会感到无聊或沮丧。与这些情况相比，心流的全面参与被体验到是有回报的。

正如我们在第二章所提到的，多年来的研究表明，当个体的注意力无法集中在一个目标上时，他的头脑通常会开始被不连贯和压抑的思想填满。平常人的思想状态是混乱的，只有当进行一个目标导向的活动时，思想状态才会获得有序和积极的情绪。我们中的很多人需要参与一个活动或受到一系列如一本书或一个电视节目的现成的刺激，以使大脑摆脱不连贯和压抑的思想。

但问题仍然存在：充分的投入感为什么在一项具有挑战性的活动中如此有益？显然，当人们在面对环境挑战时，他们的意识正处于积极的状态，从而提高了他们的生存机会。“心流”和“享受”之间的联系可能是最初的幸运事件，但一旦发生，它就使那些经历过这种事情的人感到更好奇而去探索，去接受新的任务并发展新的技能。这种创造性的方法，是由面对挑战的享受所激发的，可能会带来很多优势。随着时间的推移，它会传播到大多数人身上。

相反，当我们没有完全参与的时候，我们体验到的无聊和沮丧的消极情绪似乎就像恒温器的设置触发炉子的恢复功能。无聊促使我们去寻找新的挑战，而焦虑则促使我们去发展新的技能。最终的结果是，为了避免这种消极的感觉，一个人被迫在复杂的环境中成长。

在任何情况下，当产生心流的条件存在时，人们倾向于说出他们渴望再次体验内在的和谐状态。亚里士多德是第一个认识到享受是在任何活动中获得卓越结果的感受的人，正如伟大的诗人但丁所说：

“每一次行动……行为主体的主要意图是表达他的形象。因此，每一个主体，只要他行动，就会享受其中。因为一切存在的欲望都是存在的，而通过实施的行为展现了他的存在，行动自然是令人愉快的……”

要找到但丁断言的证据并不难。例如，我们有一只以塞德里克命名的可卡犬，它的基因已经被多代人选中，可以在高高的草丛中搜索鸟类。塞德里克从来没有出去打猎过，但它找回球的本能非常强烈，所以它自然而然地将这项本能运用到类似的追逐和寻找网球的任务中，它们的踪迹越难追查越好。它对天堂的概念是在科罗拉多州维尔的网球场附近散步，那里的网球经常飞得很远，在杂草丛生的山谷里都找寻不到。塞德里克在斜坡上全速前进，疯狂地在荆棘和灌木中搜寻着，从来没有停下来看，一直在嗅。当它闻到高高的草丛里有一股球的味道时，它的整个行为都发生了变化。它开始像羚羊似的跑，然后把范围定位在球的附近，直到挖出球，然后把它放进嘴里。然后，它爬回小路，昂着头走着，像在游行中那样轻快地跳跃着，自信满满。

孩子们如果身体健康，没有受到虐待，他们就会一直处于心流的状态。他们在学习触摸、投掷、行走、交谈、阅读和成长的过程中，享受“展现自己的存在”的过程。不幸的是，他们很快就不得不停止“展现”，因为学校开始令他们的成长进入他们无法控制的模式。当这种情况发生时，心流开始逐渐减少，许多年轻人最终只能在游戏、运动和其他与同伴一起的休闲活动中体验到它。

## 心流的重要性

心流体验有益的原因有很多。也许最重要的也最明显的是生活的质量依赖于它。人们在经历了一次心流体验之后变得更快乐了。正如亚里士多德所说，快乐是存在的真正基础。所有其他对健康、财富或成功的追求，只是因为我们期望它们能让我们更快乐。但是很少有人会因为买彩票中两千万美元而真正快乐起来。表面上看来最短暂、最主观的情况实际上是最具体和最客观的：金钱不能带来幸福，而主观体验的控制可以。

对于那些还没有学会信任内在经验价值的人来说，尽管这未必有用，但有相当多的证据表明，心流有更直接的可测量性。下面是一些有趣的例子。

### 创造力

那些对艺术和科学做出了创造性贡献的人通常会把他们的成功归因于他们对工作的热爱。保罗·乌切罗是文艺复兴时期的伟大画家，他发现了在平面上表示三维物体的方法。他曾经在佛罗伦萨的阁楼上醒来，来回走动，大声地喊着：“多么令人愉快的景色啊！” 吵醒他那昏昏欲睡的妻子。阿尔伯特·迈克尔逊是第一个获得诺贝尔物理学奖的美国人，他用几十年来设计更加精确的测量光速的方法。当他年老时被问及这样做的原因，他回答说：“太有趣了！”这些奇闻逸事揭示出除非个体从活动中获得深刻的满足感，否则人们不会把精神能量投入到令人沮丧的创新目标中去。对金钱和名誉的期望会使人在一定程度上保持动力，但如果只有外在的回报，不足以保证个体会持久努力。

**最佳状态**

伟大的运动员、音乐家和表演者也必须从他们的活动中汲取一些能量，否则他们不会将自己推向极限。研究表明，心流是在个体巅峰状态下发生的，运动员的动机是尽最大的努力来体验一次又一次的心流。当然，不仅是那些经验丰富的顶级演员有心流体验并且从中得到帮助，任何人达到“个人最佳”状态时都可以进入这个状态。例如，在日本的一项研究显示，在数百名学习游泳的学生中，有心流经验的学生在课程结束时取得了最大的进步。

**人才开发**

我的团队在芝加哥大学进行的另一项研究跟踪了二百多名

十三岁的青少年，这些人分别在数学、科学、音乐、艺术或体育方面有天赋。我们想要调查的是，那些喜欢在他们擅长的领域工作的青少年是否更有可能继续通过完成高中阶段的任务来发挥他们的天赋。正如预期的那样，有数学天赋的学生在学习数学这门课程的过程中，挑战的难度更大，他们在大学里进行的训练比其他人要多得多。其他四组也是如此。心流的频率比客观的认知能力（如学术能力）以及更多的人格特质或父母的地位和收入更能预测出人才的发展。

这些结果表明，心流对在校的学生有重要的影响。人们对于教育，尤其是数学和科学的普遍态度是，学习是一项艰难且不愉快的任务。学习可能很难，但为什么它会让人不愉快呢？我们知道有创造力的人、表现最好的人、有才华的年轻人都喜欢他们所做的事情，这使他们想要学习更多的东西。我们可以把这些知识转化成我们与学生打交道的方式。

### 生产力

出于同样的道理，享受工作的员工比焦虑或感到无聊的员工更有奉献精神。然而，关于这个主题的研究数据仍然缺乏。最有关的证据来自我们早期的一项研究，我们发现那些心流体验频率高于平均水平的工人总体来说更快乐，更有动力，特别是在工作的时候。他们每天的工作时间也比那些不那么投入的同龄人要多半小时（而不是做白日梦、做购物清单，或打电话谈论私事）。每天多工作半小时，每年就会额外增加15个工作日，或者说每个工人每年额外增加3周的工作时间。正如任何经济学家都乐于看到的那样，这一数字乘以美国的工人总数，将使国民生产总值（GNP）有很大的不同。的确，我们虽然不知道更长的工作时间是否代表着更多的工作量，但不管怎样我们都可以假定这是事实。

**自尊**①

有更多心流体验的人会表现出更高的自尊。另外，一个人在体验心流之后的自尊心要比其他时候强。在经历心流体验之后人们觉得自己更加成功，自我感觉更好，觉得他要更好地符合自己和他人的期望。这一结果在职场妈妈、青少年以及天才儿童身上都得到了体现。最初看起来这一结果似乎与心流体验时没有意识参与这一说法矛盾，事实上，当心流产生时，个体忽略了自我，因此那些为了达到某个目的的自尊就被“暂停”了。但是在这之后，个人的这种体验会让他感到成功，这就是为什么心流能够建立人的自尊。

---

① 人的自尊不是一个常数，而是根据环境和自己的表现在一天中波动。在心流中，当个体面临的挑战和自身的技巧都处于高层次时，他们通常会表现出高度的自尊，即他们对自己的表现感到满意，感觉到没有辜负自己和其他人的期望。此外，经常体验心流的人比经历更少心流的人的整体自尊水平更高（Wells，1988; Whalen & Csikszentmihalyi，1989）。

## 减压

也有一些证据表明，在压力中迎面挑战的企业高管的健康问题比那些在压力下感到焦虑的高管更少。在一项对管理人员的研究中，人们发现，在工作和在家的时候经常有心流体验的人更快乐，更有动力，感觉更强壮、更放松。那些表明生活压力更大——比如家庭问题、工作变动、财务或情绪损失——的高管也会产生更多的身体疾病。但如果他们在工作中经历了心流体验，压力和健康问题就会随之减少。

## 临床应用

心流在心理治疗领域里似乎有更多的用处。它可以帮助心理治疗师识别病情，并且大大提高病人的体验质量，从而治愈病人。到目前为止，对于通过心流体验来进行治疗，我的研究数据仅仅来自少数精神病医生和临床医生参与并提供的大约50名患者的治疗案例；说是奇迹般的治愈方法还为时过早，但这些案例似乎令人信服，而且具有非常高的可信度。在米兰的马西米尼教授团队的报告中，有几个案例与治疗有关。卡特琳娜是一名25岁的单身女性，多年来一直在焦虑地（通常是一种恐怖症状）生活。每当她发现自己置身于公共场所，无论是在大街上还是在公共汽车上，她都会气喘吁吁，心跳加速。在过去的3年里，她每天服用1.5毫克的阿普唑仑，并参加团体治疗，但是症状没有任何改善。当她来到马西米尼教授的个人心理诊疗所的时候，教授让她用经验取样方法提供一周的数据，以便找出她觉得最积极的活动和经历。数据表明，卡特琳娜大部分时间都和家人在一起，很少出门，也很少和其他人待在一起。她醒着的时候将45%的时间都花在看电视上。她的情绪总是消极的，大多数时候她处于一种冷漠的状态，很少能达到任何心流的状态。

该疗法基于以下原则：

> 最佳体验理论在心理治疗中的应用集中于在日常生活中加强患者个人对挑战可能性的探索，以及努力培养他或她应对这些挑战的个人技能，而不是让她回避这些挑战。最佳体验与个体对挑战的主观感知有关：每个人都有选择地寻求最符合他或她自身内在动机和兴趣的活动。因此，这种治疗方法是个体化的，关注的是主体的个人动机和倾向。

为了实现这些目标，治疗师与卡特琳娜在米兰拥挤的街道上散步，以使她不再害怕人流。她参与了她喜欢的团体活动，比如志愿工作和舞蹈："治疗方法以支持卡特琳娜参与这些具有内在动力和挑战性的活动为中心。"这样不仅能减少她的焦虑和恐惧的症状，而且能扩大她日常生活的范围，用类似于热情和心流的东西来取代她的冷漠。

经过一年半的干预，卡特琳娜的生活已经发生了很大的变化。她现在只花10%～20%的时间和家人在一起，而不像过去花上半天的时间，她把看电视的时间从45%减少到15%。相反，她更多的时间是在公共场所或独自一人，她参与了一系列新的活动。人际交往上，卡特琳娜也有了显著的改善，对什么都漠不关心的值从60.6%下降到34.5%。相比之下，有一些心流要素的反应从15%增加到51%。基于这一点，她停止了药物治疗，终止了心理治疗。这样的案例表明，心流与和谐意识是紧密相连的，能够发展出一个控制内在能量的自我。

## 心流不存在时会发生什么？

所有的证据都表明，当人们处于心流状态的高峰时，会提高主观幸福感，并有可能产生积极的社会影响。在每一种情况下，心流都像是进化的引擎，将我们推向更高层次的复杂性。但是，当人们不能充分发挥他们的能力时，他们的机会要么太少，要么令人生畏。无法体验心流时会发生什么呢？

在这种情况下，人们通常会被那些具有破坏性的活动所吸引，他们寻求享受的结果是熵，而不是和谐。一个鲜明的例子是，在美国富裕的郊区，青少年犯罪率飞速增长。一般来说，这是因为许多青少年感到厌烦，他们觉得自己在安逸的社区里没什么可干的。“寻找一些有趣的事情，比如闯进房子，在主人睡觉的时候偷珠宝。”一个来自富裕家庭，因盗窃罪被捕的年轻人说，“我这么做，因为这里没有别的事可做”。当然，如果年轻人能够认识到他所面临的挑战，还有很多其他的事情要做。例如，他可以打网球、阅读、做志愿者、去野营、学绘画或者学习一门外语——对此类活动感兴趣需要榜样，但有时这样的家庭里往往没有成人带着年轻人参加这些复杂的活动。

毫不夸张地说，许多社会问题都是由于个体在日常生活中缺乏心流造成的。对各种化学物质的依赖显然是个体试图通过人工手段来重新获得最佳体验的方式。酒精、可卡因和海洛因改变了我们对挑战的认知，也改变了我们的技能，让我们有一段时间感觉我们在机会和能力之间取得了平衡。但人为诱导产生的心流在两点上是危险的：首先，它不能增强技能，因此不会导致复杂性；其次，它让人在生理上上瘾，给个体和群体带来巨大的熵。

另一个迹象表明，日常生活提供的很少的心流使文化变得过于依赖被动的、多余的娱乐。在一个理想的社会里，每个人都可以雕刻、编织、编程、画画、讲故事、唱歌和跳舞，而专业的表演者几乎没有必要把人们的思想从单调的日常生活中解放出来。在巴厘岛或欧洲一些偏僻的村庄里，有一些类似于这种理想的例子。不幸的是，相反模式的例子更加明显，比如古代罗马的马戏团或者拜占庭在衰落时期的战车。我们的文化也被模因所寄生，它模仿了心流的样子，但并没有产生它的好处。录制的音乐、视频、电视、电影，低俗的小说和低俗的杂志吸引了人们大量的注意力。它们在人们的头脑中制造了一种表面上的兴奋，但在某种程度上不需要任何形式的技能，它们在不增加复杂性的情况下吸收了能量。

有人可能会说，作为人类，我们过于沉溺于心流。正是这种条件使我们能够进化到我们现在所处的位置，这就是我们将来会变成更复杂生物的原因。在理想的情况下，我们可以从日常生活、工作、创造性表达、家庭关系和友谊中获得十分令人满意的体验。如果我们不能，那么我们将继续发明替代品——这些化学物质或仪器将会让我们的意识产生幻觉。然而，这些替代品中有一些是非常危险的。值得考虑的是，在我们的日常生活中，产生心流的机会是什么？

## 日常生活中的心流

没有一种客观的方法能来衡量一个人是否处于心流状态，可以说，我们不可以像测量个体是否有发热或高胆固醇一样测量心流。但有两项指标证明，过去的两项指标都是可靠有效的心流频率和强度指标。第一个依赖于访谈或结构化问卷，询问受访者是否曾经历过深度专注、完全参与等情况，如果是的话，有多频繁。这一方法得到的结果表明，大约87%的美国成年人有过心流的经历，而剩下的13%则声称自己从未有过这种经历。在那些有心流经验的人当中，心流的频率差别很大。有些人说在他们身上每年发生的次数少于一次，而另一些人说每天都会发生好几次。

那些声称不经常体验心流经历的人，很少会从他们的工作和他们与他人的关系中得到乐趣，并且依赖于各种形式的娱乐消遣来获得乐趣。相反，那些认为心流每天都发生的人，是那些工作和家庭生活充实的人。下面是一个48岁的男人和他17岁的儿子的例子，他们都在机械织布机上工作，他们的家族已经有好几代人了，他们接受了意大利北部马西米尼团队的采访。父亲和儿子都将编织作为最接近心流状态的活动。首先，父亲描述了让12台织布机同时工作的挑战：

> “把注意力集中在一件事上是很难的。我试着把所有的东西都控制住，就像我在修理一台织布机时，我已经在考虑下一个需要装载的东西，一件事或另一件事。线快用完了这种事是很少发生的，我总是试着预测。在任何情况下，我工作时都会集中精神。”

十几岁的儿子列出了他最愉快的经历：“去看一个没有开始运转的织布机，然后搞清楚是你让它运作起来的。” 当被要求列出他最喜欢的活动时，他写下了两个：工作一周；周六和朋友们共度美好时光。以下是他对工作感受的描述：

"当我在织布机上工作时，我感受到我是全神贯注的。我在那里，就是这样。因为如果你的心思在别的地方，你就会犯错误；你必须遵守规则，否则你会搞砸它。但即使所有的织布机都在运行，你也必须继续关注。三年了，我一直在盯着它们，这就是为什么我能跟上它们的原因。有些事情是无意识的，因为你总是以同样的方式去做，但你必须注意你正在做的事情。"

在这类工作中，整个家庭都可以追求富有成效和令人满意的共同活动，当然，这种工作越来越少了。然而，心流问卷得出的结果表明，在日常生活中，无论是在工作、游戏、祈祷还是在人际关系中，人们仍然有很多机会去发现这些创造性的挑战。

第二种测量心流的方法是使用经验抽样方法（ESM）。这种技术是我在20世纪70年代初在芝加哥大学开发的，它要求受访者戴上电子寻呼机或可编程的秒表一周，并在每次呼机收到信号时填写两页小册子。寻呼机是被一天中随机发送的信号激活的，因此大多数受访者在一周内填写了大约50份回复，记录了他们在日常生活中所做的事情以及他们的感受。

我们测量心流时使用经验抽样法观察两种反应：个体在收到信号时所面对的挑战，以及他在同一时刻所感知到的技能——每一种都以十分制为标准，并且了解二者的比率。当挑战和技能都高于这个星期的平均水平时，我们就说这个人处于心流状态；如果两个变量都低于平均水平，那么这个人就被认为是处于冷漠状态。如果挑战评分高于平均水平，而技能评分低于平均水平，那么情况就是焦虑；在相反的情况下——低挑战和高技能，意识状态被标记为无聊。许多研究表明，挑战和技能的比率确实反映了意识的预期状态。

值得注意的是，这种测量心流的方法是非常粗略的，它基于一种大范围：身高超过一米七的人都算“高”。考虑到这一点，使用这种方法的标准，人们将会期望有四分之一的心流体验。事实上，对于一些人来说，只有5%的回答表明挑战和技能都高于平均水平，而另一部分人则高达60%（在上面的例子中，卡特琳娜从15岁开始接受治疗。根据这个定义，她回答说有2%的心流体验，治疗之后有60.5%的心流体验）。当然，人们也可以规定，只有最强烈的体验才会被认为是心流，但是这样做不会记录那些使日常生活有意义的更温和的事件。例如，如果我们采取了如此严格的测量，我们就会得出结论，卡特琳娜从来没有心流体验，因此治疗师不知道哪些活动对她来说更令人愉快，也不知道如何帮助她改善生活。

使用这种“高于平均水平的挑战/高于平均水平的技能”的定义来测量心流，你会得到令人惊讶的结果。在美国，典型的在职成人在工作中的心流体验是在空闲时间时的三倍。在一个典型的美国城市人口的样本中，在实际工作期间，心流超过平均水平的挑战和技能的水平是54%，而在休闲时间里该比率只有17%。但也许这一发现并不会让我们感到惊讶。如果我们最享受的是“我们的存在”，那么这就意味着在工作中比在空闲时更经常发生这种事是有道理的。当我们的特殊技能被使用时，我们往往是在工作中做自己。在ESM对青少年的研究中，我们发现了一个类似的模式：

40%的青少年在学习或做作业时会产生心流体验，只有8%的人在看电视时产生心流。

无论何时，当他们处于心流的时候，成年人和青少年都说他们非常快乐、强壮、满意、有创造力和专注。然而，有一个令人不安的例外。影响动机的因素更多地取决于一个人是在工作还是空闲的状态，而不是是否处于心流的状态。人们一般喜欢休闲的工作，不管他们是否体验过心流。因此，矛盾的是，在我们的文化中，对工作的厌恶是根深蒂固的，即使它提供了大部分令人满足的经历，人们仍然喜欢有更多的空闲时间，尽管大量的空闲时间实际上是相对乏味和令人沮丧的。

在工作中产生心流的活动根据工作的类型和工人的技能而有所不同。对于一些管理者来说，解决困难问题和撰写报告往往会产生最多的心流；一般职员享受打字；蓝领工人享受使用固定设备。正如人们所期望的那样，新奇、多样化和令人兴奋的工作往往会让人产生心流。但是，有些人确实在同一条流水线上找到了心流感觉，而其他工人却只觉得无聊，再次证明不是客观的、外在的条件决定了体验的质量，而是我们应对的方式。

就自由时间内产生的心流而言，这三个职业群体非常相似。令人惊讶的是，开车是最稳定的心流经历，其次是与朋友和家人的交谈。在空闲时间里最不容易产生心流活动的就是看电视和比如打扫房子或者睡觉的维护工作。阅读通常是比看电视更积极的体验，但大部分时间都没有提供流畅的体验。在很少的情况下，人们参与的休闲活动如唱歌、打保龄球、骑自行车也会产生心流体验。

这些研究揭示的最有趣的奥秘之一就是解答了人们为什么花这么多时间在消极的闲暇活动上，比如看电视——这是目前世界上最耗时的休闲活动。人们普遍认为看电视不需要任何挑战，也不需要任何技能。

事实上，人们更喜欢这种低复杂度的活动，而不是能增长潜力的活动，这就是为什么工作中心流似乎不是一个更强有力的影响动机的因素。有两个原因可以解释发生在看电视上的这种情况。一种解释是，当选择在空闲时间投入注意力时，人们试图平衡他们不得不花费的精力和预期的利益。看电视没有什么乐趣，也不需要努力。弹钢琴或骑自行车更有趣，但需要更多的精神和体力消耗。因此，我们通过看电视节省了少量的能量，但我们丧失了因复杂性增加而产生心流的机会。另一种解释是，虽然儿童能够自发地享受心流，但在大多数社会中，机会和能力之间的不匹配会导致其在一生中对复杂性的渴望逐渐减少。太无聊的生活环境、不安全的探索导致许多孩子在做事情时逐渐失去发现心流的能力。了解到无聊和烦恼是家庭、学校和社区的常态，孩子们的好奇心减少，探索新的可能性的欲望降低，并习惯了消极的娱乐方式，寄生模因占据了他们的思想。当他们十几岁的时候，他们已经变成了青少年，他们不再认为有机会，也不再觉得有能力使用他们的技能。虽然消极的休闲方式只提供了一点快乐，但他们认为这是打发时间的唯一途径。

然而，心流并不只能提高年轻人的体验质量，它还有重要的长期影响。正如我们看到的，经常体验到心流的人比那些很少有体验的人有更强的自尊心。心流体验更多的青少年往往更快乐，他们的学术能力也比那些不经常有心流体验的青少年强。心流体验较多的成年人工作时间更长，但更不容易出现与压力有关的疾病。

所以，问题是我们要学会如何享受复杂性，而不是被迫在那些简单的活动中寻找乐趣。没有心流体验的人，或者只享受消极和简单的活动的人，最终会发展出经常处于混乱状态的自我，常常被挫折和失望所撕裂。

那些掌握了足够的技能，在更复杂的活动中感受到心流的人，往往会发展出能够改变日常事件的自我。即使这些活动会给他们的觉醒带来混乱和熵的威胁，也会变成有意义的经历。

这样一来，他们不仅能享受自己的生活，而且还有助于整个人类的复杂性的进化。

## 关于“进化与心流”的进一步思考

### 心流的要素

你什么时候觉得自己在真正“放飞自我”？这种情况多久发生一次?

你最喜欢的活动是什么？运动，冥想，社交，阅读，工作，艺术？你错过了哪些?

### 为何心流有益?

你知道你是什么样的人吗？你拥有什么样的兴趣和技能?对你来说最有价值的活动是什么?

人的一生中会有太多的心流吗？心流会上瘾吗?

在什么情况下会这样?

## 心流产生的后果

在参与复杂的心流活动后，你会有怎样的感觉？比如滑雪、读一本好书、进行一场令人兴奋的谈话。在一个消极的休闲活动，比如看电视之后呢？

想想上次你真正自我感觉良好的时候，是什么让你产生这种感觉的？

哪些心流的要素（即平衡挑战和技能，设定清晰的目标，得到反馈，不害怕失去控制，集中注意力，失去时间的感觉）是你最难实现的？你怎么能改变这种情况呢？

在你的生活中的哪些方面因缺乏心流最受影响？

## 日常生活中的心流

什么经历曾让你感受到心流？为什么你没有更多的经历呢？

你能做些什么使你的工作更容易产生心流？你的家庭生活呢？

# 第八章　超越自我

据说，罗马皇帝尼禄看见罗马着火的时候欣喜若狂。众所周知，他喜欢看角斗士在竞技场中互相残杀，喜欢看狮子撕裂无辜的基督徒。许多参与曼哈顿计划的物理学家回忆起研究制造核弹时都十分兴奋。每周都有成千上万的人飞往拉斯维加斯，美国各地都有迅速发展的赌场，从这些方面我们可以看出人们无法抵挡的赌博瘾。不幸的是，正如这些例子所表明的那样，心流可以在破坏性而非建设性的活动中被体验到，其导致的结果是熵而非和谐。

为了帮助引导进化的进程，一个人只享受单调生活是不够的，还需要一种更加有序的生活。为了增进和谐，一个人的意识必须变得复杂。意识的复杂性并不仅仅是智力或知识的功能，或一种认知的特征，它还表现于一个人的感觉和行动。它包括了解并控制自己独特的潜能，并能够为自己和他人创造目标、欲望、感觉和体验之间的和谐。实现这一目标的人不仅会有更充实的生活，而且有可能为更美好的未来做出贡献。个人的幸福和对进化的积极贡献是携手并进的。

许多文化都以特别的名字来表彰那些在复杂的活动中感受到心流的人。儒家称之为圣人；佛教称之为达到第九世界的菩萨，当人达到佛的最后阶段后会有至少十个头衔，包括神和人类的导师；在基督教传统中，那些被称为圣徒的人有许多相似的特征，比如摆脱基因的束缚，摆脱社会控制的支配，以及具有对他人的怜悯之心。圣贤、圣人和菩萨可能因为自己的信仰而受苦，甚至为自己的信仰而牺牲，但无论如何，尽管他们不得不忍受苦难，他们都会带领人们走向宁静快乐的生活。

现在我们没有对复杂的人的正式称谓，但更令人遗憾的是，我们无法将他们与那些对未来没有贡献或者实际上是用行动增加了熵的人区分开来。如果不认识那些内在自然和谐的个体，我们就更难从他们的事例中学到东西。为了减少这种状况，我们可以称那些自然把心理能量投入到复杂的事情中并且感受到愉悦的人为超越者或者是T型人。

## 超越者是什么样的？

有很多人的行为表明了他们的生活具有复杂性。但它们不能被简化为一种类型，因为没有一条单一的途径可以达到个人和谐。因为分化是复杂意识的一种，每个人都必须跟随自己的意志，找到实现自己独特个性的方法。因为我们生来就有不同的气质，以及不同的天赋，成长在不同的家庭环境、社区和历史时期，我们每个人都表现出一种独特的潜能模式。因此，没有典型的T型人，也没有达到复杂性的最佳途径。

但幸运的是，有很多超然生活的例子可以引证。例如诗人吉奥基尔·法鲁迪，在他80岁生日后几天，我第一次在布达佩斯见到他，最近他又回到了布达佩斯，接受承认他完整作品的官方认证。他有一头银白色的头发，脸上带着一种平静的微笑，他脸上的皱纹就像发干苹果上的纹路，但他的眼睛里充满了10岁孩子的好奇心和热情。我常常被他的简洁、有力而又温柔的诗句打动。在漫长的一生中，法鲁迪经历了比常人更多的无法忍受的悲剧，但他对未来的复杂性贡献了很多。

法鲁迪还记得，在9岁的时候，他决定成为一名诗人，因为用语言来表达是他唯一能做的事情。我问：“为什么要当诗人呢？”“因为我害怕死亡。”他答道。晚上躺在床上，害怕早上不再醒来，他决心用文字来创造一个他能感到安全的世界，一个在他自己消失后仍能继续存在的世界。长大后，法鲁迪始终如一地坚持写作。比起世界上的其他事物，他最喜欢诗，而且大多数读者都被他的诗深深地打动了。

但有一个阻碍：法鲁迪是犹太人，读他书的人太多了，以至于他无法在二战前的资产阶级敏感的范围内限制自己的想象力。他被列入黑名单，他的诗歌被禁止出版，所以作为权宜之计他只能转做翻译，只翻译维庸和韦尔莱讷的诗歌，翻译的这些诗歌与法国传统的诗歌截然不同，勉强通过了审查制度。在这一成功的鼓舞下，法鲁迪开始假借翻译维庸诗歌之名，实则发表自己的诗。布达佩斯的知识分子们开始使用诡计，他们更欣赏大胆的诗句，因为作者在冒着风险来发表诗作。

随着第二次世界大战的推进，德国军队入侵匈牙利，当地的法西斯合作者和其他犹太人一起，把法鲁迪赶了出来，扔进了一个驱逐营。不知怎的他从那里逃了出来，成功地越过了正在交战的半个欧洲，最终到达了北非。在那里，与纳粹勾结的法国人迅速把他放在了一个刚刚撤离的营地，那里所有的囚犯都死于霍乱。直到盟军解放了北非，他才有机会移民到加拿大，后来又移民去了美国。

到那时，他已经翻译了好几本世界上最伟大的诗作：从汉语、梵语、希腊语、拉丁语、意大利语、德语、法语、英语到匈牙利语，这些诗在翻译上是新鲜的和灿烂的，就好像它们最初就是用匈牙利语写的，但同时经过时间的沉淀也保存了当时文化的独特韵味。

二战结束后的几年，他决定返回匈牙利，本以为在一个社会主义共和国，他的革命诗歌理应受到欢迎。然而，事实恰恰相反，新政权甚至比旧政权更不愿意接受真理。早年间，法鲁迪就因写了一篇关于斯大林的攻击式的寓言而陷入麻烦。结果是可以预见的：法鲁迪在秘密警察的地窖里被拷打，然后被派往赖奇克（这是一个“惩罚性”营地，在那里很少有人活着回来）。

从黎明到黄昏，囚犯们被鞭子抽打着劳作，吃着剩菜，穿破衣服，然而正是在这个可怕的环境里，法鲁迪的灵魂开始唱歌。他的狱中诗句是流派中最抒情的作品之一（匈牙利语是很好的语言，但很难翻译。因此，我们几乎不可能在英语翻译中得到原来的感觉）。

事实上，这正是法鲁迪的意图。为了保持自己和狱友们的意志，他试图给无法忍受的生活赋予意义。在释放之前，法鲁迪在他的最后一首诗中写道：

我学到的最好的东西是什么？
离开我那被蹂躏的身体之后
爱并没有离开
苏茜变成了一盏灯，银色的雾
在我眼前闪闪发光
即使
为苦痛所伤，为饥饿而困
当意识离开，爱依然存在
爱，永恒的火，燃烧着却不具伤害
非生在滚烫的欲望中
不具腺体的残渣
不具性器官的汁液
是但丁而非薄伽丘

阿波罗，不是死人的世界
让弗洛伊德将他的头颅浸入水中

在危及生命的局势中，这位前反叛者从过去最有希望的方面，从他文明中最有意义的模因和对妻子的爱中寻求帮助。也许法鲁迪的作品中最动人的地方之一是它最初没有被写下来的部分，原因是营地里没有铅笔和纸。起初，法鲁迪记下了他的每首诗。然后，为了避免因死亡或遗忘而失去它们，他还让狱友们将诗作都背下来。在这种情况下，在他被囚禁的最后的日子里，他为他的妻子写了一首长长的挽歌，每个部分都由不同的囚犯记住。其中一些囚犯在法鲁迪之前就被释放了，他们去拜访他的妻子，带去了她丈夫的消息，朗诵了他们记忆中的那首诗。在朗诵结束时，他们通常会宣布："这就是我所学到的全部，但几天后，吉姆·艾格里应该被释放，他会来告诉你接下来的二十节。"

在1956年匈牙利革命期间，法鲁迪终于被允许返回文明世界，他又一次逃到西方国家，他依靠记忆发表自己的监狱诗歌译文。不久之后，他开始收到来自世界各地的信件，从巴西到新西兰，其中包括对他的诗的修正。这些修正的信件是由以前的狱友写的，而此时狱友们分散在全球各地，他们致力于回忆那些致命的经历，然后以平和的口吻叙述出来。这些修正大部分都被加进了法鲁迪后来的作品版本中。

法鲁迪的生活是一个很有价值的例子，有两个原因：首先，它在细节上很特殊，显然不适用于大多数人的生活。我们中有多少人有这样的语言天赋，遭受得了如此多的迫害，战胜得了那么多的障碍？其次，它具有独特性，法鲁迪是典型的能够满足自身潜在复杂性的人。他当然不是圣人，也不可能成为儒家圣人或菩萨。但他学会了在复杂性中找到心流，学会了将熵转化为模因，从而为那些关注他的人创造出意识的秩序，因此，因为有他，这个世界比原本的要和谐得多。

其他有代表性的人很容易找到。我们都知道那些具有超越者形象的人，没有名字或类别来描述他们。我们可以相当精确地测量智商，并且可以计算出一个人的净资产，这是我们非常重视的指标。但是，当涉及一个人的生活是否增加了和谐或混乱这一更有意义的问题时，我们感到困扰。

心理学家安·科尔比和威廉·达蒙在他们的新书中描述了道德领袖的生活，并详细描述了5个例子。其中之一可以作为许多其他的模型。苏西·瓦尔迪兹是来自加州的一名西班牙裔妇女，在经历了一段非常贫困和令人失望的青春之后，她搬到了墨西哥的华雷斯城，在那里她成了“垃圾场的女王”。她建立了自己的使命屋，并致力于教导那些被迫在城镇周围的山中寻找垃圾的无家可归的人一些基本的卫生原则，以及尝试“让孩子们知道会有比他们现在的生活更好的生活”。虽然她自己是贫穷和无知的，但她通过自己的主动性和奉献精神，成功地从一个福利接受者转变成了为数百个家庭提供福利的人。

“对苏西来说，”作者写道，“她的工作就是她的生活……”在她看来，在华雷斯城的工作是她在这里最想做的事情。这种追求道德目标的强烈愿望，就是我们所说的自我与道德的统一。对苏西来说，这种统一是她毅力、自信和快乐的关键。当一个人学会享受这种复杂的体验时，结果必然是内在的和谐，并有助于他人的和谐。

但一个超越者不必像法鲁迪和苏西那样，走出正常的界限，承担一些肩上无法承受的负担。大多数人会以更温和、不那么引人注目的方式增加自我复杂性。例如，在我们最近对青少年的研究中，有一个15岁的孩子，我叫他本。本的与众不同之处在于，尽管他很小，但他知道自己一生想做什么，他很擅长做事情，喜欢做事情，即使他自己的目标是明确的和紧迫的，他也关心帮助别人实现他们的目标。这个事情的独特之处在于这种特质很少在青少年身上出现。

本在八年级的时候第一次展现出成为一名艺术家的光芒，当时他设计并建造了一艘木质的维京船，并配有桨和盾牌。“我开始用木材制作东西，然后我可以观看我所创造的东西，而不仅仅是将它们画出来……我可以从中获得很多乐趣。那是最好的一年，因为那时我将画画和建筑融合在一起，这就是所有的一切。”当本磨炼自己的技能时，他获得了信心，并制定了长远的目标，这可能会在他的余生中维持下去。他希望成为一名建筑师，或者一名汽车设计师。关于成功的意义他已经有了相当清晰的想法：“我在这方面很有竞争力，我喜欢看到自己成功。当我不成功的时候，我就会对自己很生气……对别人来说赚很多钱是成功的，但对我来说，做自己的老板是成功的。知道自己能够实现自我……那是成功的。”

本的自我意识和自信表明他的自我正变得与众不同。同时，他对周围的人很敏感，并且知道他们之间有着不可分割的联系。换句话说，融合也是他自我的一个重要组成部分。这是他在谈到父母时所说的：“我非常爱我的父母，我喜欢看到他们对我所做的事情感到高兴。无论我做什么，我都要咨询他们，即使不需要。”他试着学习祖父的优点：

> 我们很亲密，很难说为什么。他在某些情况下总是很镇静。我从没见过他生气……他可以亲力亲为，就像你无法相信你在75岁时还做着那些错综复杂的事情……当某些情况出现的时候……我回顾过去，发现这很微妙，他的行为会为当下的情况提供更多的补充。

这难道不是一个青少年应该有的样子吗？但是有多少青少年的父母像本的父母一样幸运地发掘出自己孩子的潜能呢？也许，如果我们更认真地对待建立一个复杂的自我的需要，本的情况看起来一点也不例外。

再举一个特殊的例子，是我们之前采访的一个研究对象——莱纳斯·鲍林，我们采访他的时候他已经九十多岁了。他像一棵松树树苗一样笔直，挺正身子坐了两个小时，回忆他的生活和工作。他记得六十年前他发表过文章的各种报纸的日期，并笑着回忆起八十年前在俄勒冈波特兰与他一起玩过的男孩，以及他们居住的街道地址。在鲍林的叙述中，最吸引人的是，他似乎每天都享受着生活，以及他一生中所经历的每一件事。

鲍林的传记是一本教科书式的复杂案例。在他的青年时代，他能够将量子力学与化学中的分子结构形象化，由于能够证明这种关系的本质，他获得了诺贝尔化学奖。从某种意义上来说，他生命的这一时期主要是投入于一个高度专业化的智力分化过程。后来，鲍林把精力转向了整合。他开始关注科学家对社会和自然的责任。他赌上自己的身体和名誉，冒极大的风险来反对无节制的核能发展，他组织了科学家一起反对核武器，并在一段时间内参与了国家政治。在这些活动中，他获得了诺贝尔和平奖。

法鲁迪、苏西、本和鲍林的故事有什么共同之处？他们是那种学会了从生活中获得发自内心的喜悦和深深的满足的人。不是从获得的财富或荣誉中，而是从生活的过程中，从发展技能和克服挑战——从作为进化过程的一部分，通向更高层次的和谐的复杂性。在进一步了解如何拥有这样的生活之前，简要回顾一下我们已经了解的关于自我的知识，以及它是如何工作的，这将是有益的。

## 什么是自我？

站在大西洋或太平洋的海滩上，望着浩瀚的海水，你不禁会想："啊，浩瀚的海洋!"然而，我们所说的"海洋"实际上是一种精神建构，正如我们面前的只是大量的氢和氧原子共舞，形成我们所说的"水分子"。我们没有看到这些分子，只有它们的作用的总和，然后我们把它们想象成一个单一的实体：大西洋、太平洋、地中海。

为了弄明白刺激我们感官的刺激物，我们的神经系统学会了把信息捆成可以管理的模块，这样我们就不会被大量的离散细节所淹没。因此，我们将水的微粒视为一种物质，我们将空气中的微粒视为"天空"，将地球的矿物表面视为"地球"等等。我们的思想在反思我们所看到的东西，赋予这些图像不同的身份，它们只是在我们的想象中。这是物化的过程中我们的心理结构属性的现实。

自我是一种物化，当然也是最重要的一种。我们通常认为它是一种力量、一种火花、一种内在的火焰和一个不可分割的整体。然而，就我们现在所知道的，自我更像是一个我们凭想象力虚构出来的东西，用来解释印象、情感、思想和情感的多重性，这些都是大脑在意识中记录的。在较简单的生物体中，神经系统由闭合回路组成，只有一些感觉通道是开放的，这些通道与单一的、离散的运动反应相连。有机体不必做出复杂的决定，而是本能地做出反应。但是由于人类的大脑随着时间的推移变得复杂，有太多的信息进入它。有各种各样的感官数据需要关注，所以必须设置优先级。最终，一个“交通警察”功能在大脑的神经元中形成，以监测和控制混乱状态。如果没有一个集中的监控者，感知输入会在毫无意义的混乱中相互争斗。一旦我们开始使用这种在最近进化史中出现的管理能力，它也就成了意识中的信息项目之一。当我们反思我们控制头脑中正在发生的事情的能力时，我们开始把它看作一个具体的实体——“自我”——我们把所有的品质都归因于它。很多人把自我想象成一个侏儒，一个在大脑中央指挥我们生活的小人物。

然而这并不是真的，在我们的大脑中有一些东西比组成大脑的单个神经元的总和还要多，这就是意识，大脑通过它对信息进行组织。当我们把数以百万计的水分子理解成单一的海洋时，我们就经历了意识中信息的结合，这就是自我。正如大海具有的很多属性让我们无法从关于离散水分子的纯粹的知识中想象到潮汐、波浪、鲸鱼、冰山以及美丽的日落一般，自我也有自身的特征，所以我们无法从构成它的离散信息中预测未来。

也许自我出现的最致命的后果是它最终获得的力量超过了我们的精神能量。在自我发展之后，它的主要目标变成了所有其他的有机体系：自我防御、自我强化。如果我们不去控制它，它很快就会把我们所有的精力都用于实现它自己的目的，我们最终会被一个虚构的想象所统治。当然，为自我和它的需要所统治可能比被外部力量、基因和模因控制要好，这是另一种选择。但问题是，我们要创造什么样的自我来统治我们？

如果自我包含了意识中传递的一切，那么随着时间的推移，我们所关注的将会塑造这个自我。例如，东非的努尔人养牛，他们将大部分时间都花在观察他们的牛群上。他们对每一种动物都很熟悉，知道它们的习性和祖先。他们相信那些养育了小牛的水和养育了自己的孩子的水有同样的来源，而且在死后他们和那些牛群的灵魂都会去往同样的地方，因为他们感受到了这种神秘的与动物之间的亲密感觉。努尔人很少会虐待他们的动物，对于他们来说拥有一大群牛并且送它们离去是一件值得满足和骄傲的事情。因此很难说努尔人的自我是自己，应该也包括那些他们花费了很多时间和精力养育的牛群和羊群所创造的。

对于男性努尔人来说，还有一个自我中心。在成为牧民之前，努尔族是一个战斗和狩猎部落，男人们靠长矛来维持生计，即使在他们开始养牛以后，努尔人仍然保留着他们的矛。事实上，早期的人类学家报告说，努尔人总是长矛在手，感受着它的重量，轻抚着它的刀锋，用肩膀担着长矛的柄。当他们看守着他们的牛或者坐在他们的茅屋前时，他们会不断地亮出他们的武器。努尔人知道他们是一个好战的族群，因此，这些信息成为他们的自我的一个组成部分。这是一种类似的见解，它促使人类学家鲁思·本尼迪克特为一本关于日本文化的书定名为《菊与刀》，因为她在这两个物体上看到了日本人性格的关键——既细腻又凶猛。

因此，我们注意的不是小事，而是我们所关心的事情。物体成为我们自己的一部分，并没有什么神秘之处。一个人把大部分时间花在擦汽车上，调好引擎，然后和朋友们谈论他的车，他就会慢慢地把话题终止在他自我的概念里，在这个概念里车是很重要的一部分。当铬发光时，他感到自豪，挡泥板上的锈斑几乎和头皮上的秃斑一样令人苦恼，车道上邻居的新汽车也会引起他的嫉妒。因此，那些我们注意到的东西不是真的重要，真正重要的是我们想要去注意什么。

不仅仅是我们所关注的将构成我们的自我，我们如何去做也同样重要。在意识中组织数据的方式也成为自我的一个决定性因素。例如，关注别人的人相比内心的感受或想法会更加关注社会事件，从而变得神经质，而一个总觉得别人会伤害他的人会变得精神质。乐观主义者会寻找事物的其他面，直到他看到光明的一面；唯物主义者总是寻找具体的优势。

我们之前已经说过，自我产生是因为意识，为了避免被喧嚷信息压倒，我们需要一种机制来厘清和区分不同的需求。将注意力优先化的手段是我们所谓的目标，这个目标是心灵力量流动的通道。因此，自我可以被认为是目标的一个层次，因为目标定义了我们关注的东西，以及以怎样的方式去关注这些东西。如果你知道一个人的目标是什么，你通常可以预见那个人会在哪里投放自己的精力，从而预测他的行为。

在很大程度上，每个人的目标都不尽相同。作为人类，我们首先需要的是生存、舒适、被人接受、被爱和被尊重。当这些目标被合理地满足或者超越之后，我们就会将我们的能量转化为发展我们自己独特的潜能，以达到心理学家亚伯拉罕·马斯洛所说的“自我实现”。然后，一些人再次改变他们的注意力优先顺序，并设想超越的目标。他们试图将个人目标与更大的目标相结合，例如家庭、社区、人类、地球或宇宙的福利，这些都超越了个人局限的界限。对于一个已经投入了大量精力去研究超导电性的科学家来说，这个领域的任何突破都将和他身体上的饥饿或头痛一样值得关注。对于像特蕾莎修女这样的超越者来说，加尔各答的孤儿们所经历的事情与发生在她身上的事情是一样重要的。

在自我形成的最后两个阶段导致了复杂性。个体的独特性或自我实现代表分化的成分；超越涉及更高层次的集成。这两种自我都是导致复杂和和谐进化的必要条件，这种自我就是由法鲁迪、苏西、鲍林和本他们所代表的。如果第三个千年要比它先前的两个有所改善，我们中的更多人就必须在超现实的目标上建立自我。

## 理想自我的进化表象

这里提出的一个有趣的问题是人类自身的复杂性是否经过历史演变。现在的普通人比三年前或三万年前的祖先更具分化性和综合性吗？当然，没有可靠的证据来证明这一点。要评估我们同时代人的内在生活和动机都是很困难的，更不用说确定埃及人和苏美尔人的想法和感受了。我们能做的最好的事情是考虑不同时期绘画和雕塑中男人和女人的表现方式。这些表象虽并不能准确地告诉我们祖先是什么样的人，但它们至少可以给我们一个线索去了解在过去人们对什么样的人格赞赏有加。

正如在这本书中多次提到的那样，文化之所以能够促进进化，是因为它使信息能够以非肉体的方式表达出来。随着象形图文的到来，人类不再需要将所有的个体或文化知识保存在有机体中或是储存在神经系统的记忆路径中，现在人类可以将它们外化在图画和书籍中，并通过符号把经验的表象传送给人们。信息的外行编码和信息存储使得知识积累的数量级超过了先前存储在大脑中的数量级。也许正是由于这一进步，人类才能够赋予想象以新的意义。一旦人们可以在外部媒体上复制事件的副本，他们就必须意识到，他们也可以创建他们没有直接目睹的事件的表象。这样他们就可以想象出没有人看见的神的表现，描绘从未发生过的事情，想象将自己从以前的任务中解放出来，成为现实的忠实记录者，并正在以一种真实的独自成就的方式，带领人类获得意想不到的胜利。

当然，表象无法呈现“真”现实的照片。笛卡尔坐标、X射线或者是大脑的彩色地图使我们碰巧学会了用视觉的方式来调节我们认为很重要的现实的某些方面，从而用这些思维方式来理解它们。正如我们的神经系统和生存能力有局限性一样，这些表象也有局限，就像蜜蜂的表象受到蜜蜂的表征能力的限制一样。

人类试图通过表象来表现的经验的最重要的方面之一就是他们的自我。当自我开始越来越依赖于学习而不是简单依靠遗传代码的行为时，其表现形式开始不只是身体的可见特征，还包括心理素质和自己经历的或者希望达到的精神实质。如果人类的进化还在继续，那将是因为我们试图去面对越来越复杂的自我形象。

在通常情况下，人们过去创造的自我表象并不是为了表现自我本来的样子，而是为了表现它应该成为的样子。在洞穴壁画中，猎人通常被描述为成功的狩猎者，早期的雕像显示了肥胖女性巨大的乳房和臀部。这种扭曲的现实当然是功能性的，因为它们潜在地推动个体走向更理想的存在状态。

## 个人物品

理想自我的表象经常表现在人们身上穿的衣服，或者实际刻在身上的符号上。这些表象并不总是对个人的文字描述，它们通常还由象征着自我重要品质的物品组成，代表物包括他们自身所承载的自我重要方面的一个普遍范畴。人们佩戴这些物品往往是为了增加力量，它传达了人控制能量、击败对手、指挥忠诚、吸引注意力和嫉妒的能力。也许这类形式最简单的身体装饰是史前人类直接使用于他们的肉体的油漆和文身，把它们从天然事物化作文化实体。文身传达了很多信息，其中最典型的就是一个人在亲属关系网中的地位。因此，文身作为身份的标志，标志着它的承载者不是孤独的人，而是社会网络的一员。换句话说，如果你攻击这个人，就等于攻击他的整个团队。

下一个复杂的个人物品是羽毛、布料或金属制成的各种装饰，这既证明了穿戴者的社会地位，也证明了他个人的成就。一些考古学家认为，人类第一次使用金属不是为了制造武器或有用的工具，而是为了制造时尚的身体装饰物：

> 在大多数情况下，早期金属的出现主要是因为它的产品具有新颖的特性，作为装饰品具有象征意义，通过吸引大家的注意力来提升威望。

目前，人们使用装饰品来提升自己的形象的行为也很明显。红色的“权力领带”表明佩戴者野心勃勃；有色头发、整形手术、化妆品、珠宝和时尚服装是使自己显得比实际更令人羡慕或更有声望的方法。从历史上来看，男性的身体装饰物往往表现为体力或对他人和物品的控制；女性的权力是由她们吸引男性的能力来表现的，因为她们有突出的性特征，有生育能力。很明显，所有这些尝试都是生物标记的文化延伸，正如许多昆虫、鸟类和哺乳动物通过拥有某些特征而使自己显得更大、更凶猛或更具吸引力。

在不同的文化中，人们可以采用专门的物体来表示自我的不同维度。在美国许多土著部落中，成年人在脖子上戴着象征自己特殊知识或成就的“医药包”：一些疗效强的草药，以及赤手空拳击败熊后获得的熊的牙齿和爪子。

在我们现在的时代，人们携带各种各样的物品来象征他们想要的品质。此外，我们还会戴手表、笔、袖珍计算器、寻呼机、手机和其他随身物品，这些都是为了让自己安心，让别人对我们的力量印象深刻。在我们的文化中，汽车已经成为理想自我的一种表现和延伸。它有着明显的象征意义和装饰意义，它像是一份声明，让我们表明我们认为自己是谁以及想要别人如何界定自己。因此，个人物品在某种程度上起到了一种心理支撑作用，提醒主人他或她处理世界的能力；在一定程度上，它们创造了一种表象，让主人在与他人的互动中获得优势。

## 家用物品

在身体上穿戴的个人物品的功能似乎主要是防御性的，它们是一种象征性的盔甲，可以抵御外部世界的危险。而在家中收集的物品似乎起到了不同的作用，由于它们更私人，它们的功能似乎是在所有者的自我概念中创造内在的秩序，而不是给人一个外在的印象。

在罗马、中国和其他许多国家的文化中，家庭中最重要的部分是为祖传表象预留的角落。活着的人获得的身份与那些逝去的亲人有关，祖先过去的生活被面具、雕像或其他符号所纪念，人们每天都可以看见和祭奠他们。个体在永恒更新的亲属群体的生命中几乎没有什么意义。

在当代家庭中，大多数人都营造了一个充满象征意义的环境，里面充满了能让他们记住自己是谁、确认自己是谁以及在未来想成为什么样的人的意象。但是，我们并没有使用在过去的文化中现成的和文化上认可的图标，而是在很大程度上根据自己的亲身经历建立了我们自己的自我认识。的确，即使在当今的时尚家居中，与祖先相关的视觉标志物仍然十分重要，但是这个重要性需要经过个人的确认。

在一项对居住在芝加哥市区的82个家庭的300多名成员进行的研究中，我们发现了一些非常广泛的物体，这些物体代表了主人自身的显著特征。例如，家具、音响、书籍和乐器都是主人最常提到的，因为它们代表了自我的重要维度。也许客厅里的一把椅子对一个人来说是非常特别的，因为它的设计完美地表达了他自己的价值观。他的妻子很珍爱一个旧的躺椅，因为那张椅子是她在照顾她在婴儿时期的孩子时用的。他们的儿子喜欢第3把椅子，因为它就像蹦床，他可以在上面自由地弹跳。每一把椅子都是对某个家庭成员的自我的一个重要方面的具体提示物。

美国人与亲属的关系仍然是家庭符号中自我客观化的中心维度之一。祖先更多地通过被继承的餐具和家具被想起。此外，绘画倾向于表现父亲，而雕塑更多地表现母亲。然而，与之前的文化不同，象征孩子和其他后代的东西和象征祖先的物品一样多。照片是最常被提及的物品，因为它们让主人想起了自己的孩子、孙子或整个家庭。37%的祖父母提及照片是家中最有价值的物品；照片是经常被父母提到的物品的第6位；有10%的年轻一代提到照片，这在年轻一代被经常提到的物品中位于第15位。最新款的立体声音响设备是45%的青少年受访者提到的首要家用物品。

自我的另一个方面是代表着业主的理想家庭中象征性的环境。这些通常是由书籍、植物和乐器显示出来的，但偶尔也会有一双旧的摇滚靴、一个奖杯或者是一本高中的日记可以达到这个目的。每天回家后，人们不仅可以恢复体力，而且还可以通过物体的意象来确认自己的身份。

## 集体表征

当人们在公共场所集会而创造或重申他们的集体身份时，就会产生另一组意象。从第一次我们的祖先围着篝火开始笨拙的舞蹈表演，到世界各地的电视上转播最新的奥运会奢华的开幕式和闭幕式，我们尽力为情感找到象征性的表达。通常这些表象是听觉的或者是动觉的，而不是视觉的，就像在部落舞蹈的节奏中那样；或是澳大利亚原住民的牛头人，他们创造了一种强大的精神力量的印象（正如迪尔凯姆所说，这被认为是最神圣的东西。在宗教尊严方面，没有比这更重要的了）；或非洲伊图里森林的俾格米人会在部落受到威胁的时候唤醒森林里的圣树。在每一种情况下——就像在摇滚音乐会中一样，这是我们年轻人所经历的一个重要部分——声音包围着离散的个体，并在他们身上创造出一种共同参与一个强大的团体实体的感觉。如果没有这种集体经历，我们将会感到更加孤独、胆怯和无助。

一个非常古老的在仪式场合佩戴的面具将个人与超自然力量联系在一起，它通常代表神、英雄或祖先的精神，这是团体的中心。对于霍皮人以及新几内亚部落的人来说，戴面具是将自己从弱小的凡人转变为强大而有意义的实体形象的最普遍的手段之一。蒙堤先生对面具的卓越功能有一个很好的描述：

从心理学角度来看，面具的起源是人类想要通过不同的人生体验来逃避自我的愿望——这个愿望显然不能在身体层面得到满足——为了增强自身的力量，它可以依附宇宙的、神圣的或是恶魔的力量而不管它们是怎样的。它是一种对突破特定的、不可变的条条框框束缚的渴望，并在一个冒险的生命周期中结束。

史前文明也开发了更抽象的表象来代表他们所主张的集体力量。在澳大利亚，阿兰达人的具有代表性的圣物被称为“nurturya”，他们用一捆棍棒或长矛在村庄中心举行仪式，它象征着氏族最基本的力量。罗马人用同样的符号来代表国家的权威，惩罚非法闯入者。古罗马的官员带着捆在一起的榆树或白桦木棒。无论这些束棒出现在哪里，任何骚乱或动荡都会平息下来，人们敬畏这个集体力量的象征。1919年，墨索里尼的法西斯党的名字来自束棒一词，这也是“团结就是力量”的意义来源。虽然每根棒子都可以被一下折断，但当联结在一起时，它们是牢不可破的。

集体的宗教象征也代表着权力是神圣的且不可侵犯的。正如亨利·亚当斯所指出的，伟大的中世纪大教堂充当了一百年前的大型电力涡轮机那样的精神能量的巨大仓库。现代的类比可能是核反应堆、超级对撞机和空间中心。他们将需要的体力转化为令人敬畏的神秘力量的表象，这反过来又增强了那些认同他们的人的自我表象。

集体权力，尤其是宗教的权力，并不一定等同于物质力量或物质控制。大量的哥特式教堂都是献给圣母玛利亚的，而她代表的痛苦和温柔同赤裸裸的力量相比是一种更典型的基督教的意象。但在基督教的世界观中，米克继承了地球，圣母温柔的祈祷撼动了上帝。权力是一个比约瑟夫·斯大林想象的更微妙的概念。

然而，人们创造的大多数意象，无论是个人的还是集体的，都在某种程度上是一种权力的表现，无论这种权力是否包括影响他人、控制事件的进程或者只是简单地拥有自己的方式。当然，从进化的观点来看，这是自我意象被认为提供的一个重要功能。我们可以认为它们提供的目标将我们拉向未来，但是，某些意象在引导我们前进的征程中是否比其他意象更有用呢?

## 理想自我意象的演变

在哪里可以找到那些人类已经创造出来的可以给自己一个方向、激励自己的目标的意象？选择相关例子的任务因人类丰富的想象力而变得困难。有很多关于神、天使、魔鬼和拟人化动物的描述，试图把这些作为模型，但最终因为无关性而被人拒绝。尽管上帝和恶魔是小范围的代表，但是这代表着我们周围超能力的文化视角，因此我们应该寻求对这种文化的渴望。

在西方的传统中，人类完美的理想形象[①]是由希腊的雕刻家在大约三千年前设定的。这些很容易辨认的模型或多或少地在埃及、中国和印度得到了发展。然而，在过去被称为“伟大文明”的范围之外，更难以识别出的个人的代表，才是可能存在的真实的男性或女性的形象。美拉尼西亚、非洲和新世界复杂文化的典型特征是表现主义。身体扭曲是为了强调渴望或神奇的显著特征：巨大的眼睛，巨大的生殖器。身体的位置是形式化的，按照规定的线路规划走向。

当然，在毛利战争中独木舟上的雕刻和早期埃及或希腊神庙的护卫舰上的带状物之间的区别可能只是一个程度的问题，而非西方的图像可能是一个对理想人格的精确的衡量。一个严格的、仪式性的姿势可能意味着一个人在控制自己的身体时，与神和部落的律法保持一致。

我们现在更有自信解释古罗马文化时期的关于人类意象的经典雕刻的信息。下面举个例子来说明阿诺德·豪泽尔如何解释公元前7世纪一个古老的青年男子肖像和后来的波利克里托斯雕像：

① 阿诺德·豪泽尔（Hauser，1951）对艺术进化的权威研究认为，希腊的早期雕塑是以理想人格为代表内容的。

> 现在，贵族美德的基础已经奠定：阿雷特是指在传统出生和种族的基础上，建立的良好的身体素质和严格的军事纪律；美即善是指追求身体与精神、身体与道德品质之间的平衡的理想；中庸是指在自制中，讲求自我约束、自律和节制的理想。

豪泽尔认为，在希腊贵族时代的末期，当交战的贵族开始对日益富裕的商人失去政治控制的时候，他们试图在大理石上雕刻他们自己的阶级所宣称的美德。健身、节制和自律被认为是勇士贵族的特征，展示这些品质的雕像是为了抵御商人企图篡夺的野心。豪泽尔进一步认为，几百年后，在普拉克西特勒斯和利西普斯时代的雕像，揭示了商人阶级的胜利给雅典带来的价值变化：人类的画像表现出一种人文主义的启蒙，强调的是美而不是力量的警觉，是智慧而不是刚毅的性格以及遵守纪律的自发性。

早期希腊雕塑的许多理想事物都是由东方艺术的典型人类所代表，尤其是圣人和菩萨所代表的开明形象。希腊的青年铜像中体现的恍惚式的微笑，被一些内在的纪律所控制的克制的能量，这些景象分布在整个东亚的佛像上。尽管存在着巨大的文化差异，从埃及到日本，所有伟大的文明都曾设想过把一种类似的意识状态作为自我的最高表达。它与一种平静的力量，一种与自身、与世界和平的克制的能量有关。

这种内在的宁静在古典文明的毁灭中幸存了下来。拜占庭艺术中那些阴郁的人物，在他们的眼睛里保留着一种和平的假象，持续在中世纪的历史延续着。大教堂墙上的壁画描绘的是一种更加丰富多彩的生活方式，它展示的是基督徒理想的生活，表达的是对信徒的熏陶。殉道者和处女在他们的道德优越感的充分绽放中表现出来，他们的收获只是视觉上的编目，而那些没有达到教会期望的人所遭受的苦难被描绘得极其详细。

基督教教育家认为，让孩子接触圣人的形象是一种十分有效的展示美德的方式——而且可能实际上是主张他们做个观察者。因此，在14世纪末期，乔瓦尼·多米尼茨建议一个人应该有：

> 房子里的绘画、神圣的男孩、年轻的处女、会像本我一样开心的仍在襁褓中的孩子……我想他们看到艾格尼丝肥羊肉、塞西莉亚的玫瑰花环、伊丽莎白与许多玫瑰、凯瑟琳在方向盘上，以及一些其他人物形象如母亲喂奶、渴望基督、罪恶的仇恨、厌恶虚荣、不与坏人为伍并且开始去凝视至上的圣人等。

文艺复兴时期，就像希腊的普拉克塞特时代一样，是一种人类形态从其防御性的外壳中迸发出来并获得了一种罕见的自由的时期。人类的能力是没有限制的。理想自我的力量不再来自服从神的权威，而是来自个体从自己的存在中获得最大潜能的决心。正如朱里奥·曼奇尼在17世纪初所说的那样，一幅精美的画甚至可以帮助母亲孕育出漂亮的孩子：

> 情色的事物需要放在私人的空间，家里的父亲要将其保管妥当，只有和妻子或是不太古板的亲密的人在一起时才可以打开它。类似这种情色的图片应当放在夫妻的房间中，因为一看到这些，他们就会想生一个美丽、健康、可爱的孩子。因为每个父母看到这个图片就会在他们下一代的身上印上之前在物体或者图片上见过的相似图案。

几个世纪以来，文艺复兴的乐观情绪逐渐消退。到第一次世界大战结束时，西方的艺术家们很少能相信人类完美主义的理想。在过去的几代人里，人类形态以欧洲从未见过的形态出现，因为在伟大的文明开始时，他们结束艰难的旅程，走向充满希望的未来。20世纪伟大的艺术家们放弃了理想化的男人和女人，从部落艺术到孩子的涂鸦和疯狂的艺术。一些艺术评论家声称，最初雕刻这些面具的非洲人后来激发了毕加索或克利斯的创作，这可能是错误的，因为他们表达了一种基本的生存恐惧。但很明显，西方艺术家通过他们作品的扭曲特征来描绘他们对人类状况的绝望。

多年来，主流艺术似乎已经放弃了能够提供一个可行的自我模型的希望。在20世纪，只有三种理想化的人类意象潮流。

两种是政治上的，在艺术上主张乌托邦，结果都导向可怕的失败。第一种是法西斯政权提出的一种强硬的、粗糙的阿雷特式的希腊理想，这是一种注定要继承土地的雅利安人的模式。佛罗·伊塔里科周围的墨索里尼雕像或柏林希特勒政府前的雕像为最符合执政意识形态的人提供了一种令人生畏、冷酷无情、像机器人一样的个人意象。另一种受政治意识形态启发的人类理想是空想社会主义和现实主义所描绘的。半个世纪以来，共产主义的实验产生了大量的绘画和雕像，这些雕塑代表着许多有用的项目，包括从收割到垂钓、修理拖拉机和给孩子们喂食。相对于法西斯艺术而言，苏联的多样性可能更空洞。它所代表的自我显然是一种宣传的产物，几乎与它所宣称的社会现实毫无关联。更糟糕的是，它与可预见的未来没有任何关系。

第三种意象代表一个理想的自我，是西方媒体提供的通常是商业广告的服务。从20世纪20年代的时髦女孩们推销化妆品或香烟，到百事可乐的广告和电视广告上啤酒的销售，这是一种坦率地利用我们的视觉环境来表现人类的方式。它的目的是吸引人们对某一特定产品的关注，并将该产品与人们理想的想法和感觉联系在一起，诱使我们购买，并因此增加其市场份额。为了达到这个目的，这些产品通常与健康的生命以及似乎有充足时间的年轻人联系在一起。

从这些商业形象中浮现出来的自我理想，缺乏早期希腊英雄的平衡自律、基督教圣徒的精神狂喜、法西斯裸体主义的意识形态狂热，或苏联工人集体主义妄想的任何暗示。他们所展示的是健康的身体、满足的感官以及缺乏可能干扰最新潮流的消费或感官刺激的关心与责任。现代广告的肖像往往是对我们遥远祖先的恋物癖和图腾性的回归。马丁·埃斯林认为电视广告是一种宗教戏剧。

> 电视广告的道德世界本质上是一种多元宗教。它是一个由强大力量的万神殿主导的世界，它确实存在于每一篇关于消费的文章中……如果古代希腊的风和水、树木和小溪都居住着大量的若虫、森林女神、萨提斯以及其他当地和特定的神灵，那么电视广告的宇宙也是如此。因此，我们这里所面临的多神论是一种相当原始的，类似于万物有灵论和恋物性的信仰。

其他评论人士将广告比作福音：“这是我们发现自己的终极来源的参考。”此外，每一种形式都为我们理解自我和世界的意识提供了一个控制的形象。我们所理解的这个世界，充斥着对关注和金钱的渴望，而我们所理解的自我则是那些试图通过占有事物来验证自己身份的消费者。

这些意象传达的信息是人类最高的目标是过一种无忧无虑的生活。当然，这并不是一个特别新颖或原始的主题：正如索科金试图证明的那样，在历史记录保存下来的情况下，感性文化与文化之间的差异往往更倾向于价值观念而不是娱乐。也许文艺复兴时期艺术的被解放的人物意象最接近于传达一种自我的形象，这与我们在商业艺术环境中的形象相似。但当代观察者比那些痴迷于自恋和对商品盲目崇拜的当代同行更可能会发现，文艺复兴时期的人类表现更有趣，更能代表复杂的思想和情感。

那么，似乎在现存的记忆中，无论是艺术家还是21世纪的两大政治运动以及时代的商业能量，都成功地为自己提供可行的自我表征，从而为未来提供可行的方式。这是否意味着我们已经失去了面对我们的千禧年的想法，而艺术家以一个孩子的棍子和一个潦草的精神分裂症患者形象来代表人类的形式？他们对我们所做的事情的内隐分析是正确的吗？没法想出一条给人类光明的道路吗？还是说，我们的想象力只是暂时被限制了，随着时间的推移，我们很有希望会出现一个理想自我的新表象？

## 未来的自我

我假设最后一个选项是正确的。然而，从定义上很难猜测未来我们将采取怎样的表现形式。但因为这个问题绝不是微不足道的，所以我们不妨推测一下那种能代表我们所向往的特质的形象。

最明显的可能性是，未来的自我形象将再现过去的一些特征——将古典希腊女神或运动员的身体活力与少年立像或菩萨的平静的内在结合在一起。正是在这一巧合下，人类复杂性的最佳状态被结合在一起。但是，这种状态有一个可行的当代视觉表现吗？也许我们应该转向电影来寻找灵感：加里·库珀在《正午》（*High Noon*）或者是《七武士》（*The Seven Samurai*）中的形象。

更激进的可能性是外部特征——美丽、性格、人格面具——将变得越来越不重要。严肃的艺术家们已经放弃了表现个人外表的尝试。但取而代之的是什么呢？也许焦点会转移到对人的内在复杂性的描述上。计算机可能成为自我的隐喻：有机体是一种极其复杂的机器。

最终也没有一个比“宇宙自我”更好的术语。其中一个例子就是凯文·科斯特纳在电影《与狼共舞》中的角色。他的模型指出了个体与更大更复杂的单位的融合：与其他文化、人类整体、其他动物、自然景观的融合。这条轨迹最终的目的地是“量子自我”，它通过与存在于宇宙中的那些能量结合来定义自己。

显然，艺术家在视觉化和代表这些更激进的可能性方面将面临巨大的挑战。然而，这就是真正的艺术家所要面对的任务。正如卡尔·贾斯帕斯所写：“人类有一种开放的可能性。”因此，它总是比他所带来的自我实现更重要。然而，我们有责任试着想象人类在其历史的下一阶段会是什么样子。如果我们不这样做，进化将继续盲目地进行下去。然而，我们已经深入到未来仅仅让事情按照我们的意愿进行。我们不能按照没有意义的模型绘制出一个充满希望的行程，或在没有现实的图像的情况下想象我们可以变成什么样子。

## 自我的发展贯穿整个人生

研究人类发展的心理学家倾向于认为不同的目标在生命周期的不同阶段是不同的。换句话说，人们对自己的精神能量进行排序的优先顺序会随着时间的推移而改变。孩子们通常从重视他们的即时身体需求开始，比如安全、食物和舒适，他们的自我被组织起来照顾自身。然而，有些人在这一阶段从未取得进步，他们会继续把所有的精力都投入到身体和身体的需求上。虽然这些需求仍然是必不可少的，但对于大多数人来说，一套基于被他人接受、爱和尊重的需要的新价值观将慢慢出现，甚至是被优先考虑。在这个阶段，一个人将开始遵循他的社区的规则——即使这些不是他的直接优势，并且努力成为一个可靠的、负责任的公民。但如果这些都是唯一的价值观，那么危险在于生命将被简化为无价值的一致性。随着时间的推移，这样的社会价值将会反过来为一些人创造新的对立的目标：推动独立和自主。达到这个阶段的人是完全个性化的、独特的、有趣的。在最后一层，分化型的人会在更广泛的目标上投入注意力，并从帮助一个比自我更大的目标中获得满足感，而这个目标不是因为强迫或顺从，而是因为理性的信念。

许多研究过人类生命周期变化的学者都或多或少地独立地描述了这些相同的模式。下面是一些例子。心理学家亚伯拉罕·马斯洛研究了基本需求是如何发展自我价值的；拉里·科尔伯格研究了道德的发展；简·洛文杰研究了自我发展；詹姆斯·福勒对学习信仰的发展很感兴趣。在每一种情况下，这些社会科学家都描述了自我的分化与整合之间的辩证变化，将注意力从内在转向外部，从自我价值转向更大的社会。自我的发展从开始到结束不是简单的循环运动，而是类似于一个上升的螺旋，在这个变化中对自我的关注逐渐被不那么自私的目标所限制，而对其他人的关心则变得更加个人化和有意义。

这条发展线不仅限于美国或西方的生命周期。个人和集体价值观的两极之间同样的螺旋上升也存在于其他文化中。例如，婆罗门的男性理想职业期望也是在这样相似的两极之间摆动：首先他应该是一个孝顺的儿子，然后是一个宗教学者，在中年时是一个成功的农民和顾家的男人，最后在老年时成为一个和尚，从生活中逐渐撤出，然后可以在旷野冥想。也许更有趣的是，人们在成熟过程中学会珍视不同目标的这种模式实际上反映了人类历史上的自我进化。

那些研究人类物种发展的人喜欢指出，个体生物体从受孕到完全生长的过程类似于整个物种数百万年进化的方式。其中“个体发生学概括发展史”提出这一观点：人类胚胎在子宫阶段像鱼，然后像青蛙、像猪和其他哺乳动物的胚胎——令人难以置信的缓慢的人类进化过程是重复的，然后速度不断加快，在最后几个月的时间中孕育出孩子。

也许同样的原则也适用于自我的发展。在人类进化的第一个阶段，满足生存和安全的需要是唯一有意义的目标，在这期间，理想的自我包括女性的生育能力和男性的勇敢。然后在大约几千年的时间里，最高的价值观是那些将集体联系在一起的，通常是基于宗教信仰的。我们可能正在接近这个阶段的终点，因为即使是在像美国这样一个高度个人主义的文化中，大多数人也显然持有集体价值高于一切的观念。赫胥黎、奥威尔和凯斯特勒在小说中想象未来可以通过不断监测和药物甚至严格的社会控制来使大多数人麻木和温顺。可想而知，我们仍有几千年的从众心理。

然而，自从希腊人开始重视独立的行动和个人愿景以来，越来越多的人基于个人潜力的发展而渴望自我。世俗人文主义的根源在于文艺复兴思想家所设想的自主个体的概念，已经将价值观的中心从尊重集体意志转移到个人对自己的优先事项负责的创造性努力上。其中一些人甚至已经找到了方法，用他们精细打磨的独特之处来实现我们所称的“卓越的自我”。可能必须要通过数百万年这些价值观才能使大多数人意识到，但这个时间似乎越来越短，也许有办法加快这一进程。自私、顺从甚至是独特个性的发展，在我们能够以更便捷的方式摧毁自己和环境的时候，已经不再足以给生活带来有意义的目标。

## 心流和自我的成长

孩子们学会说话是因为他们喜欢问问题，喜欢走路是为了去他们想去的地方。学习是有趣的，典型例子是一个孩子突然能够在不跌倒的情况下摇摇晃晃地骑着一辆自行车，心流的典型例子也大致如此。

而每一次的心流体验都有助于自我的成长。想要体验到心流，人们必须制定意图，而且要有一种方法来评估一个人做得有多好。自我主要是由关于目标和反馈的信息组成的。因此，在每一段心流体验之后，我们与之前相比会有点不同。我们的意识包含了关于自我的新信息。例如，那个学会骑自行车的孩子很自豪，因为她已经掌握如何使用一辆双轮车，她现在已经更接近成年人了。

为了更清楚地理解心流如何影响自我，回归到复杂性的概念是很有用的。正如我们之前说过的，有机体的复杂性取决于它的分化程度和整合程度。这无论对于软体动物还是计算机或是自我来说都一样是正确无误的。而且心流经历涉及自我的多个维度。

要体验心流，我们首先必须认识到行动的机会或挑战。这主要涉及一个分化过程。要认识到挑战，就必须知道如何放手、勇于尝试、勇于探索、求新、求知、勇于冒险。一般来说，我们会发现与我们的性情或天生的技能相一致的挑战。有运动天赋的孩子会为身体上的挑战和竞争所吸引，对声音特别敏感的人会被乐器所吸引。当每个人都遇到一系列稍微不同的行动机会的时候，他们就会发现更多关于自我的极限和潜力，并且变得更加独特。

复杂性的第二个维度与技能习得有关。当一个人战胜一项挑战时，参与活动的技能就会成为你能力的一部分。这涉及一个整合的过程。要掌握一项技能，你需要自律和耐力，并且要在自我的其他属性和优先级之间适应新技能，这需要一定的智慧或自知之明。几乎所有的孩子都会被音乐所吸引，他们中的大多数人都想学习演奏乐器。但相对来说，只有少数人能获得让他们在观众面前演奏时不会感到羞愧的足够的技能，而另外一些人则因为音乐而忘乎所以，以至于他们的整个生命都在跟随声音的流动。在这个时候，家庭、朋友等所有其他潜在的快乐都被忽视，最终被遗忘。在这种情况下，将音乐与其他目标结合在一起的失败会抑制自我的复杂性。

T型人才与这些相反的倾向相结合：这样的人是原始而系

统的，独立而有责任心的，勇敢而不失纪律的，直觉又不缺理性的。他对自己的独特之处保持着健康的自豪感。上述倾向的一端很容易就能到达，如果想要同时到达两端却很困难。然而，只有当这两个过程的明显的矛盾得到解决时，才能完全地参与到进化的过程中。

## 灵性和智慧的技能

如果一个人想要成为一名超越者，他首先应该集中精力于锻炼技能还是识别挑战？答案是有机体必须同时在所有战线上发展。一个人不能先长出骨骼，然后再长肌肉，身体的一部分也不能独立于其他部分。在我们的例子中，一个没有技能的人无法识别挑战。同样，不面对挑战，你就无法提高自己的技能。在现实生活中，二者同时发展，但由于写作是一个线性过程，我们必须一次一个地考察它们。我们首先要考虑的是导致超越的技能。

在大多数已经达到了文明的复杂性的文化中，最受尊敬的品质是那些涉及特定性格的心理过程的人，因为缺乏更好的术语来表达，我们称其为“灵性”。灵性技能包括通过操纵模因来增进人们的思想、情感、意志的和谐和直接控制体验的能力。那些实践这些技能的人被称为巫师、牧师、哲学家、艺术家和各种各样的智者。他们受到尊重和纪念，即使他们没有获取权利或拥有金钱，他们所在社区的居民仍然会寻求他们的建议，他们的建议也经常被追捧。

乍一看，很难理解为什么大多数社会都认为灵性上的贡献如此重要。从进化的观点来看，他们似乎没有实际的生存价值。农民、建筑商、商人、政治家、科学家和工人的努力产生了明显的具体利益，可是什么是灵性活动的成就?

所有形式的灵性活动的共同之处在于试图减少意识中的熵。灵性活动的目的是在矛盾的欲望之间产生和谐，它试图在生命的偶然性事件中寻找意义，它试图使人类的目标与环境中影响他们的自然力量相协调。它通过阐明个人经历的组成部分（如好与坏、爱与恨、快乐与痛苦）来增加自我的复杂性。它试图通过模因来表达这些过程，这些过程对所有人都是可获得的，并且它有助于将模因彼此结合并与外部世界相结合。

这些使心灵和谐的努力常常是基于超自然力量的信仰，但并非总是如此。许多东方的“宗教”或古代斯多葛哲学，试图在不求助于超自然的情况下发展复杂的意识。一些灵性传统，如印度瑜伽或道教，只专注于实现心灵的和谐和控制，而对减少社会熵没有任何兴趣。另一些像儒家的传统，主要目的是实现社会秩序。无论如何，尽管这些努力的意义并不显著，但通过灵性手段减少冲突和混乱似乎是很有适应性的。如果没有它们，人们很可能会感到沮丧和困惑，而霍布斯式的“反对所有人的战争”将成为社会景观的一个更显著的特征。

目前，在更先进的技术社会中，灵性正处于低潮。这在一定程度上是因为，验证灵性秩序的模因往往会随着时间的推移失去信誉，需要不断地重新塑造新的形式。现在，我们生活的时代，基督教的基本教义中许多已经被支持了近两千年的西方精神价值观与科学和哲学的结论相冲突，虽然宗教已经失去了它们的大部分力量，但科学和技术却无法产生令人信服的价值体系来取代它们。

很明显，无论是西方的自由主义和人文主义，还是东欧和苏联的历史唯物主义都无法为他们各自社会的精神需求提供支撑。美国在物质财富空前丰富的情况下，出现了越来越多的个人和社会问题：自杀率上升、暴力犯罪、性传播疾病、意外怀孕等，更不用说许多政客和商人不负责任的自私行为所助长的经济不稳定。当领导人如前总统布什在选举时试图呼吁家庭价值观或爱国主义，他使用陈词滥调而不使用社会上大多数人所知道或相信的东西就很好地说明了这一点。在直觉上，我们知道他的意思是很好的，我们可能同意他说的大部分话，但他的话背后没有知识的信服性。

在之前的一些国家，半个世纪或更久的唯物主义意识形态让人们感到困惑和愤世嫉俗，人们渴望一些可信的东西，甚至是相信以前不可信的宗教和民族主义思想。我们需要基于一套可行的价值观来建立一种新的综合方式将过去宗教最好的智慧与现有知识统一起来，但这种方式尚未形成。

在所有的文化中，灵性的本质似乎都是由一种从基因指令中解放意识的努力所组成的。《十诫》中的戒律、佛教的仪式或者几乎所有已知的宗教的惯例都试图保证人们的注意力不会完全集中在它的“自然”的渠道上。例如，传统基督教七宗罪的目录包含了试图抵消过度放纵行为的模因，从生物学角度来说“对我们有好处”，但是如果我们想继续进化，可能就没有那么好了。

我们这个时代的一个问题是，几乎没有有效的自我约束的模因。对大多数人来说，罪恶的概念是过时的，而世俗企图将能量转化为复杂的目标——比如良好的公民身份、职业自豪感、法律和秩序、纪律责任——也失去了他们对人类意识的控制。然而，帮助个人认识到自律的必要性仍然是非常迫切的。也许，如果我们知道，为了确定未来的道路，我们需要集中我们所有的甚至包括每一点精神能量，我们将更愿意抑制自我的自然贪婪，并听从复杂性的召唤。毕竟，这不是一个糟糕的交易。为了换取多余的快乐回报，我们得到了精神成长的欢乐。

与灵性相关是智慧的概念。这是与我们所称的T型人格最为密切相关的品质，是复杂自我的主要特征。正如圣经所要求的那样，“智慧是最重要的，所以要有智慧”（箴言篇4：7）。但什么是智慧呢？这一概念在历史上是引人注目的，在所有已知的文明中，当代科学对这一概念几乎没有什么可说的。在过去的许多世纪里，西方的知识越来越追求专业化的目标，试图控制事物和人的外在行为。对处理像灵性和智慧这样难以捉摸的过程没有多少兴趣。直到最近，心理学家才再次感到有义务去关注它们。

智慧有三个不同的方面。首先，这是一种认知技能。其次，这是一种社会所期待的特殊的行为方式，或者说是一种美德。最后，这是一个人的优点，因为智慧的实践导致内心的平静和享受。

三个特征将智慧与其他我们称之为“智力”“科学知识”以及“天才”的认知过程区分开来。第一个问题是，智慧不涉及经验的易变、肤浅的外表，而是试图去领会隐藏在它之下的永恒的普遍真理。在过去，所有知识的基础都被假定为上帝，因此，托马斯·阿奎那写道：“认为‘绝对真理’（上帝）是整个宇宙的最高原因的人是最聪明的人。”当他们达到一定的年龄时，许多科学家觉得有必要“明智”地放弃对他们的专业领域的狭隘追求，因为他们开始问关于宇宙本质的更广泛的问题。正是在爱因斯坦时期，大家拒绝了量子力学，因为大家相信上帝不与宇宙玩骰子。不幸的是，试图将自己的智慧运用于智慧的科学家很快就失去了同事们的信任。

但对普遍真理的追求肯定不是伟大科学家或哲学家的专属领地。任何一个没有被“玛雅的面纱”所吸引的人，都已经获得了一定程度的智慧。他们看起来是超越表面的，不会自动跟随本能和社会的命令。拥有智慧的第一步是认识到我们不能模糊地相信我们的感觉和我们的信念，我们仍然渴望了解我们对它的部分感知背后的现实，这种态度并不局限于那些上过大学的人。相反，有一个说法是懂得一点知识是危险的，这个道理适用于许多人，当他们已经掌握了一个小的领域的一些知识就会如此地自我满足和满意，他们知道他们已经失去了超越它的所有兴趣。但是在智慧上的自命不凡并不会引起进化的前进，这就需要像苏格拉底一样的人去在自己辉煌的职业生涯中保持无知的态度，并且不断地带来新的知识。

目前，对真理的探索也许不会像阿奎那那样引导人们去思考上帝，而是去理解现实的根本原因，包括宇宙中各种力量和过程之间的有机关系，包括男女的思想。有些人可能仍然倾向于研究神秘的力量，将所有这些过程结合在一起，形成不可思议的复杂性。无论人们的信仰如何，我们都迫切地需要认识到行动的影响，这是智慧的第一部分的尝试。

第二个方面是美德。这个词源于拉丁语的“vir”，意思是“人”。从罗马人的性别观点来看世界，他们认为社会重视的行为是最具男性特征的表现。对他们来说，美德意味着勇气、公民责任感、对命运的坚忍接受。虽然这些特征在每个文化中被普遍认为是高尚的，但社会可能会强调其他的东西，比如慷慨或宗教的压力，这取决于社会的需要。一般来说，这些都是精神价值，因为它们强调内在和人际和谐。他们的共同之处是相信一个智者不仅会深刻地思考，而且会对知识产生影响。这就是为什么柏拉图写道："首先在国家里发现的美德中，智慧进入了视野。"亚里士多德、阿奎那和康德都认为，智慧是成为法官和统治者最必要的先决条件。

缺乏智慧的专家也可能对他们的知识领域有所作为，但他们的行为可能会被他们有限的观点所扭曲。这就是为什么智者的行为可能更和谐，因为他们不是基于狭隘的观点，而是由对共同利益的更广泛理解所指导。从这个意义上说，智慧与群体的大小成正比。一个人仅仅就一时的后果决定要采取的行动，就比试图把未来考虑进去的人要不明智得多；一个只对自己的幸福最大化感兴趣的人，比考虑到家庭和其他人的福利的人更不明智；一个追求单一目标（如挣钱、健康，或是加强社区安全）的人，不如将钱财、健康以及安全都考虑在内的人明智，这些是人们确保人类满足感必须考虑的条件。

智慧的第三个方面是，简单地说，感觉很好。索福克勒斯的名言是："智慧是幸福的最重要的部分。"这不仅是古希腊人的看法，两千年后，蒙田写道："最明显的智慧是持续的快乐。"在每一种文化中，任何拥有安详的幸福感的圣人都被认为是一个处于令人羡慕地位的人。当人们把精神能量投入到最普遍的目标中——就像圣人一样——而不是仅仅为了个人利益而奋斗，他们的目标则是更广泛的和谐，他们的自我开始超越作为我们进化遗产的一部分的以自我为中心的机制。这样一个超越有限肉体的目标的自我成长不太容易使其他人不高兴。

相对于我们肉体的短暂停留，智者喜欢成为宇宙中爆发的强大力量的一部分，这样就可以证明他们在已知的世界短暂地存在过。意识到自我是一种幻觉，他们不把它当回事。他们认为生命的意义远比揭示给我们的那一小部分更重要，而大多数人是如此拼命地坚持着后者。心流是智者存在的常态，毫无疑问这使其他人都羡慕他们的幸福。

但嫉妒通常带有轻蔑的情绪。曾经希腊挤奶女工嘲笑哲学家沉浸于在院子中研究星星，因为他没有注意到在他眼前的现实。智者嘲笑了她们的担忧与表象背后的现实，而忽视具体的问题。诚然，为智慧付出是有代价的。普通生活的回报和舒适为智者所忽视，而在“玛雅的面纱”所掩盖的现实中，圣人的生活被浪费了。因此，矛盾的是，放弃自我的枷锁需要很大的自我确信，但成功的人很少后悔。

## 未来的挑战

在没有获得相关技能的情况下，人们不可能认识到挑战。看一串数学符号对未入门的人来说毫无意义，但对于那些掌握了基本概念的人来说，这可能是一个令人兴奋的智力难题。位于约塞米蒂国家公园的埃尔卡皮坦的陡峭城岩壁给大多数游客的印象只是灰色岩石，但对攀岩专家来说，这是多年来令人愉快的地方。在同样的情况下，一个人会因为他找不到任何事情做感到无聊，另一个人会因为过度的需求而陷入瘫痪，而第三个人则会寻求一项与他的兴趣和能力相匹配的任务。

一个行动的机会是否存在，以及它是否是一个令人生畏的障碍或刺激的挑战，更多地取决于面对它的人的心理准备，而不是客观物质条件。例如，当苏西·瓦尔迪兹遇到华雷斯的饥饿的顽童时，她并没有试图忽视或否认她所看到的，也没有让痛苦压倒她。相反，她问自己在这种情况下能做些什么，并找到了一种方法，用最初非常贫乏的资源来减轻贫困的状况。在第一步成功之后她的自信和知识增加了，她承担了一项稍微有点挑战性的任务。一步一步，她的介入变得更加复杂，因此心流变得更加深刻。

一个人选择的挑战类型，取决于他或她对环境的什么方面特别敏感。有一些孩子注意到光的每一个变化，每一种颜色的变化，或者谁都无法帮助他们计算他们看到的每一面墙上的砖块的交叉点的数量。对于这样的个体，视觉艺术提供了最明显的行动机会。有一些人对声音很敏感，会被音乐所吸引，而那些身体协调得很好的人可能会转向体育或舞蹈的挑战。法鲁迪之所以成为一名诗人，是因为他对语言有着不同寻常的听觉。当五岁的莱纳斯·鲍林在他父亲的药店帮忙混合药物时，他发现当不同药物混合在一起时物性会发生变化，这激发了他想了解其中缘由的好奇心——童年的好奇心对他获得诺贝尔奖起到一定的促进作用，他在九十岁的时候还保持着一颗好奇心。薇拉·鲁宾现在是美国最著名的天文学家之一。当她还是个孩子的时候，她第一次被星星迷住了，她每天晚上在她阁楼的窗户边看星座。“我简直无法想象，”她说，“一个人怎么会不想当天文学家呢？”当然，星星在那里，每个人都能看到，但很少有人能像鲁宾那样对它们的挑战做出回应。

不幸的是，人们更容易绕着阻碍前进的目标发展自己。害怕失去对自己精神能量的控制可能是许多人将注意力转移到内心的最主要的原因，也是他们试图保护自己而忽视周围的潜在事物的最主要的原因。如果孩子们感到不被爱、不称职、经常内疚，或感到被父母操纵和控制，他们就会用尽所有的资源来证明他们值得被爱和关注，因此很少有精力去观察星星。

当这样的孩子有幸拥有天赋或天生的学习技能时，对自我的验证可能会带来巨大的成就。杰出的成年人通常都有悲惨的童年，而想要证明自己的冲动在他们成年后是有意义的。他们可能不快乐，他们可能带来更多的熵而不是为他们的社会环境维护秩序，但至少他们可以将他们的能量转化为一个复杂的目标，并取得显著的结果——就像温斯顿·丘吉尔、约翰·洛克菲勒、毕加索或者爱因斯坦。

另一方面，当一个孩子相对缺乏技能，没有机会从有意义的挑战中获得乐趣时，就需要证明自我的重要性，这可以驱使一个人采取暴力和反抗的行为。增加熵总是比增加复杂性更简单。一个少女知道如果自己怀孕会比通过学校的考试从父母那里得到更多的关注。怀孕会表明出她有能力抗拒父母的愿望，而在学校表现良好则不然。同样，十几岁的男孩知道暴力、危险的行为、毒品和性乱交是证明他们不受他人控制的最快方法。他们面临的挑战是建立独立性以表明他们有能力完成困难的事情。把精力投入到提高秩序的目标中并不是他们优先考虑的问题，他们首先关心的是保护自己，而不是加强和谐。

几年前，我认识了一个来自新英格兰著名家庭的年轻人齐克，他英俊、体格健壮，在一所私立预科学校接受教育，尽管如此，他似乎仍感到很不安全。在一个有礼貌的、冷漠的外表背后，他偶尔也会透露出一种内在的空虚，缺乏热情和好奇心。我仍然不知道是什么导致了齐克自我内心的空虚。原因可能有很多，在这一点上凭空推测是徒劳的。事实是在两年的时间里他似乎像一个梦游者一样度过了大学时光。我再次见到他是在他大三的暑假之后，他似乎改变了。他自信地走着，露出炯炯有神的目光，一边说话一边微笑，他的状态轻快而放松。

出于对齐克行为改变的好奇，我问他夏天怎么过的，不需要任何提示齐克就迫不及待地说出来。齐克与一名工作人员与阿拉斯加的一艘轮船签约，并与他们一起航行，在海浪翻腾的北极海中从一个岛到另外一个岛，停在了他们发现一群海豹的地方。然后，他们带着他们的棍棒上岸，并以最快的速度把小海豹打死。齐克很自豪地谈到了队员们生活的艰辛，他们的技能是挥舞着沉重的棍棒，把它放在婴儿海豹脖子上最柔软的正确位置，然后把皮毛从尸体上撕下来。就像在他之前数以百万计的年轻人一样，齐克在蓄意的破坏中找到各种各样的满足。

社会有很多方式可以让人们在法律范围内通过伤害他人来建立自我。美国圣母大学的后卫杰罗姆·贝蒂斯说："施加痛苦是作为一个后卫最重要的事情。" 据他的祖母说，当贝蒂斯还是个孩子的时候，他是个爱哭的人，他的哥哥姐姐和他们的朋友经常殴打他。现在他有强壮的肌肉，他将重复这个循环。法鲁迪在他的一首诗中描述了年轻的警卫如何在警察的秘密地窖中殴打政治犯的行为。伤害和杀害他人是证明一个人的自我存在和强大的有效的方法，如果其他的心流来源被阻止，这是一个可以让人获得快乐的方式。

这种解决办法可能在加强自我方面是有效的，但它并不是指导人类走向更和谐未来的解决办法。我们都有强大的潜力来增加我们周围的熵，但如果我们真的采取行动，一切只会变得更糟。那么，如何优化这些不同的目标呢？一个人要做什么才能体验心流，建立一个更复杂的自我，同时又能促进进化？ 现在也许是时候整理到目前为止已经得到的答案了，下面我试着把它们放在一起。

首先，学会享受生活是很重要的。如果一个人没有尽可能地欣赏生活，那么生活真的是没有意义的。你很难去相信一个内心苦闷的正人君子，他的行为可能是示范性的，但他意识中的熵是危险的。心流不仅是它自己的回报，也可能是社会秩序的最佳配方。

只有快乐才会引领进化的方向，除非你在活动中发现自我的心流。因此，寻求复杂性也是必要的。持续的好奇心和兴趣，渴望发现新的挑战，再加上发展适当的技能，可以使人保持终身学习。保持着这样的心态，人即使到了九十岁仍然对生活有一份新鲜感和冲劲，否则，即使是健康的年轻人也会觉得生活索然无味。

超越自我的另一个特质是对智慧和灵性的掌握。这意味着一个人要拥有超越事物表象的能力，看穿模因和寄生虫的欺骗，去领会影响意识的力量之间的本质关系，这也意味着人要发展内部的纪律和责任感，这是承受我们基因内部压力以及模因的必要条件。没有这些技能，人就很容易被工作或者是宗教困住自己的内心，失去整个生命的活力。我们每个人都是如此微小，但并不是无足轻重的一部分。

最后，和谐的进化取决于我们在未来投资精神能量的能力。一个人如果把所有的注意力都用来处理现在，或者为将来可能发生的危险进行防御，必然会有一个脱离进化之流的自我。这个自我没有血缘关系，没有依附，没有参与未来，只有那些相信未来的人才会成功地将未来建立在他们自己的身上，他们渴望使用他们的技能，以应对不可预见的机遇。

当以自我为中心的人影响未来时，他们往往会导致熵和剥削的增加。克里斯托弗·哥伦布当然是一个有远见的人，但却缺乏智慧。他有长远的眼光，但他对物质的渴望和对个人力量的狭隘追求最终削弱了他的伟大成就。因此，进化要求我们对一个和谐的未来进行投资。这不仅是我们必须追寻的个人美德，也是我们相信现在的原因。这是我们生活中的集体福利——无论明天会出现什么奇怪的形式，我们都愿意接受。将一部分生命能量转移到这个无条件未来的个体被满足了，无论他们的个人身体和思想会发生什么，他们的意识形态都会影响日益复杂的矩阵，即未来能量的形式。

## 关于“超越自我”的进一步思考

### 什么是超越者?

你对超越自我的定义是什么？他是一个从人类共同的发展中脱颖而出的人吗？你认识这样的人吗?

要成为T型人才你需要放弃什么?

## 自我是什么？

你能描述一下你最亲近的人（比如伙伴、父母、孩子或是朋友）的自我吗？就他们所持有的最高目标和投入最多精神能量的方面做个描述。

如果目标是定义自我的，那么你生命中最重要的目标是什么？哪一个目标最有可能让你超越自我？

## 理想自我意象的演变

在我们的文化中，你认为什么是最准确的自我表现？

你对理想的人有自己的视觉形象吗？他或她会如何表现？

## 自我的发展贯穿整个人生

在过去的五年里，你的目标的优先次序发生了怎样的变化？过去的十年呢？二十年呢？同样的目标仍然是最重要的吗？

在你生命的尽头你想成为什么样的人？

## 心流和自我的成长

你所敬仰的人幸福快乐吗？原因呢？

你有没有经历过一个有更加复杂流程的活动？这是什么活动？你可以做得更多吗？

## 灵性和智慧

你认识聪明的人吗？如果有，他们最显著的特点是什么？

你有什么精神技能？如果你没有，你想获得一些吗？你会怎么做？

## 未来的挑战

你认为在你的社区或城市中增加复杂性的最重要的任务是什么？

你个人如何才能最大限度地为这项任务做出贡献？

# 第九章　心流史

在前面的章节中，我们发现超越自我意识并不是一件容易的事，而且个人还要独立地发展自我，所以只有有毅力或者运气好的少数人会过上充满心流的日子。但是少数独立的超越者也无法将全体人类都拉到复杂性上来。为了使大多数人在进化中能够发挥积极的作用，社会组织也必须参与到支持心流且维护思想秩序的活动中。因此，本书最后两章主要讲述的是如何在社会组织中建立复杂性。

如果你仔细地观察复杂性进化到底意味着什么，很明显，从包含它们的背景信息来看，在出现的文化里个人的进化并没有太多的进程。一个人仅仅是信息的载体，你或我可以选择将精神能量投入于最有价值的东西和想法上面。因此，我们自己也将变得复杂，我们为推进一个更加和谐的未来而尽自己的一份力量。然而，进化并不会随着我们身体的死亡而结束。更确切地说，我们生存和成长的方式是通过我们的存在而形成的信息模式：爱的行为、信仰、知识、技能、见解以及影响我们周围事件的进程。除了个人可以作为其他人的榜样或者通过改变可以传给下一代的习俗、信仰或知识留下的文化复杂性的痕迹，无论一个人多么聪明、智慧或利他，他都不会有助于进化。正是通过社会系统传递的模因，我们才实现了进化。

社会和文化系统[①]在某种程度上也可以被看作一个有机体，就像其他有机体一样，它们的复杂化程度取决于它们是如何分化和整合的。例如，一个陆军单位并不是很有区别性。在等级的每一个层次中，个人或多或少都是可被代替的。在这个系统里你是一个身份保密的人，你的身份对你和你的朋友来说可能很有趣，但就军队而言，你只是一个数字。另一方面，一支运转良好的部队往往高度一致化：每一作战单位都有着运转良好的供应线、医疗服务和通信网络。任何一个单位发生的事情都会对其他人产生直接的后果，并及时产生一种合适的反应。一个典型的大学在许多方面都处于相反的极端：每一个学院的教职人员都与他的同僚保持一定的界限；他们关注最初的成就和个性，很少分享信息或相互帮助。事实上，我们也很少发现社会机构通过同时分化和整合来最大化复杂性，而当这种情况发生时，通常也只是在很短的时间内，之后又变得过于僵化或过于结构化。

---

① 我关于社会和文化系统怎样运转的观点主要来自社会学和人类学中的“结构功能”理论，特别是塔尔克特·帕森斯的定义。这个理论的最基本前提就是每一个社会系统——不管是简单如家庭还是复杂如国家——都必须考虑到最基础的功能，来保证个体的存活。

我们的一生都只是扮演着一个或另外一个社会机构的成员，因为我们完全被这些系统驯服了。所以我们在这里必须要考虑的是家庭、学校、办公室、工厂和政府可以复杂到什么程度。如果我们不能给孩子提供足够的技能，促使他们在提供很少表现机会的社区成长，我们是无法强求他们享受生活的。生活在一个不好的社会中，做一个好人是很困难的。在不改变环境的情况下，我们也不能影响未来的进程。但是，在研究如何使社会变得复杂之前，我们应该考虑心流是如何促进模因演化以及技术进步和信念变化的。

## 心流与技术的进化

20世纪40年代，荷兰历史学家约翰·赫伊津哈发表了一篇具有煽动性的论文，他提出即使是令人敬畏的东西（像科学、宗教甚至是军队），或多或少像游戏般那样开始，最后也会变得严肃甚至导致灾难性的结果。科学一开始像一系列的筛选比赛，宗教一开始像快乐的集体庆典，军事机构一开始像正式的作战，经济系统一开始像节日里的相互交流。赫伊津哈认为，起初，人们只是聚集在一起度过一段美好时光，只是后来发展的一些规则使这场游戏变得更加持久和有趣。最后，规则变得有约束力，人们不得不屈服。例如，今天法庭审判的程序化行为起源于两个对立者之间的公开对抗，他们以各种各样的方式进行挑战（每一种都试过），每个人都希望说服听众了解案件的公正性。早期的审判或多或少地取决于整个社区的娱乐价值观。随着时间的推移，这场即兴游戏的各个方面都变得有规律了，法官和律师成了专职角色，成文法律规定了比赛的各个部分。因此，赫伊津哈认为，现代审判是编纂后代的有趣的眼镜。更普遍的是，幸存下来并趋于制度化的实践使参与者感到享受。

事实上，心流似乎是历史上强有力的引擎。技术进步主要有三种方式。首先，发明家和能工巧匠热爱他们所做的，即使成功的机会似乎很渺茫，他们也会努力实现自己的想法。其次，许多发明家成功地发明了像汽车或个人电脑这样的产品，他们发明了一系列全新的令人愉快的事物。最后，技术进步的第三个原因是，它可以让我们摆脱枯燥乏味的工作，并间接改善了体验的质量，就像许多家用电器一样，可以解放我们去做其他更愉快的事情。

大多数新奇的想法或行为都是由那些喜欢尝试新事物的人发明的，因为他们厌倦了旧习惯，或者因为混乱而困惑。我们已经习惯于相信科学家会发现和发明小玩意儿是由经济因素驱动的，这在一定程度上是正确的。但故事的另一部分是，如果发明者不能为参与其中的人提供乐趣，发明和发现将永远无法实现。莱特兄弟希望他们的飞行器是有用的，能赚很多钱，但是就算忽略不断的失败和挫折，还有什么能让他们日夜在枯燥的方案中工作呢?

已在21世纪改变了我们的生活方式的汽车，也许比任何其他单一的发明对我们的改变要大。而这似乎是一个功利的机器，一开始它们只是作为一个玩物，提供流动的载体。人们对汽车的兴趣不是因为它们有用，而是因为刚开始建造汽车时，特技和竞赛引发了人们的想象力。第一个司机，就是广告中的机械师，开着他们设计的玩意儿，穿梭于各大洲坑坑洼洼的道路和尘土飞扬的农田之间。阿尔法·罗密欧在一本小册子中写道：“1910年，一家汽车公司的诞生注定要与其他公司的诞生区别开来。”汽车公司建立在一个简单的理念上，那就是一辆车不应该仅仅是一种交通工具，更是一种兴奋的来源。但这个声称仅仅是阿尔法·罗密欧的哲学观点。在内燃机的诞生之初，所有的汽车制造商都很清楚，他们在卖的就是兴奋感。

个人电脑在过去几十年里的迅速扩散，也在很大程度上归功于他们提供的享受方式。许多作家评论说，他们是如何完全沉浸和着迷于工程师和程序员开发的第一代个人电脑上。在令人着迷的波士顿实验室里，人们夜以继日地工作也产生了不少奇迹。人们被闪烁的屏幕实验产品所迷住，在车库里休利特和帕卡德不断完善着他们的计算，或者在其他的车库，乔布斯和沃兹尼亚克组装了第一台苹果电脑。对于个人电脑的创造者来说，真实的情况对他们的消费者也是一样的：首先，对机器的巨大需求不是靠电子表格和文字处理就能产生的，而是靠游戏和由这些复杂设备提供的有趣的选择。即使是现在，个人电脑的普及可能更多的是由于它们为用户提供的新的机会，如桌面发布、多媒体接口、通信机会，这些更像是趣味的挑战，而不是解决日常问题的实际方案。

然而，认为实用性对技术的发展没有影响是错误的。但是，忽视享乐的欲望对技术的巨大影响同样是鼠目寸光的。在两千年前的小亚细亚，当水车首次被用于研磨谷物时，希腊诗人写道："早已习惯碾碎谷物，与磨石朝夕相处的少女啊，放开你们的双手吧！从今以后，你想睡多久就睡多久，不要去管迎接黎明的啼叫的公鸡。"这几行诗句概括了我们采用新技术的第三个原因：它节省了体力，释放了精神能量，我们希望睡眠时间更长，或者做一些其他更有趣的事情。

据计算，目前每个美国人在一生中都使用了超过四百台电器。有人认为，所有这些机器在做着我们的工作，我们应该会非常高兴。事实上，情况似乎并非如此。我们在第五章中发现，我们已经接受的那些期望它们能起到作用的模因很容易变成寄生虫。斯特凡·林德是瑞典的经济学家和政治家，他提出了令人信服的论点，那就是我们已经积累了一定数量的电器，它们为我们节省的时间比我们用于服务、维护和保存它们的时间要少很多。难道用一把锋利的菜刀来切碎洋葱，确实比贝壳、骨头或者我们的牙齿更容易吗？电动菜刀真的是一种进步吗？

没有人想回到过去。在那个时代，白天的结束标志着一切活动的结束，海洋抛给我们一个个难以逾越的障碍，我们不知道病毒和细菌的存在。认为每一个新发现都有益处也很危险。当技术增加了经验的复杂性时，赞同它是有意义的；当它增加了冲突和混乱的时候，抵制它同样是有道理的。如果我们知道模因可以自动繁殖，但不加以控制，那么它们就会在我们盲目的复制过程中接管我们的精神能量，我们可能会冒更少的风险，但最终将成为我们创造对象的仆人。

现在我们期待公共卫生机构给被细菌和病毒（如脊髓灰质炎病毒和天花病毒等）摧残的儿童接种疫苗。最终，当我们越来越清楚地认识到技术可以产生对抗像麻疹一样使人衰弱的模因时，也许我们会找到一种疫苗来保护我们自己免受其侵害。就像我们为吸烟者发明的“补丁”来帮助他们戒烟一样，也许我们也需要开发一个“补丁”让人在看太多的电视或者他们要相信一些极端的政治主张的时候产生无比恶心的感觉。但从长远来看，除了个人对精神能量的控制之外，没有对信息过载的保护，模因变异比基因更容易发生。一旦我们学会保护自己免受一种有害物质的伤害，另一种就会取代它。因此，我们不能依赖旧的解决办法来保护自身，在接受新的模因之前，必须确保它使生活更愉快的承诺不仅仅是一种幻觉。

例如，在过去的几十年里，数百万的人买了几百美元的家用健身机，希望保持健康和体形，同时享受像广告中展示的肌肉模特般的乐趣。虽然我很难统计这些设备实际使用的数据，但大多数人承认他们的运动方案只能坚持几天。这些机器是相对获益的技术：它们只占用金钱和空间，由于它们容易被遗忘，所以它们没有在意识层面有更进一步的要求。真正危险的模因是吸引人的，它们日复一日地吸收精神能量。

## 心流与历史变迁

不是只有产生流动的物质才能进化。习俗、信仰、宗教以及政治制度，常常是从它们能使人们享受生活而开始的。当它们被证明可以减少焦虑和增加生活乐趣时，它们可能就会被越来越多的人采用。例如，汉学家罗伯特·伊诺描述了儒学在中国是如何发源并且传播的。对于那些怀疑古代历史可以教给我们很多东西的人来说，儒家那颇有争议的论断似乎太深奥了，但确实非常值得思考，因为儒家的主要观点在不同的时代和地点被反复提及。

在孔子所处的时代，中国正遭受一次漫长的历史冲突。公元前12世纪至公元前8世纪，中国处于相对和平繁荣的时期。正是在这个黄金时代，中国人开始相信他们是经过挑选、被天神统治的人民。不幸的是，一部分人认为，当没有合法的王位继承人存在时，上天就会透露它的愿望：谁在战斗中获胜谁就应该是君主。西周统治结束时，继承王位的方法变得相当混乱。这也鼓励了每一个有野心的王位争夺者，以确定他是否注定要成为上天的选择。到公元前551年孔子出生时，持续不断的内部纠纷已经使国家的封地支离破碎。贫穷、没有法律的保护和苦难变得越来越普遍。

在这场动乱中，一群年轻人开始在鲁国会面，试图在混乱中创造一点秩序。他们这样做是为了通过以严格的仪式表演的歌曲和舞蹈为自己的身体和思想制定一个纪律。他们的计划在许多方面类似于我们目前流行的健美操、武术、慢跑等方式，注重管理活动产生的心流。例如，孔子最为得意的一个弟子曾点在回答“你最喜欢做的事情是什么”时是这么说的：

“暮春者，春服既成，冠者五六人，童子六七人，浴乎沂，风乎舞雩，咏而归。”

很明显，这些人已经发展出一种成功的心流活动，使他们能够忽视社会的混乱状态，同时能够在控制身体和情绪的基础上享受复杂的技能。如果这是故事结束的地方，那么，我们所能得到的只是一个巧妙的逃避的例子。但是，当孔子加入这些年轻人的巡回乐队时，他看到了将他们的经历概括为更严肃的事情的可能性，事实上，他在其中发现了宇宙的奥义。他构思了周礼和仪式舞蹈的复杂规则，作为神的秩序的一种表现形式，在他们的课程中加入星系，使庄稼生长，维持国家秩序。

因此，那些学习仪式技巧的人有助于维持宇宙秩序，而这些技能不再仅仅适用于享受个人经历的场合，而是成了维持社会繁荣而需要履行的职责。孔子的远见是如此令人信服，因此他成为该组织团队公认的领袖。

由于和谐的行为和坚定的信念，渐渐地，孔子和他的同伴吸引了统治者的重视。在混乱的时代，这里有一群人，他们似乎接触到了表象背后的终极秩序，他们的身体传达了一种有目的的控制感。一些军阀开始雇用孔子作为宫庭顾问。历史学家牟复礼写道："众所周知，孔子的弟子的能力高于普通人，这使他们非常容易找到工作……他的弟子在官府中进步很快。在短短几代人的时间里，他那所广为人知的学堂中的弟子们占领了市场，他们有才华，所以他们得到了职位。"

这些弟子被要求起草公正的律法，并有机会将周礼早期欢乐的舞蹈运用到更大的社会统治中去。在孔子最初的二十二个弟子中，一个是封建领主本人，九个是重要的官员。如果没有其他原因，军阀倾向于被踏实的伦理儒家官员占领，因为他们的对手时常被自己无法无天的家臣谋杀。

其余的正如历史所说的那样，儒家思想成为中国在公共和私人生活中的指导原则和韩国等周边国家的文化来源，许多世纪以来，在包括亚洲以内的许多地方产生了强烈的影响。在这个过程中，正如经常发生的那样，孔子帮助创造的模因被模仿的寄生虫所领悟，他们为了自己的目的而利用法律和秩序。尊重传统成了掌权者的便捷工具，他们可以通过儒家所表达的终极目的来证明自己的崇高地位。被压迫的穷人的反叛被掌权者指控为拒绝神圣秩序。现在一些中国人鄙视孔子，认为他严格的宗法和痴迷于仪式的寡头政治使国家革命成了一个火药桶。

然而，儒学起源的历史是有教育意义的。它表明，当人们享受复杂的活动（如周礼）时，他们可能会发展和谐的自我，使他们变成大多数迷失方向的人的领袖。当这种情况发生时，使心流成为可能的活动往往被广泛采用和制度化，儒学从外围游戏变成了社会的基石。

当穆罕默德在阿拉伯半岛上崭露头角时也出现了类似的过程。这个时期中国已经从早期的繁荣期进入了无纪律和停滞的状态。“到7世纪初”，一位历史学家写道，“……阿拉伯南部早期的民族生活完全被破坏了，无政府状态占了上风”。宗教冲突加剧了部落冲突，每一个大家族都崇拜不同的神灵。在麦加这个穆罕默德出生城市的主要广场，有超过三百个神殿，每一个神殿都有不同的宗教。后来，真正的巴别塔产生了。例如，假如你没有继承人，让神来帮助你有一个儿子，你可以去一个特定的神殿做出相应的献祭。但如果你想你的骆驼痊愈，或你的庄稼地丰收，你不得不去完全不同的地区。每一个大家族都有自己的仪式、神像和特定的目的。大家可以想象，公民在进行精神事务时浪费了多少精神能量，剩下的时间还有多少。

年轻的穆罕默德强烈反对这种精神错乱，也意识到犹太人和基督徒因为他们对一个神的忠诚而兴旺发达。穆罕默德羡慕神的权力，并把这归因为他们拥有记录子民立约的神书，他的注意力都集中在麦加的一个神，这是一个在危险时期被真主安拉命名的神。他大声地呼喊着“万物非主，唯有真主！”他团结其他不抱幻想的青年，并开始了后来被称为伊斯兰教的有巨大影响的历史运动。

伊斯兰教就像一个巨大的激光：它吸收阿拉伯人弥散的精神能量，并把这些精神能量集中在一束巨大的能量中。穆罕默德的《古兰经》成了一套规则，规定了生活的秩序和简化；背诵其和谐的诗句和日常祈祷给人们提供了一种精神活动，使他们有一个共同的目标。伊斯兰教的追随者们有明确的目标、明确的规则、新的挑战和新的自信，可以把生活当作一种统一的心流活动来对待。这样释放出来的能量首先实现了对北非和亚洲大部分地区的军事征服，后来是世界上已知的最先进文明之一的发展。

穆罕默德出生后一千年的另一个历史例子也可以用来说明心流有助于建立强有力的长效机构。16世纪中期，天主教会的暂时的精神秩序已经慢慢建立了。在宗教改革的影响下，欧洲的宗教和经济利益开始分裂。这种分裂对忠实于罗马的人的心理影响是非常强烈的。特别是对于那些受过教育和理想化的年轻人来说，基督徒具体的生活方式已经不太清晰了，他们对自我行为方式正确性的怀疑导致了广泛的焦虑和困惑。

针对这一精神的混乱，一位虔诚的西班牙军官伊格内修斯在1540年创立了基督教团体。他周围聚集了一群热情的年轻人，他组织了一个以军事规则为蓝本的宗教秩序——耶稣会，目的是恢复信仰，帮助教皇战胜反对者。耶稣会的一个值得注意的方面是它为信徒提供了一套经过精确校准的挑战和技能，使他们有可能把整个精神能量集中在连贯的心流活动上。

耶稣会的日常安排是将注意力放在微小的事物上，从清晨到深夜伴以特定的祷告。例如，一天两次，他们必须停下来反思当天的目标，并评估自己完成得怎么样。身体的每一个姿态和动作都是由《谦逊的规则》所规定的，这一本官方手册，规定了保持头部姿态的正确方式，嘴唇应被抿的程度以及在各种场合手要做什么。

然而，执着关注小而详细的规则与巨大的灵活性和面对政治和社会挑战的自由相匹配时是矛盾的。耶稣会进行了一次良好的教育和非常肃穆的性格的培养，并鼓励当他们的智谋在最大限度被考验时进行冒险。孤独的基督教徒是第一批探索欧洲的荒野和大湖地区的人，他们试图把当地人扭转过来。还有人去了南美洲。耶稣会群体在中国、印度和日本作为仅有的欧洲人，人们常常对他们充满敌意，不过他们依然经常花上几十年来保持自己的信念，继续他们的学术研究和翻译工作。

正是这种严格的秩序和强调个人主动性的结合，才让基督教社会得以建立。秩序的成功超出了所有人的预期。伊格内修斯死的时候，已经有1000个耶稣会士开始工作。尽管成为一名会士需要经历非常严格的训练，到1626年他们的人数依然攀升至15544人。他们的一个主要挑战是天主教教育改革。1548年，他们开办了第一个学院墨西拿。200年后，耶稣学院的人数已经上升到728人。一个人可能对耶稣会在他们国家产生的强盛的政治效应保留意见，但不可否认的是，在16世纪，这个机构是精神熵威胁天主教的一个巧妙的解决方案。

促使耶稣会发展的危机同样刺激了另一种心流活动，这种心流活动对历史产生了更为重大的影响。这就是所谓的清教徒职业道德，它成了西北欧以及美国北部的资本主义企业家精神和工业生产力的基础。早期新教徒不确定他们的灵魂是否是永恒的生命，在否决了教皇和圣礼之后，天主教声称保证救赎。在一种文化中，至少在理论上，灵魂比肉体更重要，这是一个关键问题。约翰·加尔文提出一个解决方案并获得了信任。他在声明中这样说道，一个人知道自己得到救赎与否取决于他的工作的成功程度。但如果你不是上天注定的，上帝不会让你变得富有和受人尊敬。

由于这种模因建立了勤奋和永恒的幸福之间的联系，清教徒的商人和工匠感到工作比以前更难也是有道理的。他们在变得富有的同时将自己变得丰富和神圣。接受这种伦理观念的人一般无法享受他们的劳动成果。事实上，他们享受的乐趣更少，闲暇时间也比以前少。社会学家马克斯·韦伯写道：“他得不到自身的任何财富，除非他产生一种不合理的感觉，即自己已经将工作做得很好了。”像一个棋手或攀岩者一样，现代资本主义黎明的工人避开了舒适和享受，却被活动本身的回报所激励。

新教道德提供了一个一致的规则、明确的目标和反馈，使信徒能有秩序地生活，并且避免了由于他们信仰的衰落引起的焦虑。用韦伯的话说：

> 为了达到自信，强烈的世俗活动被推荐为最合适的方法。它单独驱散了宗教的疑虑并给予了恩典的确定……普通人的无计划、不系统的道德行为被剥夺了，并且受整体一致的方法管制。

换句话说，新教道德提供了一个伟大的新“游戏”，使它能够集中精力。工人（或者更确切地说，“球员”）在这样一个系统中“开展他的工作，而处于持续混乱的其他人，既不知道自己工作的时间，也不知道工作的地点”。具有讽刺意味的是，清教徒非常强烈地谴责一切形式的享乐。根据这一解释，他们必须有苦行僧式的生活方式，只在当这种方式与那些形式上不太复杂的乐趣和娱乐相冲突时而苦闷。即使是现在，许多勤奋的人——有时被称为工作狂——会轻蔑地否认他们喜欢自己的工作，但承认那些工作的重要性。工作狂也不太可能承认自己从工作中得到的乐趣多于度假、看表演或放松自我。

在相当长的一段时间内，没有出现像前面这些例子一样广泛的新“游戏”。也许在他们刚开始进入社会主义和共产主义的时候，就给那些在秘密党的聚会上为数不多的人提供了同样的机会，他们把一生都奉献给了无产阶级革命。虽然很难把心流与沉闷的、幽默的、强势的布尔什维克干部结合起来，但是众所周知，布尔什维克存在有序的目标和挑战，人们追求未来时不顾任何艰难险阻。他们的一些奉献可以用理想的吸引力来解释，其中大部分是由权力、名声和物质奖励驱动的。然而，如果玩革命游戏并不是那么令人愉快，那么在理想失去了可信度或物质回报被证明是虚幻的时候，还会有那么多人玩到最后，这一点是令人怀疑的。

据韦伯说，到了19世纪中期，资本主义已经从一个自由选择的、激动人心的个人冒险变成了“铁笼子”。这个“游戏”的规则已经僵化，继承了资本竞争的不平等，巨大的垄断组织和寡头已经用政府机构来保护自己免受竞争，“游戏”不再有趣了。这证明韦伯或许认为资本主义是短暂的。70年后，他写了分析报告，声称资本主义似乎仍然是当时最好的形式，而社会主义的规则被证明是更难监督的，因为其阶层立刻被利用了理想化模因的具有自私特点的寄生物所渗透。

通过对历史的一些里程碑的快速浏览，我们可以得出两个结论。第一，能够记录每天有意义的目标导向活动的经历是一种强大的力量。每当熵吞噬社会，由此产生的焦虑使人们向往清晰和秩序。一组新的模因使人们再次进入心流状态，这将是截然不同的活动，因此，许多不同文化的解决方案也会获得胜利。例如，耶稣会士和清教徒都相信不同的模因，并以不同的方式行事，然而，他们的自我是由与精神能量类似的规则形成的，并产生了相似的秩序和享受体验。

第二个结论是，没有新的文化“游戏”不受剥削。伊斯兰教屈从于一种满足感，会经常被权力腐蚀，没有先验的工作伦理很容易产生转向控制强迫性需要的风险。这些和无数其他灵活的解决方案一旦僵化，就会演变成障碍。永恒的警惕也许是自由的代价，但没有人希望永远保持警惕。只要一放松警惕，寄生虫就进入了。

什么新的“游戏”将使我们和我们的孩子能够在困难时期体验到心流？意识到在未来必将出现一些重要的将会成倍增加的创新模因很重要。一些模因将会成为增加熵的捷径，比如第一次世界大战后，社会主义国家的解决方案对于欧洲混乱的无政府状态很有吸引力。许多人将变得更加复杂，更加期盼和谐的未来。进化的方向取决于我们的选择，因此，为了提升做出更复杂选择的可能性，考虑什么使一个社会“好”，或是符合进化的过程，将是有益的。

## 美好的社会

在第一次法国革命成功挑战了旧的世界秩序时，它的领导人通过一个座右铭描述了他们对美好社会的期望：自由、平等、博爱。自由、平等和兄弟情谊实际上是一个复杂社会的基本要素的简短总结（如果我们愿意原谅“兄弟会”的性别歧视）。自由是差异化的表现形式之一：自由社会允许成员制定自己的目标，发展自己的技能，采取行动，使他们成为独特的个体。但是没有整合的分化将社会秩序分解得支离破碎，因此我们需要兄弟般的爱作为平衡。平等必须站在两个对立的原则之间，因为这是连接它们的纽带：机会平等和法律面前的平等是使追求自身利益的人能够和平共处的原因。

当然，理想在现实世界中很少实现。模因指示我们成为“兄弟”，告诉我们必须完成先照顾自己，其次是我们的亲戚的基因的指令。与此同时，古老的模因教导我们，一个穆斯林、一个黑人或一个富人永远不能成为我们的兄弟。在这场竞争中，老模因的指令通常获胜。然而，在过去的两百年里，自由与平等的模因在全世界范围内的传播到了令人难以置信的程度。奴隶制不再是一种选择，贵族和财富不再是天赐的被赋予成为少数幸运者的受难礼物。

但是什么是博爱？这个概念是很含糊的，最近一些年这一概念的整合有了进展。不幸的是，自由和平等可以立法，但是兄弟情谊不行。友好的爱是一种自发的可以被外界影响的情感，但是不能被外界控制。因为宗教的信仰，美国人和欧洲人一度有一套共同的原则让他们失去了联结的力量。而另外一些模因可以给人团结感和归属感。但是没有任何一种模因可以让所有的人都共用同一套价值体系。

在美国也出现了一种倾向于分化而非一体化的趋势。约翰·洛克提出的个人自由学说塑造了美国宪法的先贤们的思想。简言之，他认为强大的基督教道德是去除了持续节制的、自我追求的具有个人主动性的政治约束。正如美国的第一任副总统约翰·亚当斯所说："我们的宪法只为道德和宗教人民制定。这对任何其他国家的政府来说都是完全不够的。"

洛克的远见是如此吸引人，因为它提倡个体追求无限的机会去争取生活中的美好事物，而不受政府干预。然而，生活在一个传统社会中，他可能不曾预料到这样一种情况：人们也将不会受到相互尊重、批评和稳定的、面对面的交流提供的评价的限制。他必须预料到的是政治自由和平等将受到公民常识的影响，他们必须生活在一起，彼此依赖。尽管所有的人可能都是平等的，但大多数人仍然住在同一个村庄或小镇，平等这一概念很模糊，一些人确实比其他人更负责，他们为集体福祉作出更多贡献，而另一些人则只会造成浪费和纠纷。

洛克和宪法的塑造者想当然地认为，一个共同的宗教信仰将提供整合，面对面社区的道德压力将继续保持适度的自由与平等，因此他们不再过多担心差异性被限制的问题，因为一切很难被设想在某个时候会变得太强大。普选、普及教育、更为便捷的汽车和飞机、革命的生产力使当地绅士过时了、群体侵蚀力量被控制——所有的发展都支持自由与平等，但降低了整合性等问题是他们无法预料到的。

在我们的历史进程中，统治公共行为和经济技术变革的政治模因都在极大地减少美国人民的归属感和集体责任感。约翰·洛克和自由市场不应该为这种一体化的损失感到自责。事实上，我们在这个问题上的困境并不比许多其他社会更严重。人们在前共产主义国家看到了更糟糕的社会熵。瑞典人抱怨说，相比在富足的社会主义国家，他们现在感受到的孤独和冷漠反而多得多。这些问题不仅限于技术先进的社会，还有比这句索马里谚语——“我与索马里反对世界，我和我的家族反对索马里，我和我的家人反对我的家族，我和我的兄弟反对我的家人，我反对我的兄弟”——更令人心碎的例子吗？

关于实现社会进步的另一个困难是我们往往不加批判地认为分化或整合的提高是一件好事。如果一项新法律增加了自由，那么它必须是进步的，就像一个新运动会促进人们团结一致一样。然而，如果没有另一个互补性贡献，那么这些计划中任何一个都不可能改变事态。复杂性的增加需要这些辩证对立的力量的协同作用，单独增加任何一个力量都很可能造成混乱。我们认为社会熵是由自由的丧失或共同价值的丧失引起的，但以牺牲互补性为代价的收益也同样危险。没有责任的自由是具有破坏性的，没有个人主动性的统一令人嗤之以鼻，不承认差异的平等是令人沮丧的。

一个美好的社会是帮助每个人充分发挥自己的基因潜能的社会。它为包括运动员、诗人、商人和学者在内的每个人提供了行动的机会。它不妨碍任何人做他做得最好的事，并引导每个人去发现它是什么。一个美好的社会使每个人都有可能发展在社会生产活动中体验心流所必需的技能。同时，它阻止任何人利用他人的精神能量来维护自己的利益，对压迫者和寄生虫的监视是永恒的。根据这个观点，自由不适用于“做”，而适用于“存在”。每个人都可以自由地将自我发展到其潜在复杂性的最高水平，但并不能限制他人的自由。

但是一个帮助进化的社会系统不能仅仅停留在此，它还必须考虑到超越个体和整个人类需要的分化和整合。它必须是一个承认自然规律和人类规律的系统。如果一个社会忽略了砍伐森林对空气质量的影响，忽略了制造毒药对水的质量的影响，忽略了破坏植物和动物物种对我们的星球家园的复杂性的影响，那么是不可能引导我们前进的。正如我们需要把自己的精力投入超越狭隘利益的目标一样，为了进化的目的我们也需要卓越的文化价值观和卓越的机构来帮助塑造我们的行为。

## 创造一个美好社会

我们都认同建立公正复杂的社会系统是必要的——甚至可以说这一想法是卓越的。但我们怎样做才能完成它呢？有一件事情很明了：没有人可以一蹴而就地达到令人满意的结果。这是不是意味着：任何关于美好社会的猜想，虽然虔诚，却不够现实，属于空想？我并不这么认为。虽然基于进化的要求，假定我们早就知道为了使各部门有序需要做些什么，这样其实无用又危险。为了保险起见，我建议我们思考如何才能找到我们应该做的。

关于怎样提高控制心理能量的模因的模型——土地法、指导法、信仰、生活的习俗——都直接来源于进化本身。正如心理学家唐纳德·坎贝尔所说，物种通过发展能够让自身不断聚集更多环境信息的器官，来扩展自身竞争边界。一开始这个涉及感受器精确性的提高，所以有机体可以通过更精确的测量来了解周围的情况。蝙蝠的耳朵、侦探猎犬的鼻子、鹰的眼睛都是敏锐的感知装置，可以给这些动物带来值得注意的讯息。

我们人类有一个优点，那就是通过创造自然工具来为自己带来现实各方面的讯息，推测起来好像没有生活在这个星球上的其他物种可以做到。埃及法老可以通过书写在纸莎草纸上的信息了解到几百公里外的敌人的行动；通过望远镜，伽利略可以看到木星的卫星；通过显微镜，范·列文虎克推测暗藏在几滴水中的复杂生命体；牛顿和巴斯德也充分利用了这些设备揭示的数据。我们的进化最振奋人心的方面，就是我们提高自己的能力去发现我们周遭到底发生了什么，根据我们所搜集的信息去理解一些自然法则，这些进程的记录非常清晰。宗教也好，科学也罢，我们的祖先在不断地创造一些更加精确的万物生存的表征。

虽然我们的步子还是迈得很小，但我们关于个人和社会需要的知识，以及掌控人类事件法则的理解非常重要。有人提出，全民公投就是巨大而重要的发明，这为全国成年公民提供了信息，也使选民代表做一系列对这些公民负责的决定成为可能。选举必须是全国性的，有的时候通过地方层面提供的极少有用信息来了解选民所需过于草率。

首先，选民表达他们的意愿的主要方式就是区别两个乃至更多的代表不同目标的候选人。票选共和党候选人，我更偏爱自由企业；票选民主党候选人，我也许会认可更广泛的社会服务业。但是怎样使我们的选票能够切切实实地代表我们的目的和需求？像1992年的选举，没有总统候选人愿意花更多的时间来解释他们打算为我们、为这个国家、为这个世界做什么。从他们缺乏关于候选人议程有说服力的数据开始，选民们认可最符合自己目标的候选人就是不可能的。即使我们忘记了仅通过两个党派就来表达2.5亿人的梦是不可能的，我们通过选举接收和传递的信息也是极度贫乏的。

如果我们想要政治机关能够清晰地代表我们的目标，我们必须寻找更好的方式。第一，去理解这些目标。第二，用一种令人信服的方式与大家谈论这些目标。令人难以置信的是，在当今社会，我们总是花数万亿美元用在武器装备、空间开发、超级对撞机和低效率的社会服务官僚体系上，导致现在我们的机构已经没有预算和项目来使我们的梦想成为现实。至少有一点，我们可以期望每一个社区或者邻里都可以有一个美丽的地方，比如公园里的圆形露天广场，人们可以聚在那里讨论大伙关心的事情，可以做出一些影响他们代表的决定。即使要准备一些食品和饮料，与浪费在无人获益的项目上的数目相比，这样的居民大会还是比较便宜的。

政治哲学家汉娜·阿伦特提出，真正的民主在过去只存在过一次，那就是25个世纪以前的自由雅典时期。她的理由在于，雅典人建立了一个“公共领域”，在那里每一个市民都可以谈论影响社会的一些问题，其他人也可以对他的观点的一些可取之处进行评价。这样的辩论并不是学术性的：集会中的人们可以听到所有的观点，他们会进行投票，然后投票结果就会成为法律。

阿伦特的论点很容易被质疑。第一，希腊民主仅包括有钱的男性；第二，人们可以确定地找到许多其他关于“公共领域”的例子，且含有雅典集会的基本特点，从美国印第安人委员会部落到瑞士州会议，从新英格兰镇民大会到顿河哥萨克集会都有雅典集会的影子。不过她有一个看法很准确，那就是这样的制度在任何民主中都是不可分割的一部分，在这个世界上还有一些地方存在着这样的制度。

在雅典全盛时期以后，政治已经失去了大部分光彩。许多人已经将社区命脉交给了不动产投机者、大型建筑企业所有者和其他认为公共利益有限且用来自我服务的人手中。据说洛杉矶三百万居民中仅有一百名律师，只有记者们模糊地意识到政治只在他们的市政厅生效了。只要市民们还在无视政治，将它看作无可避免的灾祸，它就会继续被自私自利的人控制。但是如果我们将未来以巨大的挑战的形式呈现，我们将会发现，当希腊人以最高的自由方式谈论政治，他们是知道他们在说些什么的。实现自我的最令人满意的方式就是，建立一个更为复杂的系统——一个美好的社会。

## 美好社会教育

当然，即使对于最去中心化的决策机构来说这都无法运转——即使是创建这个机构的人——除非它的成员知道他们需要什么，什么对社区是重要的。在某种程度上，这是一个恶性循环：一个复杂的社交系统需要复杂的自身，复杂自身又在复杂系统中茁壮成长。这样一种循环性为实现进步创造可能，一次一小步：每一个个人层面的复杂性的增长都会转化为社会性的进步，反之亦然。甘地关于消极抵抗的主张在全世界传播，从阿姆斯特丹到亚拉巴马州的政治运动中都被采用。数百万来自封建社会缺乏民主经验的移民，在得知美国法律后，民主意识状态才上升到了一个更高层次。

自从国家开始建立以来，美国人就希望教育可以给孩子提供必要的知识架构，有助于他们成长为支持复杂民主的见多识广的民众。不幸的是，教育总是被限定为书本阅读，或者抽象信息的传播。非洲谚语中“教育孩子需要全村出动”这样蕴含着古老智慧的句子已经被遗忘。教育已经被委托给学校，这种模式和曾被用于证明工厂有效、多产的方法一样。至今，正如许多教育批评家指出，孩子通过直接经验可以学会许多书本中所教的知识。如果学校压制学生，学生将不会相信学术学习，且将来也会杜绝学习这个习惯。不管一个想法多么重要，如果以一个无聊的方式展现，孩子们也将会无法集中注意力。无论是自己从书本上读到的还是老师讲授的民主有多么崇高，如果当地政府腐败，人们也只会学到愤世嫉俗。

一个美好社会需要有安排广泛课程的学校和与时俱进的实验室。教育在整个团体中扮演着很重要的角色。购物广场、高速公路、社交传媒和父母的生活方式都展示给了年轻人直观清晰的社会模样。确实，正如《玛雅的面纱》一章中所述，大部分人所察觉的都是幻觉。然而，对于个人来说，现在还不是时候来区分熵和有用的模因，这只是一种形成思想的外观。如果我们希望能生活在自由与责任并存的社会，我们必须确保可以为年轻人成长的环境提供复杂的经验。

乌托邦思想者从柏拉图到奥尔德斯·赫胥黎都曾提出过我们无法忽略的包含重要视角的教育设想，即使那些设想还得经受挑战，又或者还不切实际。这些设想的共同点在于他们强调个人的锻炼，强调构建自发的兴趣和潜力，强调危机意识和责任感，使一种愉悦的成长经历成为可能。例如，柏拉图曾提出，对于一个还不知道通过体育锻炼控制自己身体的孩子来说，期望他们抓住抽象概念是不可取的。只有当他们知道如何在音乐韵律中和谐运动时才行。

赫胥黎建议把攀岩作为公民的基本训练。这项运动告诉人们生存依赖于提高自身技能，准备好自己去应对挑战和意料之外的偶然事故。他们发现迈出的每一步都对生与死有着切切实实的影响。除此之外，攀岩者也要学会对他人负责，还要学会去相信绳子的另一端握住的那双手。这是构建复杂的自我的另一种具体方式吗？

人类学家格雷戈里·贝特森相信，孩子们要学会的第一件事就是纷杂的社会系统是互相联系的：我们所吃的食物之间有什么关系？我们产生的垃圾和海里的鱼的生存有什么关系？我们购买服装的选择是怎样与阿肯色州和斯里兰卡的人的生活互相影响的？吸烟与长寿的关系是什么？我们首先要学习这个世界上的每一进步与他人之间的关系，而不是分析现实与没有什么联系的不同学科之间的关系，比如化学和历史。

这些激进的愿景依赖于洞察力，真正的教育包括去欣赏行为与结果的直接联系——在一个人的身体里、社交网络里或者整个星系环境中。现如今学习通常被抽象信息所定义：除了一个下降的分数，学习不包括可感知的危险，也不包括可能的直接经验的影响。一个不高的分数只是无法向老师证明你努力学习了，但是不能说明你没有获得一些知识。

仅在几代以前，在农场成长的人就了解了他们需要知道的东西，也知道他们为什么要这些东西。信息都是具体、熟悉且相关的。知识与生存任务相结合——种庄稼、养家畜，或者做手工艺品，如建谷仓和织衣服，或者做一些象征性的活动，如演奏音乐、跳舞和宗教仪式，信息的实用性是显而易见的。现在，年轻人很少参加学校以外的庄严的责任活动。他们要做的就是学习大量的抽象材料，包括化学、生物学、基因学、物理学、数学、地理学和历史学——这些科目开设的目的就是让你花时间去理解。

但是即使有人已经了解到足够的这些单独的学科知识，却几乎没有人知道怎样将它们结合在一起。迄今为止，没有任何有意义的理解要求将所有我们在现实生活中的所学集合在一起，包括艺术与宗教。西方科学与技术取得了巨大的进步，因为我们学习到将这些知识过滤到日益增长的更为狭隘的渠道中去。这就导致物理学家看待社会和政治问题像孩子一样天真，在生化方面富有造诣的分子生物学家比澳大利亚土著对脑部运作的了解还要少。对于社会科学家来说（就像现今的这些），如果他们以此为生，他们是无法解决微分方程的。

也许现在我们迫切需要面对的就是创造一个新的教育课程，可以让每个孩子从一年级就开始意识到宇宙中的万物都是相互依赖的。我们应该教育孩子怎样从自己的行为中了解到因果关系，怎样使自己的感情和想象准确地与行为结果相符。自驾车的真实报价是多少，什么时候总体报价才包括环境？对于战争，当我们考虑到生命毫无原因地受到长期损害，是文化和社会系统遭到破坏了吗？除了一些可以在商业中获益的大米，其他多种大米停产最有可能的影响是什么？从人类行为的整体影响来说，“好”和“坏”意味着什么？

在物理学中我们学到了能量节约，每一行为都会产生一种相对力。正如台球和引擎中的活塞定律一样，人们没有意识到同样的定律也适用于人类心理学、社会学、经济学，甚至整个星系系统。我们对孩子的教育在文化中占有一席之地，在现实生活中却没有。他们学习的基础技能与在文化中生存关系不大。每一学术科目都是与其他科目相对独立的存在体系。历史学据说与生态学、经济学、社会学、心理学没有什么关联，更别说生物学了，但是这些对理解人类行为很有必要。对于其他学术科目来说也是一样。现在如果我们继续将物理学与道德相分离，或者不关心分子生物学，巨大的进化流失概率就增加了。为了杜绝这些可能性，进行真正综合性的、全球化的对因果关联严肃考虑的教育势在必行。

美好的社会会激励个体了解自身的潜力并允许复杂性进化给成长提供空间。美好社会的任务不是建立最好的制度、创造最强的信仰。制度和信仰迅速发展一开始是为我们的需要服务的，过后就开始成为进程中的阻碍。即使在圣经中，律法仅是继续启蒙进程的一小步，我们定不能抛弃其中的智慧，直到我们有了更加引人瞩目的设想与规划。但是一个良好社会的任务并不是将过去的创意做成永久的制度，而是使创新成为可能。它的任务是给人们一个机会发展新的模因，由人们去评价、挑选，从而很好地运用它。

## 关于“心流史”的进一步思考

### 心流和科技进化

我的第一本书有大小适中的黄皮封面。我很爱写作的过程、信封的形状、遣词造句的步骤。现在我正在用个人电脑打下这些字，我依然沉迷于此，因为我爱死了个人电脑所提供的编辑灵活性。但是制造电脑时使用的硅片含有高浓度的强酸，这种酸性物质会渗透到周遭，进而使水受到污染不能饮用。那么这些改变值得吗？谁应该为地下水的污染买单？

什么样的科技进步会使你的生活更加有意义且愉悦？在你倾入心力与他人处理好关系，或者提高“精神”技能的时候，能实现同样的效果吗？

### 心流史

许多历史性的改变正在发生，你认为哪一种可以直接通往更高层次的复杂性？

哪儿存在一种社会活动——一种教派或政党——只要你参加就可以令你的生活更加愉悦？这样一种活动可能会领你通往更高层次的复杂性吗？

### 美好社会

哪种维度最能代表你目前的社会活动：自由、平等或者亲密的个人关系？为什么你会这样认为？

你认为你拥有却没有使用的哪一种个人素质会帮助改善你的社会环境？

## 美好社会教育

哪种重要的知识是你在生活中学到的？在哪里学到的？用什么方式学到的？可以谈谈看吗？

教育任务会再一次变成群体责任吗？你可以教会年轻人哪种增长自身复杂性的技能？

# 第十章　未来的友谊

我们对于未来的愿景通常有一种有趣的矛盾性。在小说、电影或者文章中，我们预测在22世纪我们将会怎样生活，科技将会发展得多么尖端且先进。在我们的设想中，宇宙飞船以光速在一个星系与另一个星系间穿梭，自足的城市在云间生长或在海洋遨游。直到最近，这些愿景在科技方面渐渐趋于乌托邦——我们生活的物质条件将会变得更加优越和充裕。与此同时，对这些关于未来的人类维度的设想，开始变得反乌托邦。诸如《发条橙》《纽约大逃亡》《终结者》和《银翼杀手》等小说和电影，都在展现一个物质和精神都很匮乏的世界。对于我们来说，想象自己处在一个设备先进的社会比想象自己处在一个人际交往更好的社会更容易些。

我们不应该向“现在的生活比过去好多了，只是最近变坏了”这样的陈词滥调屈服。有些人如果阅读了大量的描述以前芝加哥或者早期美国城市的生活的文章，他们就会开始感激还好那些过去的“好日子”已经一去不复返了。19世纪20年代的城市社会学家描述了路两边摇摇欲坠的公寓，在那些大工厂、牲畜围栏、铁路上工作的工人像僵尸一般，他们的精神已经互相隔绝，像一只只无名的白蚁。那个时期就连百万富翁也无法享受复杂完满的人生，他们的主要关注点似乎在于怎样向同伴展示自己的财富，基本没有其他的乐趣可言。人们在消费和不了解的方面试图去模仿“有文化的”行为，造成了无脑竞争，在此消耗的时间大于工作的时间。读着这些临床数据，我们不禁对不成熟的发展感到深深地悲痛，迅速发展的工业文明疯狂再生模因，成千上万的人面临着无趣、机会错失的问题。

情况不容乐观。即便人们在短时间内摆脱贫困，城市中大部分地区也几乎和机器人赛跑的加气站并无两样。整齐的平房街区在人们的目光所及处延展开来，这些街区全部配备齐全，供工作者吃饭、休息和再生产。每四个街区的角落都有一座教堂，与沙龙相间，给人们提供一种精神上的抚慰和群体感。有些地方会有公园，打破这些单调的格局，还有棒球场和其他体育设施。从这些生活设施的地形上可以很容易看出我们生活内容的贫瘠。

事实上，除了社会本身，我们期盼社会变得更加复杂，期盼人们会更乐意去超越自身局限性，这些都是毫无意义的。战胜熵需要努力，惰性不断侵蚀我们的秩序。在快速进化期间，有机体进化并不是他们有意为之，而是因为外力施压、竞争和意外控制着他们的方向。在历史上有些时刻，生活质量突然点燃人们精神的火花，心流和复杂性成为日常经验的一部分，这绝非偶然。

最后，我们怎样做才能在更高复杂性中控制事情发展的方向？一个简单的解决办法是提高自我，从而帮助自身在社会制度中更好地生活。正如罗伯森·戴维斯所写："如果一个人想要比其他生物更加有价值，他就必须开始漫长且孤独的完善自我的历程。"其实早在许多年前，当一个年轻人询问托马斯·卡莱尔怎样改革社会的时候，卡莱尔就提出了同样的观点："改革自身。这样的方式应该是这个世界上最不耍无赖的一种方式。"成为一个得体的人、一个拥有完满家庭的诚实市民是一个不小的成就。如果每个人都能实现这些目标，我们对未来大可不必担心。但是当整个社会系统都陷入贪婪、盲目的深渊，拥有体面的生活会变得不大可能。为了改变这个系统，人们需要走出个人目标的茧，直面公共竞技场中更大的问题。

## 建立友谊

只要个体将对在未来实现复杂性的渴望蕴藏在意识的深处，这种渴望的价值就会被限制。人们必须要分享才能变得高效。只有群体中的个体分享同样的信念，才能产生证实个体个人信念的反馈。《正弦教堂》里有句老话："没有教堂就没有宗教。"这不仅是属于宗教的真理。没有群体分享科学价值，科学就无法生存。道德系统不会存在，除非个体赞同这一系列道德标准。价值观之所以经久不衰，是因为一个群体不断地输入精神。它们也许是由个体创造的，但绝对是由群体维持的。

我们需要发展一些群体，分享一种关于进化复杂性的信念——同族精神的组织致力于更加和谐的发展，反对混乱的入侵。基于这种价值观的政党早在几百年前就开始发展，那时星球系统的独立性和来源还不被人们所理解。宗教代表了之前几个世纪的智慧。小众化的组织则经常致力于重要但独立的事情。为了更加自信地面对第三个千年，我们应该集体对未来抱有共同的信念。

英国历史学家阿诺尔德·汤因比曾写过大量关于伟大文明潮起潮落的文章，他相信一个重要的文化总是一个“创造性的小群体”的成品。例如，全世界的人们尊重美国不是因为它的富有和先进的科技，而是因为一些白人（现在已逝）在许多年前，甚至超过两个世纪以前通过认真的对话和思考提出的自由人性化的代表性政府概念。

同样地，文艺复兴时期的佛罗伦萨并不是大多数人创造的，而是几十个商业银行负责业务的群体下决心发展国际金融网络，使自己的城市成为这片土地上最美丽的地方。佛罗伦萨是基于这样一种意识形态形成的。当我们谈及古埃及法老、中国汉朝、雅典、罗马以及19世纪的巴黎，我们谈到的都是一些相关的小团体用不寻常的技能以及个人的愿景来创造的一种独一无二的人类系统。

现在看来他们似乎都是杰出人物。其实具有创造性的小众通常都是从人口底层崛起的。他们取得成就，至少从一开始不是因为继承地位或者财富，而是由于个人取得成功的希望与自身优点。例如，传播基督教的信徒很多都是渔夫、收税员和其他来自罗马帝国发展缓慢的省市的不重要成员。科学绝对是由杰出人物所掌控的，一个创造性的小团体设置议程并享有决定权。同理，艺术也是如此。现在科学和艺术都趋向于精英管理，许多有能力的个人都是在精英管理中发现并发展自己的。反对历史上“精英”一说的与试图否认人们个体差异是一样的。也许在某些时刻，这是一种正确的政治态度，但是这与支持事实本身并不相符。

除此之外，承认小众给予了历史特殊的结构并不意味着在任何情况下都认可这一观点。像拿破仑这样的个体领导者，像苏联布尔什维克干部这样的小精英组织，除非他们在进程中也进行了社会整合，不然他们的努力也不会带来更多的复杂性。事实上，他们可以更具破坏性。社会整合——早期基督教的宗教统一、伊斯兰教改变信仰的潮流、19世纪的民族主义运动——都被定义为群众团体运动，它们把各行各业人士都聚集到了一起。现在，这些运动得以发展都归功于有远见的个人或群体：佛陀和他的弟子、基督和十二门徒、加富尔、科苏特以及俾斯麦。

我在这里并不是为了讨论创造性小众是社会转型的自主主体或仅仅只是历史力量的工具而已。事实是，无论如何，他们都是思维碰撞的必需要素，都是孕育新制度的养料来源。问题是，他们今天为什么要这么做?

促使社会改变并没有秘诀，却有许多模型可以供我们参考。从几十年前可供选择的生活方式的兴起，到像塞拉俱乐部这样的特殊兴趣组织，都是我们可以参考的模型。他们都厌倦了每天千篇一律的生活，不满足于当前的社会阶层，开始寻找志同道合的人，并且提出了一系列解决方法，直到问题被解决。这样的尝试多半都失败了，但是这些立志要改变自己思想的人们，即使遭遇失败也并不后悔自己所做的努力。

还有一个关于教育的例子。印第安纳州印第安纳波利斯中心学校的创始人是我的一位熟人这个公立学校是由八位在印第安纳波利斯学校工作多年的老师组建的。他们深知如果继续一成不变地工作，他们将会面临永无止境的枯燥与乏味，他们将一辈子都奉献给了教育事业，但是他们感觉到了教育系统的局限性，这导致工作难度陡增，他们的激情消减。

他们并没有屈服于“现状”，也没有转向私立学校或者搬到富有的郊区，这八位老师决定实行激进的改革方案。第一步，他们同意将最新的思想运用到教育创新上。将近一年多，每位老师都利用课余时间进行阅读，并在研讨会上分享自己的心得。这个团体决定采用霍华德·加德纳的多元智能理论——教育不能只有文字和数字，还应该加入声音、颜色、动作和感知，这就是他们意图改革的基础。

整体的改革方向敲定后，这个团体在时间和经费允许的情况下，拜访了许多已经成立的创新学校。首先他们获得并应用了游学的许可，老师们去了不同学校，学习他们的教学目标和教学方法。个体成员收集到的信息会在群体中再一次被分享。第二阶段包括起草学校办学计划，运用公办学校系统功能，相对于一般学校来说要更自由一些，与此同时更加具有整合性。另外，如果孩子的父母愿意付出时间来安抚孩子，会让孩子的入学更加便利，学校乐意接受各种申请入学的孩子。

最后，这个团体需要说服学校的主管和教育官僚并证实这个计划的可靠性。经过多番讨论，老师们的工作得到了学校的进一步许可。学校领导不顾操作上的困难，自始至终都支持这种首创精神，他们找到了一处老建筑并将其翻新，老师的工作开始步入正轨。

每一位老师在重点学校的规划与执行方面都做了多年的志愿工作，为此他们牺牲了许多陪伴家人的时间，只为了这个教育梦能够实现。他们对家人感到很愧疚，他们向家人解释这些牺牲都是值得的，以后一定会有回报，也希望自己的孩子能够就读于这所他们自己设计的理想学校。

但是事与愿违，在学校开放前一天，许多有意愿要来读书的孩子都来申请，恪守规条的机关单位坚持使用抽签方式来发放许可证。结果出来了，八位老师的孩子没有一位抽中。花费近四年只为这些努力可以惠及自己的家庭，结果却发现自己的孩子与自己多年来努力营造的教育环境绝缘。除了这些老师的愿望落空，这个新的学校确实很成功，来访者被欢快的气氛包围，走廊和教室都是欢庆活动，见不到一个感到无聊的孩子，也看不见一位无精打采的家长，老师和学生们正踏上一段激情澎湃的学习冒险之旅。

这个学校是一个很小的并不完美的项目，但是这个真实的成功故事告诉我们，如果一批老师聚在一起决心要做出改变，那么想改变系统是有可能的。也许在某一天也会失败，幸运的是，还是有许多其他学校、企业和公司像这个学校一样，想改变现状。关于未来最好的愿望，并不在于大型政府项目、总理承诺和复杂的官僚体制，而在于我们需要同盟资源来执行大范围的活动，类似于市中心的开端计划或者首创试点。这些都来源于基层，在这里激情和希望很强大，新的想法总是层出不穷。

像这个学校一样的个体首创性问题在于他们试图创新和专业化，但是除了对参与者的直接影响，并没有充足的动力来辐射其他范围的人们。所以像你我这样精力充沛、想象力丰富的人，该怎样才能被激发去指引进化的方向？似乎下面这两个目标都应该实现。第一，我们需要找到有效的方式去把有兴趣的个体组织成为功能性的团体，这才能使有创造性的小众聚集必要的讯息，才能使改变成为可能，然后将其组织成为高效率的政治力量。第二，我们需要有共同的目标和价值观，这样才能聚集精力，朝着增加复杂性的方向迈进。

## 未来细胞

完成任务的理想集合体是一个足够小的组织，允许热情的面对面互动，成员都是志愿加入，只要他们能够尽自己所能做到最好，就可以达到一个共同的目标。这个类型的“细胞”就可能是一个复杂社会集合体，在这些成员中大规模的心流就被允许存在。现在加入这些组织的机会不是很多了。我们加入的有些机构都趋向于大的、非自愿的、匿名的。很少有人感觉自己为公司带来了一点独一无二的变化，甚至人们感觉对他们投票的政党和他们居住的社区也很难产生改变。

现在让我们来想象，在进化的过程中，一个人决定创造“细胞”来对进化做出一些贡献。怎样做才能开始？根据这些学习社会系统的人来看，每个社会的有机体都必须拥有四大持续存在的任务体系。第一，为了保持成员的存活，必须从环境中获取资源。狩猎团体必须找到猎物，大学必须找到学生，银行必须找到存款。第二，在追求目标的时候，活动与其他组织必须协调一致。第三，保持与组织中的其他成员团结合作，同时必须区分资源和任务。第四，必须发展和维护价值观，才能赐予组织希望、认可和目标。这些任务经常由不同的个体或者系统中其他附属组织执行。

如果这些前提都正确，人们就可以推断可行的进化“细胞”最少包括四人。假设你与其他三位邻里做出了一个决定，来形成所谓的“进化细胞”，刚开始这个团体的目的，就是尽可能像你所生活的环境这样包罗万象，所以你可以对这个动力做出智慧性的评估，那就是它可以走向复杂性，还很有可能增加熵。

“细胞”中的第一个人（如果这个组织更大一点，可能不止一个人）对于集合邻里及社区的经济信息应该很专业。什么是制造、服务和经济资源呢？什么是银行的投资政策呢？什么是发展者的利益和户主的不动产呢？什么是在工作压力下，小业主的希冀呢？不管成员们在哪儿遇见，都会与“细胞”中的其他人分享“经济学家”之前所做的系统总结。

“细胞”中的第二个人会收集群体政治力网络信息。谁是最大玩家，他们的力量起源在哪里？谁的利益具有代表性，谁的利益没有被代表？什么是选举代表的主要矛盾线，政坛发现不了任何利益迹象？什么是组织群体的潜在的政治力量？此外，大家收集到的信息还要定期在一起分享。

在“细胞”中完成第三个角色的人，是对组织内部负责的。他对个体成员的技能有很好的了解，并对“细胞”内部功能很熟悉，更大一点的任务就是确保会议可以正常举办，信息流通顺畅，“细胞”内的成员们知道他们将要做的事情和正在做的事情，一旦领导要求行动，可以马上执行。这个角色需要具备领导力。

最后，第四个角色的功能就是信息整合，并弄清楚信息的含义。这个人的任务就是保持复杂性的清晰标准，当“细胞”找到自身问题时立马把标准应用到特定的情况下。通过他对组织的帮助，可以评价围绕团体的熵，另外还有可能找到更多和谐的空间。

大家的第一印象也许是这个组织与现存的其他政治组织并无大的不同，其实这些不同已经非常明显。不管造成多大的后果，政客们都希望将自身利益凌驾于其他成员之上。而“进化细胞”的目的，与其相反，是收集信息来尽可能理解现实生活中的状况，做出行动，并承诺促进进化的效果。这也是一个自私的议程，但是在这里个人利益与最高利益相结合，不仅是为了人类，还是为了整个有机体。

但是一个“进化细胞”怎样才是真正地在运作？第一，在很多方面，最重要的任务仅仅是给它的成员——最终是整个大众——提供准确相关的信息。我们中的大部分人对发生在我们生活中的许多情况知之甚少。我们学到的许多知识对于我们来说太局限了，以至于我们很难抓住系统运作的复杂联系。我们不知道地域划分、公共契约和税务是怎么来的。大众传媒的作用就是告知我们一些事情，但是他们过多地关注怎样通过复杂的工作，在他们服务的群体中抢占广告空间来宣传自己。如果大部分读者对明星的日常活动而不是投机者的金融动向感兴趣，大众传媒就会尽职尽力地去完成读者感兴趣的。不和谐的无关紧要的新闻充斥着人们的大脑，人们开始感到困惑，极力想筛选出有意义的数据。因为这个原因，“细胞”的最高效的策略就是以最快速度收集周围地区的信息并整合，这些信息易于接受且不易被曲解。

第二项活动就是理解不同系统关系间整合的事实。我们从媒体中获取新闻的一大问题就是，这些新闻经常以一种毫无联系的方式展示：每一项各自独立，原因和关联很少被提及。一个报纸的编辑也许会更多地表达对社区帮派暴力增加的哀痛，却从不阐述任何对此负责的政治经济决断。不可避免地，人们对于新闻的记忆很短且关注力有限。所以为了了解到表面事实下的潜在系统的影响力，人们还需要花费更多的心力。

“进化细胞”的最大优点在于它对于评价事实有一个原则，且可以做出有原则的决定。群体也面临着下面这些问题，像重新划分区域、停止上课或者开设高尔夫课程，都不能单纯地从短期自身利益或者社会学家的意识形态来评价。相反，对于这些事情是如何影响到群体的复杂性的这个问题，应该是从长期运转的角度来看。复杂性的原则是个常数。但是它在具体事情上的应用确实变化莫测且逐年复杂，因为新的知识和阅历也在累积。所以，“细胞”中含有的进化原则，也是它们的一种运作方式。

在收集完所有的信息并理解了以后，“细胞”还要做什么？首先，这些结果仅是对自身的一个结论。揭开“玛雅的面纱”，即便是很小的一个边角，也是不小的成就。每个成员的生活——他对于群体的参与感和归属感，他基于历史复杂性对自己生存的地方的欣赏——将会更加丰满，自身也会更加坚强。从这个意义上来说，对知识的追求给我们提供了心流的体验，比我们现在赖以生存的用来填补空虚的娱乐方式让人满足得多。与少数志趣相投的人分享周围事情的喜悦，远比看综艺节目和边听录音带边吸可卡因要开心得多。

当“细胞”中的个体对自己生活的条件有一个清晰的把握之后，下一步就是将知识转化为行动。开始这些还包括基于现有的政治机构，支持一位当地候选人，反对另外一个候选人。但是，随着时间的流逝，单一的“进化细胞”也许会开始与共同群体的成员和邻里分享信息。在这一点上，政治行动的新方式开始成为可能。他们开始将自己积累的信息传播得更广泛；他们会成立新的机构来执行他们的决定。最终，孤立的“细胞”会以一种松散联盟的方式结合，进化关系也会给整个社会提供愿景和良知。

## 未来的信仰

这种团体工作的基础原理很简单。如果我们认为把未来变得更加复杂是值得为之奋斗的目标，我们就应该遵循以下几条来自进化逻辑学的格言。

1.你是你周围一切的一部分：空气、土地和大海；过去和未来。如果你使它们产生混乱，你也会给自己带来伤害。

2.你不应该否认自己的独特性。你是你自己所在的时空的意识中心。因此，你的思想、感觉和行动都深深植根于你的个人知识和阅历中。

3.你对自己的行为负责。如果你能够很好地控制自己的想法、愿望和行为，你就能够使周围的环境更具秩序感。如果你令它们受控于基因和模因，那么你将失去控制自我的机会。

4.你还有更多的可能性。自我是一个极具创造性的结构，没有人是完美的。你未来将要做什么决定了你是谁。超越以自我为中心的局限性也是进化的一小步。

这个清单也许还可以被扩大，或者像圣经一样被写在石头上，但从其性质来看，它永远也不会被完成。我们收集的关于进化进程的建议，也是随着我们理解的不断深入而不断被重新定义。探寻永无止境，没有绝对的智慧——只是随着时间的推移，一种缓慢增长的意识不断变得丰富和复杂。

以上建议并不能保证漫画家所描述的那种熟悉的中世纪生活是永恒的。就我们现在而言，死才是结束。当我们的尸体开始腐烂，几十年闪耀在脑部网络中的意识也会消失。

在生命进程中，我们将精神力量花在了指引进化过程朝着更加复杂的方向发展上，在我们死后，有些贡献还在继续。我们的基因和模因中所包含的信息是我们身体的一部分，将会一步步塑造我们的未来。我们的行为也将会通过时间的走廊产生回响。什么将有益于我们现在的策略，是惧怕死亡[①]还是意识的散失？当然，我们对此并没有绝对的答案。或许，在许多未来的维度中，人类的个体特性将会被保留。人类的“副本”在死后还会继续“活着”，栖息于一些永生地区超自然的时空中。根据有些说法来看这也许是真的，那就是意识将会在更先进的物理永恒体中重生。

为了相信这些令人宽慰的话语，我们需要信仰来帮助我们超越现有的知识。有些人也许在思维跳跃的时候感到舒服，有些人则感觉挫败，不乐意停止怀疑。然而，有一种信仰不需要大的跳跃，因此不需要我们现在向现实妥协。它仅仅包括在生

---

① 对死亡的恐惧成了自我的终极威胁，这是引起精神熵的强有力的原因。因此，每个文化的主要任务就是对个体死亡以后将会发生什么给出合理的解释。有些文化成功地描绘了令人满意的结果：希腊英雄因为做了有意义的事情，将会永垂不朽，不然他就会被遗忘；基督教徒如果严格自律，将会去往天堂；印度人会从苦难中解放出来并且产生控制自己欲望的思想；穆斯林为了信仰而死，将会获得通往天堂的门票。这样一来，人们对死亡的恐惧成了统治者控制社会的机制，有时候还有助于社会复杂性的发展。许多宗教信仰者和哲学家都知道，如果一个人花过多的时间担心死亡，他就永远无法获得内心深处的平静。大家的普遍共识是不逃避承认死亡的存在，而是集合人类对于生命有限的知识，这样就会丰富并加深单一个体的经验。这就是存在主义者海德格尔在《向死而生》中所说的概念。

活的复杂演变中，接受自己的角色。我们在个人目标上消耗的精神能量越多，不管更广泛的目的如何——我们将更多地与差异共处，失去对整体的关注——对于个体特性散失就会愈发恐惧。然而当我们确认了进化，在复杂性不断增长的进程中，关于死亡的威胁就会再一次袭来。

确定进化并不意味着我们可以安全地在信仰中歇息，也并不意味着复杂性会一直增长，我们的基因和模因将会处于发展的最前沿。逆转的可能性永远存在。也许一个以人类大脑组织为食的迅猛发展的病毒会在某个时刻出现，又或者一个世纪以后，我们会被我们自己产生的废水淹没。脑部复杂性是否可以产生更高层次的差异性和集合性也不是确定的。生命的冒险在宇宙的时间线上仅仅只是一个异常波动。我们注定会通过猿和蟑螂回到无机的尘土里。

因为这些可能性都是真实的，所以进化的信仰也是至关重要的。如果我们确确实实地知道未来怎样发展，信仰就是多余的。恰恰因为未知很危险，所以我们需要一定的信仰来帮助我们选择道路，给予我们勇气。如果我们无法相信我们的存在是有意义的，那么我们做出决定并使其成真就变得很困难。所以即使进化信仰不要求有早已注定的结局，它也要求我们有对未知的信任。

通过这种信仰的帮助，指引进化的方向成为可能。这个进程包括对错误信仰的预防，以及对现实的清晰识别。持续努力是把意识从基因结构里的执行力、习惯和文化条件中解脱出来的必要条件。就像酗酒者，他们在试图摆脱酒瘾之前，必须要承认自己的无助，我们首先要了解自己的局限性，才能在自我与宇宙之间找到平衡。当我们开始确认进化的复杂性的时候、开始识别自身与其他生物体之间关系的时候，将自我从压缩的需求和毫无意义的道德绑架中释放出来就变得更加容易。

也许看起来很奇怪，当自私的愉悦与个人成功不再成为风向标，生命开始变得异常的平静与祥和。当自我在超常的目标中遗失——写壮丽的诗歌、做一个美丽的手工艺品、理解星系的移动或者帮助孩子更加快乐——平常生活中的挫折和阻碍就会变得微不足道。

我们并不孤独，我们不需要为孤立的自我与宇宙对抗而产生一种关于信仰的迷醉。我们可以以一种快乐的方式行事，将身上所有的细胞都调动起来为实现目标而奋斗，这样才能平静地面对失败。总而言之，为什么我们的目标在宇宙中就一定处于领先地位？如果它们能被实现，那么确实不错。但是只要我们的终极目标与宇宙不一致，我们就不能放弃。打一场振奋人心的比赛就像玩橄榄球、唱美妙的歌曲或者沉醉在画布中，我们都能体验心流。心流将会成为日常生活中再正常不过的体验，在我们所做的每一件事中都有所体现。

如果我们坚持更新信仰，意识清醒，引领未来，我们就可以在未来的某个地方停下来，进化复杂性也会被确定。但是对于一个单独行动的个体来说，保持目标的完整性实属不易，因为目标一直在变化，不可能被确定下来。所以为了一直保持对进化的影响，人们需要创造更大的社会系统，来分享目标并且将之应用得具体且规范。

建立未来的友谊也是一种可行的方法。进化细胞呈指数增长，个体需要了解与现实环境相关的信息。将志趣相投的人的信息综合，我们可以从个体目标的能量中，选择区分出更有利于我们未来的模因。

当我们为自己的模糊的目标奋斗的时候，进化细胞使我们的心流体验成为可能：将个体声音与和谐的大自然相融合，随着不断涌现的宇宙意识，将个体独特的意识加入进来，将精神力量融入当下，产生更多的复杂性和秩序性。

即便我们的生活已经不会再有变化，即便黑暗时代的标记不断扩散，当混乱和冷漠蔓延时，这些将自己的命运抛给未来的人也绝不会感到失望。进化并不是千禧年的信条，去期盼下一个世纪或者下一个千禧年。对于对未来有信仰的人来说，进化一直存在。个体生活悲痛与醒悟的波动，是令人敬畏的宇宙冒险的瞬间。

我们的行为对这个星球的未来有着直接的影响，也许在其他星球也是如此。没有责任感的行为将会带给我们无尽的悲伤，或者更糟。拥护进化秩序并不能确保我们可以成功，但是我们会尽可能得到拥有完满生活的机会。

## 关于“未来的友谊”的进一步思考

### 建立友谊

怎样的社会环境信息对你来说是最有用的？你要怎样才能得到它？

目前为止，什么是阻止群体复杂性的发展的最大障碍？问题主要类型是经济、政治还是道德？它们缺乏愿景和创造力吗？

### 未来细胞

你曾做过什么基层工作吗？你是怎样完成的？

你知道你还需要哪三种人来组成一个进化细胞吗？

### 未来的信仰

你对“未来的形成依赖于你现在花费的精神力量”这个想法感觉怎么样？你从这些事实中得到了什么结论？

如果你已经写下了一些关于这些问题的想法，你可以将其列举在本章的末尾，或者如果你花费一些时间去思考这些问题，你的意识多多少少都发生了一些变化。你认为你有变化吗？你该如何形容它？

# 后记

这本书中的想法来源于许多地方，有一些来源于书籍，还有一些来源于许多人直接的支持和帮助，在此我非常感谢他们的贡献。首先，我要感谢我的妻子伊莎贝拉。在我三十多年的写作与研究生涯中，她给予了我鼓励、灵感与帮助。我们的儿子马克在各种各样的草稿上，也给我提供了很有见解的评论，克里斯多夫也加上了自己的独特见解。

哈佛大学的霍华德·加德纳也是很有启发性的同事之一，我一直盼望着能与他一起实现梦想。由福斯托·马西米尼教授带领的米兰大学心理学家团队也给我提供了旁人无法给予的文化进化论。斯德哥尔摩卡罗林斯卡学院的乔治·克莱因、美茵茨大学的伊丽莎白·诺尔纽曼和千叶大学的今村广明，这些好朋友都一直默默支持着我。加州大学洛杉矶分校的海德格尔，建议本书采用交互式的格式。《接合峰》的编辑菲利普·凯西和《代达罗斯》的编辑史蒂文·格劳巴德也非常乐于接受书中的一些观点。在我自己的大学，我要特别感谢爱德华·劳曼、韦恩·布斯、玛莎·麦克克林托克以及人类发展委员会的一些同事，他们的学识和友谊多年来一直在深深影响着我。

我的学生们对本书也做出了贡献。我要特别感谢在美国犹他大学就读的凯文·拉桑德和美国康涅狄格卫理公会派的玛丽亚·黄还有塞缪尔·慧伦，特别感谢斯宾塞基金会在过去几年一直慷慨地资助我的研究，还要感谢约翰·布罗克曼，他使我的项目变成现实，还有里克·科特，他教会了我编辑技能，大大提高了我的写作速度。最后，我要感谢成百上千的《心流》读者，是他们告诉了我他们对于我的文章的喜好与我的问题所在。他们的反应告诉我，接下来这一步是值得的。

1993年6月于芝加哥

# 参考文献

Adams, H. [1905] 1959. *Mont Saint-Michel and Chartres*. Garden City, N.Y.: Doubleday Anchor.

Aeschbacher, U. 1992. Der Krieger—oder: Das unheimliche Liebäugeln mit der Faschismus. *Intra, Psychologie und Gesellschaft* 15:42–45.

Alain [Emile Chartier, pseud.]. 1989. *Alain on Happiness*. Evanston, Ill.: Northwestern University Press.

Alexander, R. D. 1985. A biological interpretation of moral systems. *Zygon: Journal of Religion and Science* 20:3–20.

———. 1987. *The biology of moral systems*. New York: Aldine de Guyter.

Allison, M. T., and M. C. Duncan. 1988. Women, work, and flow. In *Optimal experience: Psychological studies of flow in consciousness*, ed. M. Csikszentmihalyi and I. S. Csikszentmihalyi, 118–37. New York: Cambridge University Press.

Amabile, T. M. 1983. *The social psychology of creativity*. New York: Springer-Verlag.

American Humane Assoc. 1987. *Highlights of Official Aggregate Child Neglect and Abuse Reporting*. Washington, D.C.

Anderson, A. R., ed. 1964. *Minds and machines*. Englewood Cliffs, N.J.: Prentice-Hall.

Anderson, M. 1986. Varieties of animal companionship. *Central Issues in Anthropology* 6 (no. 2): 1–11.

Andreasen, N. C. 1987. Creativity and mental illness: Prevalence rates in writers and their first-degree relatives. *American Journal of Psychiatry* 144 (no. 10): 1288–92.

Antonovsky, A. 1979. *Health, stress, and coping*. San Francisco: Jossey Bass.

Apter, M. J. 1992. *The dangerous edge: The psychology of excitement*. New York: The Free Press.

Arendt, H. 1956. *The human condition*. Chicago: University of Chicago Press.

Argyle, M. 1987. *The psychology of happiness*. London: Methuen.

Aries, P., and G. Duby, eds. 1987. *A history of private life*. Cambridge, Mass.: Belknap Press.

Asimov, I., and F. Walker. 1990. *The march of the millennia*. New York: Walker.

Bandura, A. 1977. Self-efficacy: Toward a unifying theory of behavioral change. *Psychological Review* 84:191–215.

Bateson, G. 1972. *Steps to an ecology of the mind*. New York: Ballantine.

Bee, H. L. 1992. *The journey of adulthood*. New York: Macmillan.

Bellah, R. N., R. Madsen, W. M. Sullivan, A. Swidler, and S. M. Tipton. 1991. *The good society*. New York: Alfred Knopf.

Benedict, R. 1934. *Patterns of culture*. Boston: Houghton-Mifflin.

Berger, P. L., and T. Luckmann. 1967. *The social construction of reality*. Garden City, N.Y.: Anchor Books.

Berlyne, D. E. 1960. *Conflict, arousal, and curiosity*. New York: McGraw Hill.

Bexton, W. H., W. Heron, T. H. Scott. 1954. Effects of decreased variation in the sensory environment. *Canadian Journal of Psychology* 8:70–76.

Bloch, M. 1967. *Land and work in medieval Europe*. Berkeley: University of California Press.

Bloom, A. 1987. *The closing of the American mind*. New York: Simon & Schuster.

Bly, R. 1990. *Iron John*. New York: Addison-Wesley.

Boyer, L. B. 1955. Christmas neurosis. *Journal of the American Psychoanalytic Association* 3:467–88.

Bradburn, N. 1969. *The structure of psychological well-being*. Chicago: Aldine.

Brannigan, A. 1981. *The social basis of scientific discoveries*. New York: Cambridge University Press.

Braudel, F. 1985. *The structures of everyday life*. Vol. 1. New York: Harper & Row.

*Britannica Book of the Year*. 1993. Chicago: The Encyclopaedia Britannica Press, 546–755.

Brown, N. O. 1959. *Life against death*. Middletown, Conn.: Wesleyan University Press.

Bruner, J. S., A. Jolly, and K. Sylva. 1976. *Play—Its role in development and evolution*. New York: Basic Books.

Burgess, E. W., ed. 1926. *The urban community*. Chicago: University of Chicago Press.

Burhoe, R. W. 1982. Pleasure and reason as adaptations to nature's requirements. *Zygon* 17 (no. 2): 113–31.

Cabanac, M. 1971. Physiological role of pleasure. *Science* 173:1103–7.

Caligari, P., and F. Massimini. 1976. *Introduzione alla teoria dei valori umani*. Milan: Instituto Editoriale Internazionale.

Carlyle, T. 1838. *Critical and Miscellaneous Essays: Sir Walter Scott*. Edinburgh.

Campbell, A. P., P. E. Converse, and W. L. Rodgers. 1976. *The quality of American life*. New York: Russell Sage.

Campbell, D. T. 1975. On the conflicts between biological and social evolution and between psychology and moral tradition. *American Psychologist* 30:1103–26.

———. 1976. Evolutionary epistemology. In *The library of living philosophers*, ed. D. A. Schlipp, 413–63. LaSalle, Ill.: Open Court.

Carruth, G. 1987. *What happened when: A chronology of life and events in America*. New York: Harper & Row.

Castaneda, C. 1971. *A separate reality*. New York: Simon & Schuster.

Cattell, J. P. 1955. The holiday syndrome. *Psychoanalytic Review* 42:39–43.

Chandrasekhar, S. 1987. *Truth and beauty: Aesthetics and motivations in science*. Chicago: University of Chicago Press.

Cohn, N. 1957. *The pursuit of millennium*. London.

Colby, A., and W. Damon. 1992. *Some do care*. New York: The Free Press.

Coleman, J. 1990. *Foundations of social theory*. Cambridge, Mass.: Belknap Press.

Cook, K. S., and M. Levi. 1990. *The limits of rationality*. Chicago: University of Chicago Press.

Coppinger, R., and C. S. Smith. 1983. The domestication of evolution. *Environmental Conservation* 10 (no. 4): 283–92.

Coser, L. A. 1951. Some aspects of Soviet family policy. *The American Journal of Sociology* 54 (no. 5): 424–54.

Creel, H. G. 1960. *Confucius and the Chinese way*. New York: Harper Torchbooks.

Cressey, P. G. 1932. *The taxi-dance hall: A sociological study in commercialized recreation and city life*. Chicago: University of Chicago Press.

Csikszentmihalyi, I. 1986. Il flusso di coscienza in un contesto storico: Il caso dei gesuiti. In *L'esperienza quotidiana*, ed. F. Massimini and P. Inghilleri, 181–96. Milan: Franco Angeli.

———. 1988. Flow in a historical context: The case of the Jesuits. In *Optimal experience: Psychological studies of flow in consciousness*, ed. M. Csikszentmihalyi and I. S. Csikszentmihalyi, 232–48. New York: Cambridge University Press.

Csikszentmihalyi, M. 1967. Marx: A socio-psychological evaluation. *Modern Age* 11 (no. 3): 273–82.

———. 1973. Socio-cultural speciation and human aggression. *Zygon* 8 (no. 2): 96–112.

———. 1975. *Beyond boredom and anxiety*. San Francisco: Jossey-Bass.

———. 1978. Attention and the wholistic approach to behavior. In *The stream of consciousness*, ed. K. S. Pope and J. L. Singer, 335–58. New York: Plenum.

———. 1981. Leisure and socialization. *Social Forces* 60:332–40.

———. 1985. Reflections on enjoyment. *Perspectives in Biology and Medicine* 28 (no. 4): 469–97.

———. 1988a. Society, culture, and person: A systems view of creativity. In *The nature of creativity: Contemporary psychological perspectives*, ed. R. J. Sternberg, 325–39. New York: Cambridge University Press.

———. 1988b. Motivation and creativity: Towards a synthesis of structural and energistic approaches to cognition. *New Ideas in Psychology* 6 (no. 2): 159–76.

———. 1988c. Solving a problem is not finding a new one: A response to Herbert Simon. *New Ideas in Psychology* 6 (no. 2): 183–86.

———. 1990a. *Flow: The psychology of optimal experience*. New York: Harper & Row.

———. 1990b. Literacy and intrinsic motivation. *Daedalus* 119 (no. 2): 115–40.

———. 1990c. The domain of creativity. In *Theories of creativity*, ed. R. Albert and M. Runco, 190–214. Newbury Park, Calif.: Russel Sage.

———. 1991. Consciousness for the twenty-first century. *Zygon* 26 (no. 1): 7–25.

———. 1992. Imagining the self: An evolutionary excursion. *Poetics* 21:153–67.

———. 1993a. Contexts of optimal growth in childhood. *Daedalus* 122 (no. 1): 31–56.

———. 1993b. Why we need things. In *History from things: Essays on material culture*, ed. S. Lubar and W. D. Kingery, 20–29. Washington, D.C.: Smithsonian Press.

Csikszentmihalyi, M., and I. S. Csikszentmihalyi, eds. 1988. *Optimal experience: Studies of flow in consciousness*. New York: Cambridge University Press.

———. 1993. Family influences on the development of talent. Ciba Foundation symposium on The Origins and Development of High Ability. London, U.K.

Csikszentmihalyi, M., and T. Figurski. 1982. The experience of self-awareness in everyday life. *Journal of Personality* 50 (no. 1): 14–26.

Csikszentmihalyi, M., and R. Larson. 1978. Intrinsic rewards in school crime. *Crime and Delinquency* 24:322–35.

———. (1984). *Being adolescent: Conflict and growth in the teenage years.* New York: Basic Books.

Csikszentmihalyi, M., R. Larson, and S. Prescott. 1977. The ecology of adolescent activities and experiences. *Journal of Youth and Adolescence* 6:281–94.

Csikszentmihalyi, M., and J. LeFevre. 1989. Optimal experience in work and leisure. *Journal of Personality and Social Psychology* 56 (no. 5): 815–22.

Csikszentmihalyi, M., and F. Massimini. 1985. On the psychological selection of bio-cultural information. *New Ideas in Psychology* 3 (no. 2): 115–38.

Csikszentmihalyi, M., and K. Rathunde. 1990. The psychology of wisdom: An evolutionary interpretation. In *Wisdom: Its nature, origins, and development,* ed. R. J. Sternberg, 25–51. New York: Cambridge University Press.

Csikszentmihalyi, M., K. Rathunde, and S. Whalen. 1993. *Talented teenagers: A longitudinal study of their development.* New York: Cambridge University Press.

Csikszentmihalyi, M., and R. Robinson. 1990. *The art of seeing.* Malibu, Calif.: J. P. Getty Press.

Csikszentmihalyi, M., and E. Rochberg-Halton. 1981. *The meaning of things: Domestic symbols and the self.* New York: Cambridge University Press.

Csikszentmihalyi, M., and U. Schiefele. 1992. Arts education, human development, and the quality of experience. In *Arts in Education: The 91st yearbook of the Society for the Study of Education,* ed. G. Reimer and R. A. Smith, 169–91. Chicago: University of Chicago Press.

Damon, W. 1983. *Social and personality development.* New York: W. W. Norton.

Davis, F. D., R. P. Bagozzi, and P. R. Warshaw. 1989. Usefulness versus fun as determinants of intentions to use computers in the workplace. *Working paper.* Ann Arbor, Mich.: University of Michigan Press.

Dawkins, R. 1976. *The selfish gene.* Oxford: Oxford University Press.

———. 1982. *The extended phenotype.* Oxford: Oxford University Press.

deCharms, R. 1968. *Personal causation: The internal affective determinants of behavior.* New York: Academic Press.

Deci, E. L., and R. M. Ryan. 1985. *Intrinsic motivation and self-determination in human behavior.* New York: Plenum Press.

Delle Fave, A., and F. Massimini. 1988. Modernization and the changing contexts of flow in work and leisure. In *Optimal experience: Studies of flow in consciousness*, ed. M. Csikszentmihalyi and I. S. Csikszentmihalyi, 193–213. New York: Cambridge University Press.

———. 1992. The ESM and the measurement of clinical change: A case of anxiety disorder. In *The experience of psychopathology*, ed. M. deVries, 280–89. Cambridge: Cambridge University Press.

Dennett, D. C. 1991. *Consciousness explained*. Boston: Little, Brown.

deVries, M., ed. 1992. *The experience of psychopathology: Investigating mental disorders in their natural settings*. Cambridge: Cambridge University Press.

Dewey, J. 1913. *Interest and effort in education*. Cambridge: The Riverside Press.

Diamond, J. 1992. *The third chimpanzee*. New York: HarperCollins.

Didion, J. 1989. Letter from Los Angeles. *The New Yorker* (24 April): 88–99.

Dobzhansky, T. 1937. *Genetics and the origin of species*. New York: Columbia University Press.

Donaldson, M. 1993. *Human minds: An exploration*. New York: Viking.

Donner, E., and M. Csikszentmihalyi. 1992. Transforming stress to flow. *Executive Excellence* 9 (no. 2): 16–18.

Douglas, M. 1966. *Purity and danger*. London: Routledge and Kegan Paul.

Dozier, R. W., Jr. 1992. *Codes of evolution*. New York: Crown Publishers.

Dreyfus, H. 1979. *What computers can't do: The limits of artificial intelligence*. 2d ed. New York: Harper & Row.

Dubs, H. H. 1928. *The works of Hsüntze*. London.

Durkheim, E. [1912] 1967. *The elementary forms of religious life*. New York: The Free Press.

Edelman, G. M. 1993. *Bright air, brilliant fire: On the matter of the mind*. New York: Basic Books.

Ellis, J. 1986. *The social history of the machine gun*. Baltimore, Md.: The Johns Hopkins University Press.

Eno, R. 1990. *The Confucian creation of heaven*. Albany, N.Y.: State University of New York Press.

Erikson, E. H. 1950. *Childhood and society*. New York: W. W. Norton.

Esslin, M. 1976. Aristotle and the advertisers: The television commercial considered as a form of drama. In *Television: The critical view*, ed. N. Newcomb. New York: Oxford University Press.

Evans, D. 1991. The war that Japan is winning. *Chicago Tribune*, 6 December.

Evans-Pritchard, E. E. [1956] 1974. *Nuer religion*. New York: Oxford University Press.

Faludy, G. 1988. *Test és lélek*. Budapest: Magyar Világ Kiadó.
———. 1989. *Bortonversek 1950–53*. Budapest: Magyar Világ Kiadó.
Faÿ, B. 1966. *Louis XVI, ou la fin d'un monde*. Paris: Librairie Académique Perrin.
Fél, E., and T. Hoffer. 1969. *Proper peasants: Traditional life in a Hungarian village*. Viking Fund Publication no. 46. Chicago: Wenner-Gren Foundation.
Ferenczi, S. 1950. Sunday neuroses. In *Further contributions to the theory and technique of psychoanalysis*, ed. S. Ferenczi, 174–77. London: Hogarth Press.
Fine, R. 1956. Chess and chess masters. *Psychoanalysis* 3:7–77.
Fingarette, H. 1979. The problem of the self in the *Analects*. *Philosophy East and West* 29 (no. 2): 129–40.
Fisher, S. 1970. *Body experience in fantasy and behavior*. New York: Appleton-Century-Crofts.
Fiske, D. W., and S. R. Maddi, eds. 1961. *Functions of varied experience*. Homewood, Ill.: Dorsey Press.
Fowler, J. W. 1981. *Stages of faith*. New York: Harper & Row.
Frazer, J. G. [1890] 1959. *The golden bough: A study in magic and religion*.
Freedberg, D. 1989. *The power of images: Studies in the history and theory of response*. Chicago: University of Chicago Press.
Gardner, H. 1983. *Frames of mind*. New York: Basic Books.
———. 1993. *Creating minds*. New York: Basic Books.
Geiger, K. 1968. *The family in Soviet Russia*. Cambridge, Mass.: Harvard University Press.
Getzels, J. W., and M. Csikszentmihalyi. 1976. *The creative vision: A longitudinal study of problem finding in art*. New York: Wiley Interscience.
Ghani, J. A. 1990. Flow in human–computer interactions: Test of a model. *Unpub. Mscrpt*. San Francisco: National Academy of Management Meeting.
Gilligan, C. 1982. *In a different voice*. Cambridge, Mass.: Harvard University Press.
Gilligan, C., J. V. Ward, and J. M. Taylor. 1988. *Mapping the moral domain: A contribution of women's thinking to psychological theory and education*. Cambridge, Mass.: Harvard University Press.
Goertzel, V., and M. G. Goertzel. 1962. *Cradles of eminence*. Boston: Little, Brown.
Goffman, E. 1979. *Gender advertisements*. New York: Harper & Row.
Granet, M. 1934. *La pensée chinoise*. Paris: F. Alcan.

Grinstein, A. 1955. Vacations—a psychoanalytic study. *International Journal of Psychoanalysis* 36:177–86.

Group for the Advancement of Psychiatry. (1958, August). *The psychiatrist's interest in leisure-time activities*. (Report #39.) New York: Author.

Hauser, A. 1951. *The social history of art*. New York: Alfred A. Knopf.

Hebb, D. O. 1955. Drive and the CNS. *Psychological Review* (July): 243–52.

Heidegger, M. 1962. *Being and time*. New York: Harper & Row.

Helmer, W. J. 1970. *The gun that made the twenties roar*. New York: Macmillan.

Hitti, P. K. 1970. *The Arabs: A short history*. Chicago: Gateway.

Hofstadter, D. R., and D. C. Dennett. 1981. *The mind's I: Fantasies and reflections on self and soul*. New York: Basic Books.

Hollis, C. 1960. *Eton, a history*. London.

Howe, J. R., Jr. 1966. *The changing political thought of John Adams*. Princeton, N.J.: Princeton University Press.

Hubbard, W. 1677. *Narrative of the trouble with the Indians in New England*. Quoted in G. Carruth (1989) *What Happened When* (p. 20). New York: Harper & Row.

Huizinga, J. [1939] 1970. *Homo ludens: A study of the play element in culture*. New York: Harper & Row.

———. 1954. *The waning of the Middle Ages*. Garden City, N.Y.: Doubleday.

Hulme, W. 1977. Human potential in the Lutheran Church. *Dialog* 16: 266.

Huxley, A. 1967. *Island*. New York: Bantam Books.

Ikeda, D. 1988. *Unlocking the mysteries of life and death: Buddhism in the contemporary world*. London: Macdonald.

Ivanhoe, P. J. 1991. A happy symmetry: Xunzi's [Hsün-tzu's] ethical thought. *Journal of the American Academy of Religion* 59 (no. 2): 309–22.

Jackson, S. 1992. Athletes in flow: A qualitative investigation of flow states in elite figure skaters. *Journal of Applied Sports Psychology* 4 (no. 2): 161–80.

James, W. 1890. *Principles of psychology*. Vol. 1. New York: Henry Holt.

Jaspers, K. [1923] 1963. *General psychopathology*. Chicago: University of Chicago Press.

———. 1969. *Nietzsche*. Chicago: Henry Regnery.

Jaynes, J. 1977. *The origin of consciousness in the breakdown of the bicameral mind*. Boston: Houghton Mifflin.

Jhally, S. 1990. *The codes of advertising: Fetishism and the political economy of meaning in the consumer society*. New York: Routledge.

Johnson, C., and R. Larson. 1982. Bulimia: An analysis of moods and behavior. *Psychosomatic Medicine* 44:341–51.

Jones, E. 1931. The problem of Paul Morphy. *International Journal of Psychoanalysis* 12:1–23.

Kauffman, S. A. 1993. *The origins of order: Self-organization and selection in evolution*. New York: Oxford University Press.

Kavanaugh, J. 1981. *Following Christ in a consumer society*. New York: Orbis.

Kaye, K. 1977. Toward the origin of dialogue. In *Studies in mother-infant interaction*, ed. H. R. Schaffer. New York: Academic Press.

Keen, S. 1982. Self-love and the cosmic connection. In *The holographic paradigm*, ed. K. Wilber, 117. Boulder, Colo.: Shambala.

Kegan, R. 1982. *The evolving self*. Cambridge, Mass.: Harvard University Press.

Keightley, D. N. 1978. *The sources of Shang history: The oracle-bone inscriptions of bronze-age China*. Berkeley: University of California Press.

Kelly, J. 1982. *Leisure*. Englewood Cliffs, N.J.: Prentice-Hall.

Klausner, S. Z. 1965. *The quest for self-control*. New York: The Free Press.

Kobasa, S. C. 1979. Stressful life events, personality, and health: An inquiry into hardiness. *Journal of Personality and Social Psychology* 37 (no. 1): 1–11.

Koestler, A. 1960. *The lotus and robot*. London: Hutchinson.

Kohlberg, L. 1984. *Essays on moral development*. Vol. 2, *The psychology of moral development*. San Francisco: Harper & Row.

Konner, M. 1990. Human nature and culture: Biology and the residue of uniqueness. In *The Boundaries of Humanity*, ed. J. J. Sheehan and M. Sosna, 103–24. Berkeley: University of California Press.

———. 1991. *Childhood*. Boston: Little, Brown.

Kovi, P. 1985. *Transylvanian cuisine*. New York: Crown Publishers.

Kubey, R., and M. Csikszentmihalyi. 1990. *Television and the quality of life: How viewing shapes everyday experience*. Hillsdale, N.J.: Lawrence Erlbaum.

Kuhn, T. S. 1962. *The structure of scientific revolutions*. Chicago: University of Chicago Press.

Kummer, H. 1968. *Social organization of hamadryas baboons*. Chicago: University of Chicago Press.

Lancaster, B. 1991. *Mind, brain and human potential: The quest for an understanding of self.* Rockport, Mass.: Element.

Lang, G. 1971. *The cuisine of Hungary.* New York: Atheneum.

Lanternari, V. 1965. *The religions of the oppressed: A study of modern messianic cults.* New York: Mentor Books.

Latourette, K.S. [1946] 1970. *A short history of the Far East.* New York: Macmillan.

———. 1959. *The Chinese: Their history and culture.* New York: Macmillan.

Lau, D. C. 1953. Theories of human nature in Mencius and Shyntzy. *Bulletin of the School of Oriental and African Studies* 15:541–65.

Lavin, M. A. 1990. *The place of narrative.* Chicago: University of Chicago Press.

Lazarus, R. S. 1966. *Psychological stress and the coping process.* New York: McGraw-Hill.

Lazarus, R. S., and S. Folkman. 1984. *Stress, appraisal, and coping.* New York: Springer.

Lefebvre des Noettes, M. 1931. *L'attelage et le cheval de selle à travers les ages.* Paris: Presse Universitaire de France.

———. 1932. Le gouvernail: Contribution à l'histoire de l'esclavage. *Memoires de la Societé des Antiquaires de France* 78:712–45.

Lepper, M. R., and D. Greene, eds. *The hidden costs of reward: New perspectives on the psychology of human motivation.* Hillsdale, N.J.: Lawrence Erlbaum.

LeVine, R. A. 1979. Adulthood among the Gusii. In *Themes of work and love in adulthood,* ed. N. Smelser and E. Erikson, 77–104. Cambridge, Mass.: Harvard University Press.

LeVine, R. A., and D. T. Campbell. 1972. *Ethnocentrism: Theories of conflict, ethnic attitudes, and group behavior.* New York: Wiley.

Levinson, D. J. 1980. Toward a conception of the adult life course. In *Themes of work and love in adulthood,* ed. N. Smelser and E. Erikson, 265–90. Cambridge, Mass.: Harvard University Press.

Lévi-Strauss, C. 1967. *Tristes tropiques.* New York: Atheneum.

Levy, S. 1992. *Artificial life: The quest for a new creation.* New York: Pantheon.

Lindbergh, C. 1953. *The spirit of St. Louis.* New York: Scribner.

Linder, S. 1970. *The harried leisure class.* New York: Columbia University Press.

Loevinger, J. 1976. *Ego development.* San Francisco: Jossey-Bass.

Lubar, S., and W. D. Kingery, eds. 1993. *History from things: Essays on material culture*. Washington, D.C.: Smithsonian Institution Press.

Macbeth, J. 1988. Ocean cruising. In *Optimal experience: Psychological studies of flow in consciousness*, ed. M. Csikszentmihalyi and I. S. Csikszentmihalyi, 214–31. New York: Cambridge University Press.

MacIntyre, A. 1984. *After virtue: A study in moral therapy*. Notre Dame, Ind.: University of Notre Dame Press.

Malone, T. W., and M. R. Lepper. 1987. Making learning fun: A taxonomy of intrinsic motivation for learning. In *Aptitude, Learning, and Instruction*, ed. R. E. Snow and M. J. Farr. Hillsdale, N.J.: Lawrence Erlbaum.

Mancini, G. [1613] 1956. *Considerazioni sulla pittura*, ed. A. Marucchi. Rome.

Mandler, G. 1975. *Mind and body: Psychology of emotion and stress*. New York: W. W. Norton.

Markham, B. [1942] 1983. *West with the night*. San Francisco: North Point Press.

Martin, J. 1981. Relative deprivation: A theory of distributive injustice for an era of shrinking resources. *Research in Organizational Behavior* 3:53–107.

Martindale, C. 1990. *The clockwork muse: The predictability of artistic change*. New York: Basic Books.

Maslow, A. 1968. *Toward a psychology of being*. New York: Van Nostrand.

———. 1971. *The farther reaches of human nature*. New York: Viking.

Massimini, F., and A. Delle Fave. 1991. Religion and cultural evolution. *Zygon: Journal of Religion and Science* 16 (no. 1): 27–48.

Massimini, F., M. Toscano, and P. Inghilleri. 1986. La selezione culturale umana. In *L'esperienza quotidiana: Teoria e metodo d'analisi*, ed. F. Massimini and P. Inghilleri, 19–64. Milan: Franco Angeli.

Mayr, E. 1982. *The growth of biological thought*. Cambridge, Mass.: Belknap Press.

McClintock, M. K. 1979. Innate behavior is not innate: A biosocial perspective on parenting. *Signs* 4 (no. 4): 703–10.

———. 1987. A functional approach to the behavioral endocrinology of rodents. In *Psychobiology of Reproduction*, ed. D. Crews, 176–203. Englewood Cliffs, N.J.: Prentice-Hall.

Merleau-Ponty, M. 1962. *Phenomenology of perception*. New York: Humanities.

Michalos, A. C. 1985. Multiple discrepancy theory (MDT). *Social Indicators Research* 16:347–413.
Miller, J. B. 1976. *Toward a new psychology of women*. Boston: Beacon Press.
Miller, G. A. 1983. Informavors. In *The study of information*, ed. F. Machlup and U. Mansfield. New York: Wiley.
Monod, J. 1971. *Chance and necessity*. New York: Random House.
Monti, F. 1969. *African masks*. London: Paul Hamlyn.
Moore, R., and D. Gilette. 1990. *King, warrior, magician, lover: Rediscovering the archetypes of the mature masculine*. New York: Harper & Row.
Mote, F. 1971. *Intellectual foundations of China*. New York: Alfred A. Knopf.
Mumford, L. 1938. *The culture of cities*. New York: Harcourt-Brace.
Munro, D. 1988. *Images of human nature: A Sung portrait*. Princeton, N.J.: Princeton University Press.
Murray, C. 1988. *In pursuit of happiness and good government*. New York: Simon & Schuster.
Myers, D. G. 1992. *The pursuit of happiness*. New York: William Morrow & Co.
Neisser, U. 1976. *Cognition and reality: Principles and implications of cognitive psychology*. San Francisco: Freeman.
Nietzsche, F. [1883–1885] 1930. *Also Sprach Zarathustra*. Leipzig: Krönen.
Noelle-Neumann, E. 1983. *Spiegel-Dokumentation: Personlichkeitsstarke*. Hamburg: Spiegel-Verlag.
O'Brian, P. 1993. *Joseph Banks: A life*. Boston: David Godine.
Orwell, G. 1949. *Nineteen eighty-four*. London: Secker & Warburg.
Pareto, V. 1917. *Traite de sociologie generale*. Vol. 1. Paris.
———. 1919. *Traite de sociologie generale*. Vol. 2. Paris.
Parsons, T. 1951. *The social system*. Glencoe, Ill.: The Free Press.
Peters, T. 1991. *The cosmic self*. San Francisco: HarperCollins.
Philips, K. P. 1990. *The politics of rich and poor: Wealth and the American electorate in the Reagan aftermath*. New York: Random House.
Piaget, J. 1951. *Play, dreams and imitation in childhood*. New York: W. W. Norton.
———. 1971. *Biology and knowledge*. Chicago: University of Chicago Press.
Polanyi, K. 1957. *The great transformation*. Boston: Beacon Press.
Popper, K. [1945] 1963. *The open society and its enemies*. New York: Harper & Row.
Price, S. 1989. *Primitive art in civilized places*. Chicago: University of Chicago Press.

Prigogine, I., and I. Stengers. 1984. *Order out of chaos*. New York: Bantam.

Privette, G. 1983. Peak experience, peak performance, and flow: A comparative analysis of positive human experiences. *Journal of Personality and Social Psychology* 45 (no. 6): 1361–68.

Privette, G., and C. M. Bundrick. 1991. Peak experience, peak performance, and flow: Personal descriptions and theoretical constructs. *Journal of Social Behavior and Personality* 6 (no. 5): 169–88.

Radakrishnan, S. 1956. *East and west*. New York.

Rathunde, K. 1989. The context of optimal experience: An exploratory model of the family. *New Ideas in Psychology* 7:91–97.

Rathunde, K., and M. Csikszentmihalyi. 1991. Adolescent happiness and family interaction. In *Parent-child relations throughout life*, ed. K. Pillemer and K. McCartney, 143–62. Hillsdale, N.J.: Lawrence Erlbaum.

Renfrew, C. 1986. Varna and the emergence of wealth in prehistoric Europe. In *The social life of things*, ed. A. Appadurai, 141–68. New York: Cambridge University Press.

Renninger, K. A., S. Hidi, and A. Krapp. 1992. *The role of interest in learning and development*. Hillsdale, N.J.: Lawrence Erlbaum.

Richards, R. J. 1988. The moral foundations of the idea of evolutionary progress: Darwin, Spencer, and the neo-Darwinians. In *Evolutionary progress*, ed. M. H. Nitecki, 129–48. Chicago: University of Chicago Press.

Robinson, D. 1969. The climber as a visionary. *Ascent* 9:4–10.

Robinson, J. P. 1977. *How Americans use time*. New York: Praeger.

Rosenblith, J., and J. Sims-Knight. *In the beginning: Development in the first two years of life*. Monterey, Calif.: Brooks/Cole.

Rozin, P., and A. E. Fallon. 1987. A perspective on disgust. *Psychological Review* 94:23–41.

Rudmin, F. W. 1991. *To have possessions: A handbook on ownership and property*. A special issue of the *Journal of Social Behavior and Personality* 6 (no. 6).

Rudolph, S., and L. Rudolph. 1978. Rajput adulthood: Reflections on the Amar Singh diary. In *Adulthood*, ed. E. Erikson, 149–72. New York: W. W. Norton.

Russell, B. 1991. *La Conquista della Felicità*. (Originally: *The Conquest of Happiness*. London: Allen & Unwin, 1930). Milano: Editori Associati.

Sachs, O. 1993. Making up the mind. *The New York Review of Books* (8 April): 42–48.

Sahlins, M. D. 1972. *Stone-age economics*. Chicago: Aldine Press.

Saint-Exupéry, A. [1931] 1966. *Vol de Nuit*. London: Heineman.

Sartre, J. P. 1956. *Being and nothingness*. New York: Philosophical Library.
Schiefele, U. 1991. Interest, learning, and motivation. *Educational Psychologist* 26 (nos. 3 and 4): 299–323.
———. 1991a. Slavery alive and well in Asia. *Chicago Tribune*, 17 November.
———. 1991b. Children modern-day serfs in Asia's merciless sweatshops. *Chicago Tribune*, 18 November.
———. 1991c. Girls from Manila awaken to nightmare in Japan. *Chicago Tribune*, 20 November.
———. 1991d. China's slavers willing to murder to cover tracks. *Chicago Tribune*, 21 November.
Scitovsky, T. 1976. *The joyless economy*. New York: Random House.
Seligman, M. E. P. 1975. *Helplessness: On depression, development, and death*. San Francisco: Freeman.
———. 1990. *Learned optimism*. New York: Alfred A. Knopf.
Shweder, R. A., M. Mahapatra, and J. G. Miller. 1990. Culture and moral development. In *Cultural psychology: Essays on comparative human development*, ed. J. W. Stigler, R. A. Shweder, and G. Herdt, 130–204. New York: Cambridge University Press.
Simon, H. A. 1988. Creativity and motivation: A response to Csikszentmihalyi. *New Ideas in Psychology* 6 (no. 2): 177–81.
Simonton, D. K. 1988. *Scientific genius: A psychology of science*. New York: Cambridge University Press.
Smith, A. 1992. Better than myth. In *The last best place*, ed. W. Kittredge and A. Smith. Seattle: University of Washington Press.
Sorokin, P. 1962. *Social and cultural dynamics*. New York: Bedminster.
Sperry, R. W. 1984. Consciousness, personal identity, and the divided brain. *Neuropsychologia* 22:661–73.
———. 1988. Psychology's mentalist paradigm and the religion/science tension. *American Psychologist* 43:607–13.
Spiro, M. E. 1987. *Culture and human nature: Theoretical papers of Melford E. Spiro*. Chicago: University of Chicago Press.
Sternberg, R. J. 1990. *Wisdom: Its nature, origins, and development*. New York: Cambridge University Press.
Sternberg, R. J., and J. Kolligian, Jr. 1990. *Competence considered*. New Haven, Conn.: Yale University Press.
Strack, F., M. Argyle, and N. Schwartz, eds. 1990. *The social psychology of subjective well-being*. New York: Pergamon.
Szalai, A., ed. 1965. *The use of time: Daily activities of urban and suburban populations in twelve countries*. Paris: Mouton.

Tackett, M. 1991. Big-time debtor guides $500 million RTC deal. *Chicago Tribune*, 7 November.

Thompson, E. P. 1963. *The making of the English working class*. New York: Viking.

Toscano, M. 1986. Scuola e vita quotidiana: Un caso di selezione culturale. In *L'esperienza quotidiana*, ed. F. Massimini and P. Inghilleri, 305–18. Milan: Franco Angeli.

Tiger, L. 1992. *The pursuit of pleasure*. Boston: Little, Brown.

Tolman, E. C. 1948. Cognitive maps in rats and men. *Psychological Review* 55:189–208.

Tonoue, R. 1992. *Assessing sport-related mental states using Experience Sampling Method*. Unpublished manuscript, Fukuoka University, Fukuoka, Japan.

Toynbee, A. J. [1936] 1954. *A study of history*. 10 Vols. Oxford: Oxford University Press.

Tucker, R. C., ed. 1972. *The Marx-Engels reader*. New York: W. W. Norton.

Turkle, S. 1984. *The second self: Computers and the human spirit*. New York: Simon & Schuster.

Turnbull, C. M. 1961. *The forest people*. Garden City, N.Y.: Doubleday.

Tversky, A., and D. Kahneman. 1986. Rational choice and the framing of decisions. *Journal of Business* 59 (no. 4): 251–78.

Tybor, J. 1992. Interview with Jerome Bettis. *Chicago Tribune*, 11 September.

UNICEF. 1990. *The State of the World's Children 1990*. New York: Oxford University Press.

Vasari, G. [1550] 1959. *Lives of the most eminent painters, sculptors, and architects*. New York: The Modern Library.

Waddington, C. H. 1966. *Principles of development and differentiation*. New York: Macmillan.

———. 1970. The theory of evolution today. In *Beyond reductionism*, ed. A. Koestler and J. R. Smythies. New York: Macmillan.

Waldrop, M. M. 1992. *Complexity: The emerging science at the edge of order and chaos*. New York: Simon & Schuster.

Wapner, S., and S. Werner, eds. *The body precept*. New York: Random House.

Ward, B., and R. Dubos. 1972. *Only one earth: The care and maintenance of a small planet*. New York: W. W. Norton.

Warner, W. L. 1958. *A black civilization*. New York: Harper & Brothers.

Weber, M. [1930] 1958. *The Protestant ethic and the spirit of capitalism*. London: Allen & Unwin.

Weimann, V. G. 1991. The influentials: Back to the concept of opinion leaders? *Public Opinion Quarterly* 55:267–79.

Wells, A. 1988. Self-esteem and optimal experience. In *Optimal experience: Psychological studies of flow in consciousness*, ed. M. Csikszentmihalyi and I. S. Csikszentmihalyi, 327–41. New York: Cambridge University Press.

Whalen, S., and M. Csikszentmihalyi. 1989. A comparison of the self-image of talented teenagers with a normal adolescent population. *Journal of Youth and Adolescence* 18 (no. 2): 131–46.

———. 1991. *Putting flow theory into educational practice*. Unpublished manuscript. Chicago: The University of Chicago.

Wheeler, J. A., and W. H. Zurek, eds. 1983. *Quantum theory and measurement*. Princeton, N.J.: Princeton University Press.

White, L., Jr. 1966. *Medieval technology and social change*. New York: Oxford University Press.

White, R. W. 1959. Motivation reconsidered: The concept of competence. *Psychological Review* 66:297–333.

Wittfogel, K. 1957. *Oriental despotism*. New Haven, Conn.: Yale University Press.

Zohar, D. 1990. *The quantum self: Human nature and consciousness defined by the new physics*. New York: Morrow.

Zorbaugh, H. 1923. *The Gold Coast and the slum*. Chicago: University of Chicago Press.

Zuckerman, M. 1964. Perceptual isolation as a stress situation: A review. *Archives of General Psychiatry* 11:225–76.

———. 1979. *Sensation seeking*. Hillsdale, N.J.: Lawrence Erlbaum.